中国国家博物馆 编

中国国家博物馆 馆藏文物研究丛书

玺印卷

（上册）

上海古籍出版社

总　序

中国国家博物馆馆长　**王春法**

中国国家博物馆的前身，最早可以追溯到1912年成立于北京国子监的国立历史博物馆筹备处，当时收藏各类文物5万余件。1918年，馆址迁至故宫端门与午门，藏品数量也逐渐增加，到1924年正式开馆时，文物总数达到20万件，分为26类。在新中国成立以前，国立历史博物馆对馆藏文物的研究主要反映在编辑出版《国立历史博物馆丛刊》三期、《国立历史博物馆讲演会讲演录》第一辑，编纂《国立历史博物馆物品目录》《国立历史博物馆存储物品目录》《馆藏文物分类说明目录》《国立历史博物馆陈列室物品目录》等藏品目录方面。尤其是出版《国立历史博物馆丛刊》三期，作为中国第一份文博类学术期刊，具有划时代和开创性的重要意义。

1949年新中国成立之后，特别是1978年改革开放以来，中国历史博物馆和中国革命博物馆的专家学者进一步加强馆藏中国古代文物与近现代文物研究，推出了一批具有较大影响力的学术成果,包括《简明中国历史图册》十册、《中国历史博物馆藏法书大观》十五卷、《华夏之路》四册、《中国古代服饰研究》《汉代物质文化资料图说》《中国古代铜镜》《中国近代史参考图录》《"一大"前后》三册、《吴虞日记》上下册等等，受到业内专家学者的普遍好评和广大读者的热烈欢迎。2003年，中国历史博物馆与中国革命博物馆合并组建中国国家博物馆，馆藏文物大幅度增加，迄今已达143万余件，年参观流量达到800余万人，成为名副其实的世界一流大博物馆。与此同时，如何深入发掘馆藏文物的历史、艺术及科学价值，让这些数以百万计、沉睡百余年的国宝说话，让文物活起来，讲好中国故事，传播好中国声音，既是我们面临的紧迫挑战，也是国家博物馆专家学者们义不容辞的学术任务和社会责任。

正是基于这一考虑，2003年以来，国家博物馆在原《中国历史博物馆馆藏文物研究丛书》的基础上，启动实施了《中国国家博物馆馆藏文物研究丛书》大型出版项目，努力在以下方面有所突破：其一，全面系统地整理展示馆藏中国古代文物精华，以图文并茂的形式，形象生动地记录华夏文明的悠久历史与文化传承，用直观的实物资料回答中华文化何以能够屹立世界东方五千余年而未中断这一历史命题；

其二，把资料性、学术性、普及性有机结合起来，如实反映国家博物馆学者整理研究馆藏古代文物的最新水平，进一步凸显国家博物馆作为国家历史文化基因库的重要地位，锻炼专家队伍，提升研究水平；其三，把深藏在文物库房里的各类代表性文物信息完整准确地公布于众，促进社会各界共享国博馆藏文物资料信息，推动学术界持续关注、积极参与国家博物馆馆藏文物研究，进而为持续不断推出馆藏文物展览提供强有力的学术支撑；其四，从古代物质文化的角度充分展示中华民族的悠久历史、源远流长的中华文明以及博大精深的中华文化，充分反映出中国古代优秀传统文化对世界文明发展的重要贡献。

自这一出版项目开始实施到现在，前后历时近二十载，经过众多专家学者的不懈努力，已经完成了整套丛书的初步编纂，付梓出版工作亦接近尾声，取得了令人欣慰的阶段性成果。接下来，国家博物馆的专家学者们将继续以严谨求实的治学态度，认真校改其余各卷，努力向学术界和广大读者奉献质量水平高、制作精美的优秀丰硕成果。习近平总书记在2013年8月19日召开的全国宣传思想工作会议上突出强调，宣传阐释中国特色，要讲清楚每个国家和民族的历史传统、文化积淀、基本国情不同，其发展道路必然有着自己的特色；讲清楚中华文化积淀着中华民族最深沉的精神追求，是中华民族生生不息、发展壮大的丰厚滋养；讲清楚中华优秀传统文化是中华民族的突出优势，是我们最深厚的文化软实力；讲清楚中国特色社会主义植根于中华文化沃土、反映中国人民意愿、适应中国和时代发展进步要求，有着深厚历史渊源和广泛现实基础。完成这样一套重要图书的出版任务，就是贯彻落实习近平总书记重要指示精神、服务社会主义文化强国建设、增强文化自信的具体实践，其学术价值和历史意义是不言而喻的。

回顾一百多年来中国国家博物馆文物的收藏历史与学术研究历程，我们既感自豪，更感幸运。生逢一个伟大的时代，遇上一个博物馆事业蓬勃发展的千载良机，我们应该有所作为，也一定能够有所作为。回首过去，珍惜现在，展望未来，我们不忘初心、牢记使命、执着前行。

前　言

中国国家博物馆副馆长　丁鹏勃

　　《中国国家博物馆馆藏文物研究丛书》是一套馆藏重要文物著录与专题研究相结合的学术研究图录，分甲骨、玉器、陶器、瓷器、青铜器、玺印、瓦当、铜镜、钱币、陶俑、佛造像、墓志、杂项、绘画、书法、古籍善本、明清档案、历史图片等卷，基本涵盖了中国国家博物馆馆藏文物的重要部分。

　　玺印是中国国家博物馆很有特色的收藏门类，百余年来通过市场购买、考古发掘、接受捐赠、机构调拨等多种形式的征集工作，现拥有近4000件藏品。此次《玺印卷》的推出是对馆藏玺印的首次系统性整理出版，收录了自战国至近现代的玺印等精品333件。

　　国家博物馆的玺印藏品时代连续，体系完整，能较为全面地反映其形制、文字、工艺、款识等在不同历史时期的演变过程。仅以印文字体为例，战国齐"阳都邑圣徙盐之钵"铜玺字体精美雄奇，可称先秦时期古文大篆的名作；秦始皇推行"书同文"，"公孙毂印"玉印即以当时全国统一的官方正体秦小篆为书体；西汉"石洛侯印"龟钮金印结字平直方正，典重规范；三国"平东将军章"金印文字篆法工整；南北朝私印引入了多种字体，"薛寿臣寿"穿带铜印是悬针篆的代表；唐代官署印文字多为阳文盘曲篆，如"内园使印"；北宋官印开始使用九叠篆和印背刻款，"神卫左第四军第二指挥第五都记"铜印印背有"太平兴国"年号款，为北宋官印断代标准器；辽契丹文大字铜印、西夏文"首领"铜印说明这两个政权开启了以少数民族文字入印的历史；元代出现了印文中汉字和其他文字合璧的形式，"宁远务关防课税条印"铜印即以八思巴字为主体，辅以汉字；明代官印主要沿用九叠篆，但也有例外，如"锦衣卫印"木印；清代皇帝御宝和各级官印均使用满汉文字合璧印，清乾隆"皇帝之宝"玉宝的汉文使用玉箸篆，满文使用的是满文本字。孕育于宋元，发展于明清石章篆刻艺术广泛取法历代官私玺印，"西泠八家"之一黄易的代表作"尊古斋"寿山石印即为仿汉篆的作品。

　　这些玺印同时还具有非常重要的学术价值，在政治制度、舆地沿革、氏族源流、礼俗风情等方面起到了证历史之实、补史料之阙的作用。学者通过燕国"会平市鈴"铜玺考证出史书未载的古地名"会平"为现在的唐山，是燕国的重要都邑，因而这方古官玺是研究古代唐山市历史及战国城市发展的重要文物，可补史书之缺佚。"滇王之印"蛇钮金印由汉武帝颁赐给古滇国国王，不但可与《史记·西南夷传》中的记载相印证，还通过形制、字体等特征证实日本出土的"汉委奴国王"印为汉代金印无疑，由此进一步证实了中日两国交往的渊源关系。南宋"壹贯背合同"铜印、金"印造钞库之印"铜印分别用于在南宋纸币"会子"和金朝纸币"交钞"上钤盖，以保证纸币的信用度，并起防伪作用，是我国纸币发展的重要物证。木答里山卫指挥使司是奴尔干都司下属卫所，明"木答里山卫指挥使司印"铜印体现了永乐时期对东北边疆地区的有效管辖。如此种种，不胜枚举。

本书体例与丛书其他各卷基本一致，包括两部分内容。一是玺印图版和文字说明，图版包括文物的整体图片、细部、印面、款识、拓本和钤本，力图最大程度展现文物的真实面貌。文字说明包括名称、时代、规格、出土时间及地点、流传和著录，通过对文物材质、形制、内容、书体、铸刻、纹饰、钮式、边款、历史内涵等的研究，呈现出近年来对该类文物分类、识文、断代等相关学术研究成果。二是研究论文，系馆内专家对该卷文物及相关学术问题所作的专题研究。

中国国家博物馆通过《中国国家博物馆馆藏文物研究丛书》项目，对馆藏文物进行了全面清点、分类整理和系统研究。该系列丛书凝聚了几代国博学者的学识与辛劳，是多年研究成果的体现。我们期待各卷的陆续问世能够让更多公众了解中国国家博物馆的馆藏，为更多学者提供学术参考，让人们通过这些文物承载的历史信息，记得起历史沧桑，看得见岁月留痕，留得住文化根脉，坚定我们的文化自信。

2023年12月

目　录

下 册

凡　例

一、《中国国家博物馆馆藏文物研究丛书·玺印卷》，精选馆藏自战国至明清和近现代各历史时期玺印篆刻和秦汉封泥精品，共333件。

二、《中国国家博物馆馆藏文物研究丛书·玺印卷》按馆藏玺印研究、图版、释文和论文四部分编排。历朝官私玺印和封泥释文，按古玺文字之异同、历代官印制度、职官制度、舆地沿革、氏族姓氏源流、文字篆法、铸刻工艺和人物详作考释。其私印人物不明者，略之。

三、《中国国家博物馆馆藏文物研究丛书·玺印卷》所选玺印、封泥、篆刻按时代先后顺序编排，同时代者，官玺印和封泥在前，私玺印在后。凡为出土者，均注明出土时间和地点，未注明者为传世品。

四、战国古玺文字、国别向为难释，诸家见解各异，释文和国别从一家之说。其不可释者，以"□"代之。

五、《中国国家博物馆馆藏文物研究丛书·玺印卷》图版，按玺印和篆刻形状、印面、印文钤本、印背和边款拓本五部分编排，以存其真。

中国国家博物馆馆藏玺印篆刻研究

张润平

中国古代印章包括两个部分,玺印和篆刻。玺印又称古玺印,是先秦至清代以凭信功能为主的官私印章的总称,篆刻则指以艺术鉴赏价值为主的明清篆刻家流派用印,承接古玺印的凿刻艺术,具有很高的历史和艺术价值。据考古资料显示,玺印起源于商代,有近三千年的发展史,源远流长,且从未中断。古玺印艺术在中国优秀传统文化中占有非常重要的地位。

中国国家博物馆藏历代玺印篆刻种类齐全,数量众多,有近四千件,时间跨度从战国到明清近现代,贯穿了玺印篆刻发展史。种类包括:皇帝玺宝、王玺、职官名、官署名、地名、人名、吉语、箴言、成语、画玺、封泥、穿带印、套印、多面印、鉴藏印、斋馆别号、合同印、押、封缄印、合并印、石章篆刻和印跋等。馆藏官私玺印质地有青铜、玉、石、金、银、铁、木、瓷、青金石、水晶、紫水晶、蜡、寿山石、青田石和田黄等。馆藏汉字官私玺印篆刻书体有大篆、秦小篆、汉篆、缪篆、鸟虫篆、悬针篆、盘曲篆、九叠篆、楷书、隶书、道教字符、玉筋篆、柳叶篆、芝英篆、钟鼎篆、垂露篆、殳篆、草书和行书等。不同时期玺印都有其鲜明的时代特征。本书精选馆藏历代玺印、秦汉封泥和清代至近现代篆刻共333件。本文以中国玺印发展史为轴,以历朝官印制度发展变化为重点,结合馆藏,对历代玺印制度、皇帝玺宝、职官制度、政治军事、舆地沿革、历史人物、姓氏源流、文字篆法、玺印用途及明清篆刻流派等诸多方面,进行梳理研究。部分馆藏玺印,还能补史料记载之缺、证史料记载之实,有重要的历史资料价值。其中以考古发掘、著录、流传有绪之玺印,和在印学史上起识文、释义、断代标准器作为重点,战国、汉代则官私玺印并重,清代中后期篆刻名家所治印章,则简述其所属流派及艺术成就。

一、中国古代玺印的起源、职能和用途

古官玺印是我国古代历朝国家最高统治者和各级官吏行使权力的凭证,是身份、等级和权力的象征。《说文》云:"印,执政所持信也。"揭示出官印的权威和信誉。

关于玺印的起源,古籍中较早有关天子玺印的记载有《春秋·运斗枢》"舜为天子,黄龙负玺"的传说,认为早在新石器时代晚期已经有了玺印。周秦间《逸周书·殷祝篇》记载"汤放桀,取天子之玺,置天子之坐前",认为商王汤取代夏王桀时有象征君权的"天子之玺"。

玺印的产生应具备三个条件,即文字、物质和技术。我国文字产生于何时,目前还没有定论。新石器时代晚期的仰韶文化和马家窑文化的陶器上已经出现了人类文字性记事符号,有学者称其为原始文字。此外龙山文化、良渚文化都发现了陶文。龙山文化中晚期是我国历史上第一个国家--夏朝。夏朝已经有了最原始的象形文字,到商代发展为成熟的甲骨文。商代文字发现在陶器、青铜和龟甲兽骨上,属象形文字,奠定了汉字

发展的基础。

中国最早的青铜玺实物是河南安阳殷墟出土的商代晚期三枚文字图形玺，为亚禽氏（图1）、奇字（图2）和瞿甲铜玺（图3），玺面铭文可能为氏族或族徽号。安阳殷墟妇好墓出土过一件龙钮石玺（图4-1、图4-2），玺面为椭圆形，田字格内阴刻龙、凤、虎、鹿纹。出土的周代青铜

图1　亚禽氏铜玺　商代　台北故宫博物院藏

图2　奇字铜玺　商代　台北故宫博物院藏

图3　瞿甲铜玺　商代　台北故宫博物院藏

玺有龙纹、兽面纹和凤鸟纹。陕西扶风法门寺出土的凤鸟纹青铜玺（图5）形态优美。2016年陕西渭南澄城县柳泉九沟西周早期墓葬出土一枚龙钮玉玺（图6-1、图6-2），玺面椭圆形田字格内阴刻文字画为龙、鹿、虎、凤。此玺是我国玺印史上最早的玉质玺，造型与妇好墓出土龙钮

图4-1　龙钮石玺　商　河南安阳妇好墓出土

图4-2　龙钮石玺　商　河南安阳妇好墓出土

图5　凤鸟纹铜玺　西周　陕西扶风法门寺出土

石玺相近。春秋时期秦国玺仅见"王戎兵器"铜玺（图7），玺面为菱形，阳线斜格纹内铸"王戎兵器"四字，印背铸蟠虺纹，绳纹钮。

春秋时期，制器者、督造者要在产品上刻上自己的名号，对于"工有不当"的产品，可追究其责。《吕氏春秋·孟冬》记载："物勒工名，以考其诚"，是玺印使用功能真实的写照。部分铜器、陶器和漆木器上，留下了工匠、工师、作坊或生产地点的钤抑文字名称，在考古发掘中已被证实。

春秋战国时期，作为职官和官署职权凭证的官玺以及作为私人身份信物的私玺，已经广泛行

图6-1　龙钮玉玺　西周　陕西渭南澄城县柳泉
九沟西周墓出土　陕西渭南市博物馆藏

图6-2　龙钮玉玺　西周　陕西渭南澄城县柳泉
九沟西周墓出土　陕西渭南市博物馆藏

图7　"王戎兵器"绳钮铜玺
春秋　天津市博物馆藏

用于社会生活的各个领域。

春秋战国至南北朝时期，玺印的用途主要用于文书、简牍的封检、封存物品以及通商货贿等。春秋时期上层社会交往文书采用玺印封检方法。玺印，《释名》释为："玺，徙也，封物使可转徙而不可发也。印，信也，所以封物为信验也。亦言因也，封物相因付。"《左传·襄公二十九年》载："季武子取卞，使公冶问，玺书追而与之。"《国语·鲁语》载："玺书，印封书也。"说明"玺书"就是用钤玺封检需要传递的文书，以示缜密和信用。自春秋战国始，玺印成为社会生活中不可或缺的法器。造纸术发明之前，国家颁布政令、文书和私人信函、文牍，均书写于竹木简和帛素上，并用绳索捆扎，不论官私文书，发文者必须在绳结处加以检封，抑以官玺或私玺，谓之封泥，以昭郑重，而防非法私拆。知玺印不只是一种信物，而是权力的象征。官方文书和诏令以玺印封检，在秦汉时期已成为普遍制度，印信被赋予法定效力。

用玺封存物品，《周礼·秋官·职金》记载；"辨其物之媺恶与其数量，楬而玺之。"说明职金官职是辨明物品等级数量，用木牌做标记书写清楚，用封泥钤玺封存。

用玺通货贿，通商用玺节，《周礼·地官·司市》记载："凡通货贿，以玺节出入之。"即商品在流通和转运过程中，以玺节作为商业活动中通行信验凭证。这类玺应是商品管理部门带官署性质的玺节。

文献记载，春秋、战国以来玺印已普遍使用，表明官私玺印已经与社会生活中各领域紧密联系，玺印作为官私凭信已经完全发展成熟。不同历史时期官玺印形制不尽相同，然却相互联系，成一系统。秦汉时期，官印的根本职能是证明官吏的职权，反之，官吏的地位与职别也体现在玺印上。《史记·范雎蔡泽列传》记载："怀黄金之印，结紫绶于要（腰），揖让人主之前。"

秦汉至南北朝时期，官印佩带于腰间，已得到考古资料证实。金印紫绶是具有极高身份的象征。此外玺印的授缴也等于官职的予夺，即

"罢官夺印""辞官交印"。同样丢失官玺是有罪的,私刻、盗用官玺印也要治罪。对玺印管理逐渐纳入法律范围,因此,官印的颁授和管理就需要专门官署来承担,从而管理玺印的机构产生了。综上表明,玺印作为官私凭信在社会政治、经济、军事和日常生活各领域的相关制度已经完全确立。

二、战国时期七国形式多样的古官玺和私玺

春秋、战国时期,周王室日渐衰落,实力强的诸侯国不断发动对弱小国家攻城略地的兼并战争,大国疆域不断扩大,最后形成齐、楚、燕、韩、赵、魏、秦七国。随着各国政治、经济和文化的发展,被上层垄断的文字,其使用范围逐步扩展到民间,文字书写地域性和形体异形现象逐步形成,即七国文字风格各不相同,在体现文字风格的战国古玺中也明显反映出文字的这种差异。不同地域国家呈现出玺的特点,构成了战国玺文多样化的特征。

秦以前战国古玺统称为"玺"。战国时期各国的官玺文字各具风貌,古文字学家统称之为"大篆"。大篆是从甲骨文演变而来的,也称籀文,周宣王时期大臣太史籀把当时的文字加以整理、添加而成。石鼓文是属于大篆体系的。石鼓是周宣王时为作颂记功,刻石为鼓形,镌文其上。金文亦称钟鼎文,是商周时期青铜钟鼎彝器上的铭文。商代金文字体近似甲骨文;周初承袭商代,后逐渐趋于整齐,到战国末期才渐近于"小篆"。

馆藏战国官玺较私玺少,是由于当时官员调动,其官玺要上交官府,当时也有罢官收玺、辞官交玺的制度,故传世或出土官玺为少。官吏都要佩带官玺以为凭证。国王若赐某人为官,就要发给他相应的官玺。《史记·甘茂传》记载:"夫甘茂,贤人也。今秦赐之上卿,以相印迎之。"

馆藏战国官玺,有的著录于罗福颐《古玺汇编》或清代印谱。如"君之信鉨"玉玺,著录于清代陈介祺《石钟山房印举》[1]、《陈簠斋手拓古印

集》及黄濬《尊古斋古玺集林》等。现存最早传世印谱是明代隆庆五年(1571年)顾从德《顾氏印薮》、万历二十八年(1600年)范大澈《范式集古印谱》和万历三十六年(1608年)郭胤伯《松谈阁印史》。这些印谱不仅年代早,而且均用原印钤出,故为世所重。清代著名的古印谱有吴观《稽古斋印谱》、程从龙《程荔江印谱》、张廷济《张氏清仪阁古印偶存》、吴云《二百兰亭斋印存》、吴式芬《双虞壶斋印存》和吴大澂《十六金符斋印存》等,其中陈介祺《十钟山房印举》为历代印谱之冠。

(一)战国时期七国官玺

战国时期七国古玺自名"鉨""鉩""鉢""尒",这几个字都是"玺"字的古体。当时各国文字,字形多有变化,方言多义,辨识十分困难。

馆藏战国七国官玺主要为官名玺。官名玺有几种形式,有官名后加品秩较低的官名,表示两种职官的主属关系,如"左攻师戠黍师鉢"(图版4),此玺之"职漆师"为左工师的属官。只镌官署名的,如"右廪"(图版8),称官署玺,为地方州、乡、亭等权力甚小的行政单位,库、廪等职能部门。地名加官名,如"杕湩都左司马之鉩"等。只镌地名,如"匕阳"(图版18)、"平陆"(图版32)等。仅刻官名,如"上土"(图版23)、"中土"(图版24)等。

1. 齐国官玺

齐国疆域主要在今山东大部及河南东南部之地。齐国官玺多呈方形坛钮或鼻钮等。玺面文字有多有少,古文大篆,古玺文有铸造也有刻凿,字体风格不一,但穿插紧密,错落有致,文字粗犷,古朴奇丽。著名的馆藏齐国官玺有:

"阳都邑圣徒盐之鉢"铜玺(图版1),为齐国早期官玺中珍品。阳都邑,位于山东沂南境,史前属大汶口和龙山文化,夏代属东夷,商时属人方,西周、春秋时为阳国,战国为齐国侯国,秦代属琅琊郡,西汉高帝时属城阳郡。著录于郭裕之《续斋鲁古印攈》、柯昌济《金文分域编》和李学勤《战国题铭概述》[2]等。

"右司徒遌昏逡质之鉢"铜玺(图版2),为

齐国官玺之精品。玺文字体与齐国青铜量器"丘关釜"文字风格相近。线条清晰古朴，排列错落有致。此官玺流传有绪，为清端方旧藏，著录于端方《陶斋藏印》和李学勤《战国题铭概述》等。

"子㙑子鐶"铜玺（图版3），为齐国管理某地关卡商品流通之玺节。1857年山东胶县出土齐国青铜量器"子禾子釜"，上有铭文，大意为子禾子命人告知陈得，左关釜（左关，为关卡名）的容量以仓廪之釜为标准，关以廪为标准，如果守关的人加大或减少容量，应予以制止，如果他们不服从命令，则应当视情节轻重给予相应的处罚。"子禾子"是齐国大夫齐太公田和，也是青铜量釜的制造者，即"物勒工名"。石志廉认为此玺节是用来抑印陶量器[3]之用。此玺形制较大，阳文铸刻精深坚劲，字体浑朴遒劲，文字雄奇，在战国官玺中极为罕见。

齐国早期官玺一般形制硕大雄奇，文字古拙。方形玺上方带凸方块是齐国官玺独有的。齐国晚期官玺文字风格趋于规整，接近小篆，如"右司马居"（图版6）和"阳垂之鈢"等。齐国文字特点比较鲜明，"鈢"字，从金从木者较多，金字旁的首部作三角形。"都"字，所从之"者"部，字形与"尚"字相近。"阳"字，多写作"昜"。"马"和"安"字，也有其地域特征。

2. 楚国官玺

楚国曾是战国时期最大的诸侯国之一，其疆域包括今湖北全部及河南、安徽、湖南、江苏和浙江的一部分，北接中原，南与百越为邻。其文化有鲜明的地域风格，其官玺古文大篆，文字绮丽，笔画流畅精细，玺文排列无定式，个别玺面有田字界格，玺文镌于格内，精致整齐。楚官玺形制多变，大小悬殊，依文字多少，构成变化错综的玺面。多为鼻钮、坛钮、橛钮和半环形钮等，其中坛形鼻钮是楚官玺最常见的钮式。馆藏楚国官玺有：

"君之信鈢"玉玺（图版13），玉质白润，布局严谨整齐，笔画细致柔丽，有楚文字风格。战国时期，玉质官玺极为稀少，这方玉玺为清代收藏家、古印学家陈介祺旧藏，是一方流传有绪的楚国官玺，著录于陈介祺《石钟山房印举》和罗福颐《古玺汇编》[4]。

陈介祺（1813–1884年），字寿卿，号簠斋，山东潍县人，道光二十五年（1845年）进士，清代著名金石学家，官至翰林院编修。好收藏文物，精于玺印，战国、秦汉古玺印收藏近万方，著录于《石钟山房印举》《陈簠斋手拓古印集》《簠斋藏古玉印谱》和《簠斋吉金录》等。陈介祺在收藏古玺、编纂古印谱的同时，对古官玺进行了初步的断代研究。在此之前人们对战国、秦汉玺印掺杂不分，陈介祺将战国玺称作"古玺"，并识出古玺官名出自周秦之际。

"杜湩都左司马之鉨"铜玺（图版14），造型独特，玺面圆中带方，字体铸刻坚劲有力。该玺原为收藏家方若之物，1949年入藏我馆。著录于陈介祺《石钟山房印举》和方若《谗室藏印》等，是一方流传有绪的楚国管理少数民族地区军官玺。

楚国官玺早期多高柄大玺，官玺中带"府"字玺较多，如"□华府"（图版16）等。战国青铜器上铭文有"大府"官名。楚国"世桐行宫大夫鉨"（图版15），为地名加官名玺。地名玺传世见有"郢粟客玺""陲之新都"等。晚期官玺受秦玺影响较多，字体圆中带折，向小篆演化。"鉨"字，多数从金从尒。

3. 燕国官玺

燕国疆域大致包括今河北北部、辽宁大部、山西东北部和吉林的一部分，东部延伸至朝鲜北部。燕国长期偏安北方，国事相对稳定，其印文呈现出鲜明的北方风格。官玺形式多样，有鉴于器物的方形阳文大玺，如"日庚都萃车马"铜玺，是燕国官玺中特有的形制。官玺形制较大，玺面文字多为铸造，带边栏，形制比较规整，文字排列错落有致，有较强的艺术性，书法独具一格，体现出燕地的书法特色。官玺形制有方形玺和长条形烙马玺等。

"会平市鉨"铜玺（图版25），是燕国官玺代表，是研究战国城市会平的重要文物，线条绮丽，玺文字体篆法有较强的艺术性。著录于石志廉《馆藏战国七玺考》。

燕国官玺中地名官玺较多，且地名多有特殊写法，特别是"都""丞"二字，书法独具一格，如"文安都司徒""庚都丞""沟城都丞"，其他六国没有这种写法。玺文还有反写和省略，如"会平市鉨"和"右单徒"（图版26）。燕国早期官玺与齐玺一样，体量大，文字古拙，苍劲粗犷；后期官玺形制较小，铸造精良。燕国玺官名常见司徒、司马、司工、都丞、右丞、河丞和左军丞等。

4. 三晋官玺

三晋是指韩、赵、魏三个从晋国分裂出来的王国，疆域为今山西大部、河北中南部、河南中部、陕西和山东一部分。三国由于历史和地理的原因，其官玺的形制、玺文风格及书法习惯非常相近。除韩、赵、魏三国外，两周与中山国也应属于晋官玺文字系统。

三晋官玺多是县邑小吏所佩，在铸造工艺及书法上有较高的艺术造诣。由于青铜合金含锡量较高，表面呈现"水银古"色，质地光润，呈灰白色，耐蚀力较强。玺形较小，造形规整，边长一般在1.5厘米左右，印体较厚，印面有宽边栏，铸造阳文为主，玺文与体一同铸出，文字空腔较深，笔画劲秀细致。玺背有坡状台阶，鼻钮较多，工艺成熟。三晋也有较大的官玺，如阳文"武城慼玺"和阴文"安阳水鉨"铜玺等。根据地名及上述特点是辨别三晋官玺的依据。

韩国官玺以"牢阳司寇"铜玺（图版28）为代表。此玺铸制精美，字体刚柔相济，布局考究。"寇"字写法特殊，其他国无此写法，是断代标准之一。著录于中国历史博物馆《天工开物--中国古代科技文物展》。

赵国官玺以"武城慼玺"铜玺（图版30）为代表。柯昌济《金文分域续编》谓系河北省易县燕下都出土。武城在战国时属赵国。清乾隆《重修武城县志》记载：春秋为晋东鄙地，战国为赵地东武城。经考"武城慼玺"即"武城置驷"，为赵国武城地方传驷所用之官玺。铸造玺文，阳文田字形界格凸起于玺面，文字在界格之内，而秦、

楚之田字形界格均为阴刻，是其区别所在。

魏国官玺以"安阳水鉨"铜玺（图版31）为代表，据《元和郡县图志》卷十六记载："安阳县，本七国时魏宁新中邑，秦昭襄王拔之，改名安阳。"此玺形体较大，字形刻凿，古拙粗犷。

三晋官玺，有体量大的官玺，也有小型官玺。玺官名常见大夫、宗正、司寇、司工、司马、工师、后将、县吏、发弩、啬夫等。

5. 秦国官玺

秦疆域约包括今陕西关中、甘肃东南部及四川、青海、宁夏部分地区。战国时期秦官玺遗存较少，秦玺文字与楚国官玺文字比较接近，玺体多作平板状，鼻钮跨度较大。罗福颐《古玺汇编》著录有秦国"咸屈里竭"和"武关□鉨"铜玺等。秦国玺晚期玺文特点是由大篆向小篆演化，秦人将大篆的圆转演化成方折，将繁缛演化为简略。

战国时期西南巴、蜀两个古国也有青铜玺，多为神秘的图文玺。巴、蜀位于今四川重庆附近，与秦、楚两国相邻，文化亦受影响。巴蜀地区具有独特的青铜文化，图文玺具有神秘色彩，可能是部落图腾或吉祥图语。

（二）战国时期七国私玺

在官玺通行的同时，为适应私人生活需要，产生了大量代表个人凭证的私玺。馆藏战国七国私玺，多著录于罗福颐《古玺汇编》和《古玺文编》。战国时期私玺是指私人使用的玺，包括姓氏、吉语、箴言、成语及肖形玺等。私玺中的姓氏玺代表着个人的信誉。

馆藏战国姓氏玺量多质精。郑樵《通志·总序》云："男子称氏，所以别贵贱；女子称姓，所以别婚姻。"姓氏玺保存了大量古代姓，很大一部分应为氏，如以官为氏的复姓，有司马、司空、司寇等，如"司马相女"（图版33）、"成公相女"（图版35）和"司马衮"。以爵号为氏的复姓，如"公孙□"（图版37）。以国名、封邑名合并为氏的，有鲜于等，如"鲜于言"（图版38）。以国为氏的，有"陈斁之"（图版39）、"秦狼"（图版42）和"韩饮"（图版44）等。以封地为氏的，有邝、郁、采等，如"采诃□"（图版41）。以谥为氏的，

有"慰郾"（图版45）。以字为氏的，有"张遂"（图版47）。以封国为氏的，有卫、成、空侗等，如"成饮"（图版54）。以邑名为氏的，有单、尹等，如"尹蓍"（图版55）。以祖先名为氏的，如"高瘕"（图版57）。战国姓氏玺是研究我国古代姓氏源流的重要实物资料。

战国晚期，私玺亦出现日字形界格，如"畋遏"（图版59）和"杨攀"等，田字形界格内书"宜有千万"和"正行亡私"等。战国私玺中还有单字玺，如"晋"（图版61）和"羔"（图版63），玺文依形铸造，体现出书法创作之美，表现古人不拘成法；另还有名称为"鉨""尔"的单字玺等。

吉语玺，如"吉""善寿""长生""千岁""万千""千金牛"（图版65）、"宜有百金""富有百万""宜有千万"等，多是关于健康长寿、财富和仕途的。

箴言玺，多是关于如何修身、如何做人，如"敬""悊"等；还有"敬上尔""正行亡私"（图版68）、"君子之右"等多字箴言玺。

肖形玺，又称象形、生肖、图形或画玺等，一般指先秦和汉代古玺印中刻人物、龙、凤、虎、马、鹿（图版69）、羊、鱼和几何图案的玺印，有阳文和阴文两种，形象生动，造型古拙，内容丰富，有浓厚的时代气息。战国肖形玺有反映人物活动、神话传说、奇禽异兽和祥瑞动物的图案，反映出当时人们的思想和社会风貌。

战国私玺以铜质居多，其次是玉和银质，还有极少量的玛瑙、象牙、犀和琉璃等。卫宏《汉旧仪》载："秦以前民皆佩绶，金、玉、银、铜、犀、象为方寸玺，各服所好。"战国私玺形状有方形、长方形、圆形、半圆形、月牙形及心形等；钮式有鼻、坛、兽、人、鸟、橛、覆斗、亭等；印体一般多为边长1至1.5厘米见方的小玺。战国私玺玺面文字无固定模式，但整体布局对称平正，造型精美，铸刻精细，艺术性高。阳文玺皆铸造，线条细柔，有的细如毫发游丝，如"家裸"（图版53），线条秀丽婀娜，空腔较深。阴文玺有刻凿也有铸造，笔画柔媚婀娜。

馆藏战国古玺，官玺多为名品；私玺占比较多，七国私玺文字结体和布局，较官玺更加精致和随意。玺的制作继承了商周以来青铜器文字、纹饰等刻铸工艺，文字线条变化多端。战国时期金文仍保持着奇肆、错落的自由体势，列国玺文总体上与东周文字一脉相承，为籀篆，即古文大篆，但在不同的地域和国家中却变化多端，文字布局极尽协调之美，形成诡奇古奥的艺术风貌。

三、秦代玺印制度的创立和官私印章

秦代玺印制度的创立，具有划时代的意义，为后世官私印章制度的承继和发展奠定了基础。

（一）秦朝统一和秦代玺印制度的确立

1. 秦代玺印制度的确立和秦始皇帝后玺

秦始皇统一六国后，推行"书同文"的政策，统一了文字，确定秦小篆书体为全国通用文字。秦相李斯善书规范的"小篆"，故小篆又称"秦篆""斯篆"。小篆字体整齐刚劲，柔美秀丽。秦印文字与秦琅邪刻石、秦诏版、秦权量上的文字风格一致。文字统一，改变了六国古玺难以辨识的状况。

秦朝在少府专设"符节令丞"，规定只有皇帝、皇后的印才可称为"玺"。据《汉旧仪》等史书记载，秦时定制：皇帝六玺，皆白玉螭虎钮，文曰"皇帝行玺""皇帝之玺""皇帝信玺""天子行玺""天子之玺""天子信玺"。"玺"字，为皇帝、皇后专用，这是官印名称制度上的一个重要变化。对文武百官印章也作出规定，中下级官印均为铜质，自名"印"；普通官印、私人的印称"印"或"章"。古印章中的"印"字就是从秦朝开始的，有别于先秦印章皆称"玺"。

秦始皇"受命于天，既寿永昌"的传国玉玺，被后世王朝奉为至高无上的神物。相传"汉用秦玺，延祚四百"。《史记·秦始皇本纪》记载：秦亡前，子婴见大势已去，即"奉天子玺符，降轵道旁"。《汉书·元后传》记载：刘邦"即天子位，因御服其玺，世传受，号曰汉传国玺"。传国玺的转递，标志皇位的更迭。汉以后，传国玺失踪。秦始皇帝六玺与传国玺今已无存，仅存"皇帝信玺"封泥，藏于日本东京国立博物馆。

秦代官、私印章，统一形制，官印方形，大多在2.1–2.4厘米之间，四字印文，印面有"田"字形界格。长方形官印则取其一半，故又称"半通印"，印文两字，印面有"日"字形界格。不论官、私印都采用刻凿印文。私印尺寸则普遍小于官印，以长方形居多，还有圆形和椭圆形等，改变了六国古玺大小悬殊的状况。

2. 秦代官印

馆藏传世秦代官印不多。"公孙毅印"玉印（图版70），为秦某一任国君之孙印，玉质白润，带"田"字形界格，字体婉转秀丽，为秦印中珍品。原为陈介祺旧藏，传说其子在京会试时以四百金购得，后历经沧桑，成为我馆镇馆之宝，印匣有"簠斋旧藏"等字样。这枚玉印是一方流传有绪的秦印瑰宝。著录于陈介祺《石钟山房印举》《簠斋藏玉印》和倪玉书《秦汉玉印图录》。

"成交"铜印（图版74），为"半通"中下级官印代表。印面带"日"字形界格，小篆字体，线条坚劲率性。

秦官印无论在形制还是文字上都趋于规范化。秦官印制度奠定了后世汉魏官印形制和基础，小篆为后世仿效。秦印属于从战国古玺向成熟汉印的过渡时期。秦篆的确立，结束了战国古玺文字变化无定形的局面，此后官私印文的结体向平整严谨的形式演变。

3. 秦代私印

馆藏秦代私印包括姓名印、成语印和吉语印等。秦代姓氏合一，先秦古玺中复杂的姓氏、复姓等渐渐变为后世习见的氏名印或姓名印。

私印形制有长方形、方形和圆形。印文为凿刻，秦篆，印面带日字形界格，文字有竖向、横向排列。因印文为凿刻，字体时有歪斜，印面界格亦不太规整，如"和众"（图版75）等。秦后期印面文字较规范，界格也较工整，如"赵骄"（图版76）、"王信"（图版82），为竖、横日字格排列，

印文笔画直折秀丽。"高志"（图版83），印文线条粗阔匀整，日字格线严谨，为秦晚期秦印代表。圆型印以"樊悲"（图版85）为代表。"日敬毋治"（图版89），为秦代成语印的代表作。

（二）秦代官印封泥

秦代官印虽传世不多，但秦官印封泥却有大量出土。1995年以来，陕西西安相家巷秦官署遗址出土了八千多方秦官印封泥[5]，官职、官署印多达数百种，印形规范，小篆字体，田字形界格，三公九卿各级官职非常全面。秦封泥的大量出土，体现出秦官印体制完善，对研究秦代官制提供了重要的实物资料。

出土和传世"封泥"是古代用印遗迹保留下来的珍贵实物，从战国到南北朝，都使用封泥。官府传达命令和私人书信，是通过信使来直接传达。为了保密，就在结绳处封一块泥土，把玺印钤在泥土上，这种泥块称为"封泥"。秦代郡县钤印封检、传递文书制度已普遍实行。

馆藏传世封泥代表有"□宫相丞"封泥（图版71），与陕西北郊相家巷出土的秦官印"北宫工丞"封泥[6]字形基本相同，是秦北宫或南宫相丞用印遗迹。"平阴丞印"封泥（图版72），为秦济北郡平阴县丞用印遗迹。"泰山守印"封泥（图版73），为秦济北郡泰山县守缄检公文的凭证。

秦代虽短经二世而亡，但秦代规范了帝后玺、官私印章形制及文字。汉承秦制，在秦代印制基础上进一步发展和完善，成就了汉代印章的繁盛。

四、汉代官私玺印的繁盛和艺术成就

汉代在中国玺印发展史上占有重要地位。汉代官印等级制度在秦制基础上逐步发展，在武帝时期成熟定型。汉代官印分西汉、新朝和东汉三个时期。

汉代官印印文在秦篆基础上发展为独具一格的汉篆，汉篆与秦篆区别不大，只是更为整齐，结体多平直方正，笔画圆转秀丽，典重规范。

中国玺印制度发展到汉代，进入繁盛时期，成为后代典范。

（一）西汉时期官印制度

1. 西汉官印等级制度

据《汉书·百官公卿表》《郊祀志》、卫宏《汉旧仪》等文献记载，西汉官印有一套等级森严的制度。

汉制规定：皇帝、皇后用玉印，自名玺，四字印文，螭虎钮。诸侯王、王后用金印，自名玺，四字印文，龟钮。太子、列侯、丞相用金印，自名印，四字印文，龟钮。三公、大将军用金印，自名章，五字印文，龟钮。列卿秩级二千石以上、中二千石官吏用银印，自名章，五字印文，龟钮。千石以下二百石以上官吏用铜印，自名印，四字印文，鼻钮。二百石以下小官吏用铜印，鼻钮，半通。汉官印边长为汉制一寸，称通官印，半通为通官印之半，又称半通印。

汉代官印制度与其职官制度相辅相成，官印是官爵等级标志，是社会地位的象征。官印由朝廷铸造颁授，县以上官吏由中央任命，诸侯王国、侯国由天子分封，印绶有一定仪式。《汉书·百官公卿表》《续汉书·舆服志》等史书对秦汉官秩及其配赐印绶均有详细记载，概括如下：自上而下，印有玉、金、银、铜之别，绶则有黄赤、绿、紫、青、黑、黄等颜色。"印""绶"连用以表官职和爵位。以绶系印，佩带于身，是两汉时期官印制度和职官制度真实写照。

2. 西汉皇帝皇后玺

卫宏《汉旧仪》记载汉帝六玺："皇帝行玺""皇帝之玺""皇帝信玺""天子行玺""天子之玺""天子信玺"，皆白玉螭虎钮，史称"乘舆六玺"；另有秦始皇传国玉玺，共七玺，是汉王朝世世传授的御玺。汉帝日常使用"皇帝行玺"，封拜用；"皇帝之玺"，赐诸侯王用；"皇帝信玺"，发兵用；"天子行玺"，征大臣用；"天子之玺"，策拜外国事用；"天子信玺"，事祭祀用。

帝后玺是汉代最高统治者的佩玺，西汉皇后玉玺玺文与皇帝玺同，螭虎钮。汉帝六玺与秦始皇传国玺今已无存，仅见"皇后之玺"玉

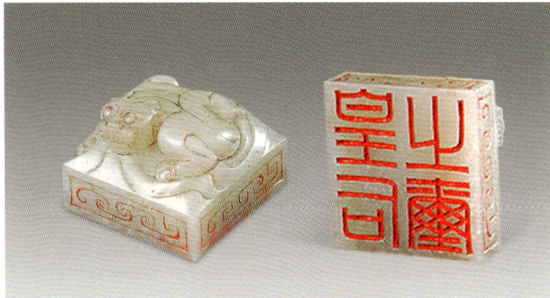

图8 "皇后之玺"
螭虎钮玉玺 西汉 陕西历史博物馆藏

玺（图8），1968年陕西省咸阳市北原韩家湾出土，为西汉所制皇后袭传之玺，羊脂白玉，螭虎钮，印面阴刻汉篆"皇后之玺"四字，篆书工整严谨，印侧阴刻勾连云纹，制作精美。是传世汉代唯一一枚皇后玉玺。

3. 西汉官印

汉代开始专设管理玺印的机构，御史大夫下置中丞，中丞下置侍御史，下掌五曹，二曰印曹，主管制印。

馆藏"淮阳王玺"玉玺（图版90），是淮阳王私制，专用于下葬，而非《汉旧仪》中所载之龟钮金印。印文方正，字体秀丽，经考为西汉诸侯王刘钦用印。此印原为陈介祺旧藏，1959年由故宫博物院拨交我馆，是一方流传有绪之玺。著录于陈介祺《石钟山房印举》和叶其锋《西汉官印丛考》[7]。

"石洛侯印"金印（图版91），质地、钮式、印文与史书记载列侯用印相符。印面錾刻汉篆，篆法宽放圆转，经考为西汉武帝时期刘姓侯国石洛侯刘敬或刘敢用印。著录于翟中溶《集古官印考证》、邓秋枚《神州国光集》和罗福颐《秦汉南北朝官印征存》[8]。

西汉秩二千石官印有铜质龟钮的，不完全是银质，如"宜禾校尉"（图版93）、"奉礼单印"（图版95）。依秩级，亭侯、校尉应是秩二千石，由

图9 "文帝行玺"龙钮金玺 西汉 西汉南越王博物馆藏

图10 "右夫人玺"龟钮金玺 西汉 西汉南越王博物馆藏

图11 "泰子"龟钮金印 西汉 西汉南越王博物馆藏

此可知,汉代秩二千石印是银、铜并用。千石以下二百石以上官吏官印,此类官印实物较多。这类汉官印皆铜质,鼻钮或瓦钮,印文阴刻四字篆书,自名印,如"夷道长印"(图版94)等,篆刻精美。

汉乡里小吏官印有"唯印",如"建阳唯印"(图版98)和"安国唯印"等。陈介祺《石钟山房

印举》将"唯印"列入官印。王献唐《五镫精舍印话》记载:"汉官印方皆一寸,'唯印'大者至八九分,未见有及方寸者,知虽官印,其用略如半通之属,非正印秩官,故只有里名地名,凡将军、太守、令长诸官印,未有加'唯'字者也。……里魁犹今村长、庄长也。……颇疑'唯'为官秩之名,书无佐证,终未能明也。"西汉半通官印以"仓印"(图版102)和"粪"为代表。

4. 西汉少数民族官印

西汉少数民族官印有自制印和西汉政府颁赐印。

西汉少数民族自制官印有南越国自制帝后玺。1983年广州象岗山西汉南越王墓出土武帝赵佗孙子文帝赵眜帝玺"文帝行玺"龙钮金玺(图9),夫人"右夫人玺"龟钮金玺(图10),赵佗儿子"泰子"龟钮金印(图11)和"泰子"覆斗钮玉印等,均錾刻汉篆。"文帝行玺"是仿汉帝六玺的制度,龙钮,有别于汉帝螭虎钮,非中原之制。第一代南越王赵佗原是秦国派往南方开拓岭南的将军,秦汉动乱之际割据称王,僭号为"南越武帝"。汉统一中原后,赵佗臣属于汉,故玺印制作即保留了秦代田字形、日字形界格,质地、形状、印文又受汉官印影响,有浓厚的地方特色。第二代南越王赵眜,僭号为"南越文帝"。该墓还出土赵眜"帝印"螭虎钮玉印(图12-1)、"赵眜"覆斗钮玉印(图12-2)等多枚玺印和"帝印""眜"封泥。此外还出土多枚覆斗钮玉、玛瑙、绿松石、水晶等无字印。西汉初期,北方匈奴部族也自制过官印,但目前没有发现实物。

西汉颁赐给少数民族印章的显著特点是印文首无"汉"字,而仅署族名,钮式多为动物钮,颁给草原民族的多为驼钮。西汉对愿意亲善的少数民族,采取怀柔政策,给各级首领颁发官印,有滇、越、匈奴、鲜卑、羌、賨、胡、屠各、夷、蛮、丁零、乌桓、叟、氐等十余个少数民族或外族。西汉最早颁赐给少数民族的官印,是高祖赐给南越王赵佗的玺,《汉书·南越王传》记载,赵佗给文帝书简有"高皇帝幸赐臣佗玺",但此玺目前没有发现。

图12-1 "帝印"螭虎钮玉印 西汉
西汉南越王博物馆藏

图12-2 "赵眜"覆斗钮玉印 西汉
西汉南越王博物馆藏

"滇王之印"金印（图版92），金质蛇钮，为汉武帝颁赐给古滇国国王的金印。该印制作精细，錾刻汉篆，字体平直宽放，布局匀整。因黄金硬度低，其印文錾刻，而非铸造，工艺精绝。著录于云南省博物馆《云南晋宁石寨山古墓群发掘报告》[9]和罗福颐《秦汉南北朝官印征存》[10]。

5. 西汉官印封泥

刘熙《释名·释书契》曰："玺，徙也。封物使转徙而不可发也。"故钤用封泥作为凭信是早期用印的基本方法。馆藏西汉官印封泥较多，本卷选录七枚，其余在《中国国家博物馆馆藏秦汉封泥考》一文中详释。这些传世汉代封泥，是珍贵的官印使用凭证。

"荆王之玺"封泥（图版106），是西汉诸侯王刘贾用"龟钮金玺"封检公文的遗迹，较为珍贵罕见。"齐宫右丞"（图版107）和"齐铁官印"（图版108），是西汉诸侯国齐国属官封泥，"齐铁官印"是齐国铁官用印的凭证。"右北太守

章"封泥（图版109）是西汉五字官印代表，应为汉武帝时期右北平边郡太守用"龟钮金印"封检公文的凭证。"松兹国丞"封泥（图版110），经考是西汉松兹侯国第三代国丞封检公文的凭证，具有西汉中期文字风格。

（二）新朝时期官印制度

王莽于公元9年建立新朝，又称"新莽"，于23年灭亡，共十五年。王莽立国时间虽然不长，但官印遗存有一百多种。

1. 新朝时期特殊官名印

传世新莽官印保存了王莽时期大量的官名和地名，补充了史料记载之不足。王莽时期对西汉的职官制度有许多改动，他根据周代《礼记》官制增加了一些爵号和职官，如"公""侯""伯""子""男"五等爵；并将一部分职官改了名称，如改大司马为司允，改大司徒为司直，改大司农为羲和后改为纳言，改太常为秩宗，改执金吾为奋武等；并创制了不少特殊称谓和专名。如改国号为新，称汉为汉氏，还有"睦""新""闲田"等专名。延续武帝时期五字官印，并发展成六字或多字印章，将授予少数民族印章以"新"字开头，如"新保塞乌桓赟犁邑率众侯印"等。

"魏部牧贰印"铜印（图版113），为新朝州部监察官用印。"牧贰"，是新增加的官职。字体秀美，为新朝官印代表作。

"宁陈男家丞"铜印（图版114），为新莽五等爵制中男爵之属吏家丞用印。"男"为新莽时期封五等爵之一，亦置家丞属官。

2. 新朝时期郡县和武官名印

王莽时期还更改了一些郡县名和地名，如将敦煌改名文德、敦德，将长沙国改名滇蛮等。将郡太守改为大尹，改县令、长为太宰，改县尉为马丞，将西汉宫殿长乐宫改为长乐室，改未央宫为寿成室，改长安为常安等。

"敦德尹曲后候"铜印（图版115）。敦德为敦煌。王莽官印中有候、曲候、曲后候。汉代的侯官是一种军事驻扎性质的机构，它下面有若干个防御组织。

"大将军印章"（图版116）、"校尉丞之印"（图版118），为王莽时期武官印。大将军、校尉为新朝武官名。印文篆法具有新朝官印典型特征。

3. 新朝时期官印形制及特点

新莽官印形制与武帝时期官印同，制作精美，印面方形，印文多为五字、六字或更多。大多为龟钮和瓦钮，官品高的（县宰以上）用龟钮，官品低的用瓦钮。龟钮做工精致，龟首前伸，龟的嘴、眼、颈部、背部都有刻纹，龟甲呈圆形，后半部高耸，龟腿五爪，立于印背四角，与下垂的龟尾形成五个支点，有稳重协调之感。

王莽官印中虽有一些官名、地名可与文献互相印证，但文献记载很不全面，传世莽印中一些地名就无从查考，所以要识别莽印，就必须从文献记载，印章形制、钮式和印文来综合考证研究。

王莽时期官印刻凿技术高超，较西汉更精美柔丽，采用汉篆，字体圆转流畅，排列整齐，布局严整，字形瘦美，章法考究，书法独具一格。新莽更改特殊官名、地名以及称谓，构成了新朝官印的一大特色。

（三）东汉时期官印制度

1. 东汉帝后玺和官印

东汉官制沿袭西汉初期的印绶制度。与西汉相同，后期太后临政，外戚专权，汉室权力渐衰，掌军权者拥兵自重，印绶制度出现混乱，官印贬值。

东汉早期帝后玺以"朔宁王太后玺"（图13）为精品，1954年陕西省宁强县阳平关出土[11]，龟钮金玺。朔宁王是东汉建武七年（31年）公孙述给隗嚣的封号。此玺是隗嚣母亲的玺，是东汉早期帝后玺代表。

"广陵王玺"（图14），1981年江苏邗江甘泉二号汉墓出土，为刘秀第九子广陵王刘荆之玺。中元二年（57年）明帝封刘荆为广陵王。此玺龟钮金玺，符合规制，为东汉王朝刘姓诸侯王唯一出土金玺，非常珍贵。

馆藏东汉官印有"开阳唯印"铜印（图版

图13　"朔宁王太后玺"龟钮金玺
东汉　重庆中国三峡博物馆藏

图14　"广陵王玺"龟钮金玺
东汉　南京博物院藏

119），为东汉"唯印"代表，是东汉开阳乡里官印。"海陵长印"铜印（图版121），东汉县长官印代表。钤抑后，白多朱少，白文笔画粗肥。这类印又称为"满白文"印。著录于罗福颐《秦汉南北朝官印征存》、罗振玉《贞松老人遗稿郊居腆录》和王人聪《两汉王国、侯国、郡县官印汇考》。"河阳长印"（图版122）为东汉"满白文"官印代表。

2. 东汉政权颁赐给内附外族和归附少数民族官印

东汉颁赐给内附外族和少数民族官印特点是印文首冠以"汉"字，来表明归属关系。"归义"是东汉政权给少数民族首领归附者的一种封号，钮式有驼钮、蛇钮和兽钮等。东汉对内附外族和归附民族首领封予"王、侯、君、长"官号，并赐给印章，分别以金、银、铜质为等级标志。

《后汉书·东夷传》记载，东汉"建武中元二年（57年），倭奴国奉贡朝贺，使人自称大夫，倭国之极南界也。光武赐以印绶"。《汉书·地理志》载:"夫乐浪海中有倭人,分为百余国,以岁事来献见云。"现藏日本福冈市博物馆的"汉委奴国王"(图15)蛇钮金印,是光武帝颁赐给当时内附的倭奴国(今日本)王的金印,被日本定为国宝。东汉对前来朝贡内附的外族,往往赐给金印。汉政权颁赐给少数民族国王和外族国王蛇钮金印,目前存世仅见两枚,一枚为西汉"滇王之印",另一枚为东汉"汉委奴国王"。后一枚印于1784年(江户时代光格天皇天明四年)在日本九

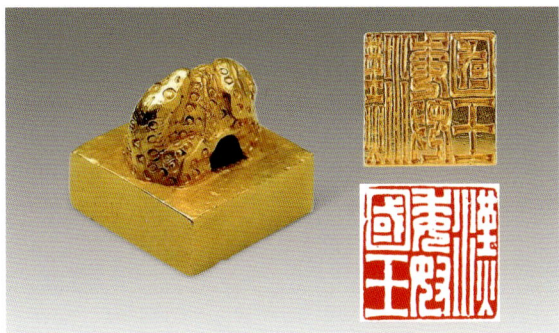

图15 "汉倭奴国王"蛇钮金印
东汉 日本福冈市博物馆藏

州福冈县志贺岛出土。

"汉归义賨邑侯"金印(图版124),驼钮金印,是东汉颁赐给已归附的賨族首领的金印,清光绪十六年(1890年)在重庆市奉节县出土,解放后被重庆市博物馆收藏,1956年拨交中国历史博物馆(现中国国家博物馆)展陈至今。《三国志·魏志·武帝纪》记载建安二十年(215年)九月,"巴七姓夷王朴胡、賨邑侯杜濩各率种落,举巴夷、賨民来降,于是分巴郡。以胡为巴东太守,濩为巴西太守,皆为列侯。"著录于《云阳新县志》、任乃强《华阳国志》和邓少琴《巴蜀史迹探索》。经考此金印是一方出土兼流传有绪的东汉末年颁赐已归附少数民族賨族首领杜濩的金印。

"汉匈奴归义亲汉长"铜印(图版125),1977年青海省大通上孙家寨匈奴墓出土[12],是汉政权与匈奴和亲政策之产物。根据此印出土地点,应是东汉颁赐给匈奴别部"卢水胡"某首领官印。

颁赐匈奴族的诸多官印中,还出现了汉语官号和按匈奴语官号音译官名的做法。如"汉丁零仟长"(图版127),是东汉颁发给归附的丁零部落仟长之印。著录于王日蔚《丁零考》[13]和朱伯隆《丁零新证》[14]。

(四)形式多样的汉代私印

馆藏汉代私印极为丰富,包括姓名印、成语印、吉语印和图形印等。汉代姓名印占比较高。汉代私印印文不受制度的限制,文字布局不拘一格。材质上除铜、银、玉外,还有绿松石、琥珀、象牙、玛瑙和水晶等。

"刘安意"玉印(图版128),于1946年河北省邯郸柏乡汉墓出土。经考刘安意为西汉侯国第二任象氏侯。印面布局饱满,字体俊秀流畅,代表了西汉列侯私印制作水平,具有很高的历史艺术价值。

南昌汉代海昏侯国遗址博物馆藏有西汉海昏侯刘贺(?—前59年)三方玉印,为"刘贺"螭钮(图16)、"大刘记印"龟钮(图17)和龟钮无字玉

图16 "刘贺"螭钮玉印
西汉 南昌汉代海昏侯国遗址博物馆藏

图17 "大刘记印"龟钮玉印
西汉 南昌汉代海昏侯国遗址博物馆藏

印。三方玉印均为墓主刘贺私印，和田羊脂白玉制成，汉篆，制作精良。其中"刘贺"螭钮玉印，螭纹有别于其他刘姓侯国样式。"大刘记印"龟钮玉印，龟钮刻制精美，印文秀美流畅，笔画典雅严整，体现出汉代列侯印文篆法之艺术风格，为西汉列侯私印中的精品。且印文体例独特，在列侯私印中仅见。刘贺是汉武帝刘彻之孙，昌邑王刘髆子，第二任昌邑王，曾权高位重至西汉第九位皇帝，上任不足月余被废。元康三年（前63年）汉宣帝封刘贺为海昏侯。海昏侯墓于2015年发掘。

馆藏汉代姓名印有几种形式。有的阳文、阴文在同一印面上，如"王龙渠印"（图版130），朱白相间，极具艺术魅力。有只刻姓名，如"桐终古"（图版134）、"任尊"（图版136）、"张志"（图版141）、"庞望"（图版143）等。有姓名后加"印"，如"王安亲印"（图版129）、"燕宗印"（图版138）、"郭万年印"（图版142）、"石蔚增印"（图版162）等。有姓名后加"私印"，如"丁倗私印"（图版150）、"马常私印"（图版151）、"李伦私印"（图版154）和"寇相私印"（图版155）等；有姓名后加"之印"，如"田嫖之印"（图版158）等；有姓名后加"信印"，如"睢国信印"（图版163）等。

穿带印起源于战国，在汉代较为流行，也称两面印，扁方形，中空，可系绶带，无钮，印面一面刻姓名，另一面刻字号、吉语或肖形图案等。

"燕奴　日利"穿带铜印（图版165），一面朱文篆书"燕奴"二字，另一面白文篆书"日利"二字，字体用"鸟虫篆"书体。"司马勒　司马亥"穿带铜印（图版167），字体遒劲又带柔婉风范，印面布局饱满。"亥"字用鸟虫篆书体。"李广德　白虎纹"穿带铜印（图版170），为姓名和肖形印相结合。

子母套印也为汉代新创，母印中空，子印套于母印中，设计巧妙，多两印一套或三印一套。如"蔡就私印　蔡君游印"（图版171）为子母铜套印代表作。

吉语印"长毋伤"铜印（图版173），字形蟠曲，有汉"缪篆"书体的韵味。

汉代官印制度是在秦代官印制度基础上逐渐规范和完善。古玺印史上的秦汉印制，就是以官印为主导，以秦汉确立的官私印形制为规范的印章制度。特别是西汉武帝时期，汉篆进入成熟阶段，摆脱了秦篆影响。私印字体开始出现鸟虫篆、缪篆等，是汉印成熟的标志。汉篆这种雅丽劲健的文字，与印面宽满严整的布局相结合，形成汉印独有的篆刻艺术风格，成为后世篆刻艺术之典范。明代形成的篆刻学流派更以"师法秦汉"作为其技艺发展的基础。

五、三国、两晋、南北朝时期官印和私印

（一）三国、两晋时期官印制度

三国时期魏、蜀、吴官印制度和印章形制受东汉官印制度影响。三国在政治上仍以汉为宗，印制仍循汉代遗规。由于地区、国别有异，印文布局及篆刻多不及汉印规整，但也有少量精品。《三国会要》记载："魏诸官印各以官为名印，如汉法断，二千石者章。"晋官印制度也基本遵从东汉官印制度。如晋"乘舆六玺"与汉"乘舆六玺"相同，皇太子、诸王金印龟钮也与东汉官印制度相同。

汉代军队编制是军、部、曲、屯。每一百人有一个屯长，两个屯为一个曲，每两百人有一个军侯，两个曲成一部，每四百人有一个"军司马"，五个部为一个营，统军是"将军"或"校尉"。《后汉书·百官志》载："其将领皆有部曲，大将军营五部，部校尉一人，比二千石，军司马一人，比千石。部下有曲，曲有军候一人，比六百石，……又有军假司马、假候，皆为副贰。其别营领属为别部司马。"根据《后汉书》《三国志》《通典》《通志》等文献记载，"别部司马"是东汉末年至三国时代统兵官名，著名的历史人物刘备、关羽、黄盖等都做过"别部司马"。东汉末至魏晋时期官印制度不太严格。由于社会动荡和连年战争，军队减员严重，临时招募情况较多，就在原常备军建制外又增设了别营领属和副贰

将领,如军司马之外还有"别部司马",其下还有"军假司马"和"军假侯"等。地方豪强在乱世中广募流离失所的散兵为部曲兵,增设部曲将领,使得这一时期官印数量猛增,而质量有所下降,有些官印难以区分,特别是一些将军印,印文篆刻多草率凿成。

晋代印章制度继承曹魏时期,增加了一些晋代特殊官名。官印有四字、五字、六字印文。

1. 三国时期官印

三国时曹魏官制比蜀、吴健全,所占郡县之地人户较多,故传世曹魏官印数量也较多。三国时期由于战争频繁,故军队将领官印较多。1972年河南洛阳孟津县曹魏辖区发现一处窖藏[15],出土797件中下级将领官印,有"军曲侯印""军司马印""军假司马""别部司马""部曲将印""假司马印"铜印等。根据出土地点、印文风格、这批官印应为三国魏,最早不过东汉末年。

馆藏三国曹魏官印丰富,多为军官名号印,一些与1972年河南洛阳孟津县窖藏出土曹魏官印名称相同,且书法风格相同。如"军曲侯印"(图版180)、"军司马印"(图版182)、"军假司马"(图版183)、"别部司马"(图版184)、"部曲将印"(图版185)铜印等。其中"别部司马""部曲将印"等官名东汉末年设置,但大量出现在三国魏晋时期。

"平东将军章"金印[16](图版175),为三国曹魏政权大将军名号官印,承继汉代五字官印印文。魏晋时期军号依次有:征、镇、安、平四种,每种有四个征南、征西、征东、征北。此印印文錾刻,字体严整。著录于罗福颐《秦汉南北朝官印征存》等。

"都亭侯印"鎏金铜印(图版177),魏官印。都亭侯,东汉始置,位在乡侯下,在城之亭称都亭,在乡之亭称野亭。《后汉书》载:"都亭侯,食邑五百户。"著录于罗福颐《秦汉南北朝官印征存》等。

"关中侯印"鎏金铜印(图版178),魏官印。关中侯是东汉末年曹操立魏王时设置的爵位,以封赏军功者,封号始自曹魏建安五年(200

年),三国魏定秩为六品,晋及南朝沿之。

"关外侯印"(图版179),三国魏官印代表。"关内侯印"(图版190),三国吴官印代表。

"宣威将军"铜印(图版194),魏官印。宣威将军,东汉、魏置,两晋沿袭,与勇武、壮威、明威、定远、宁远等均为杂系将军,称谓名目繁多。著录于罗福颐《秦汉南北朝官印征存》等。

传世魏官印见有"虎威将军章""南乡太守章""安国亭侯""万岁亭侯""千秋亭侯""夏架典农""助郡都尉章"等。出土吴官印有"遂昌令印""奉车都尉"等。传世蜀官印有"梓潼令印"等。

2. 两晋官印

晋代印章形制在曹魏基础上又增加了一些特殊官名。四字传世官印有"前军司马""后军司马""殿中司马""殿中校尉""外营百长"等,五字官印有"扫寇将军章""建威将军章""折卫将军章"(图版197)等一大批杂号将军章,过去也大多被定为汉印。六字官印有"常山典书丞印""东平飤官长印"等。西晋短暂的统一,带来了官印风格的新面貌。

"扫寇将军章"银印(图版195),为西晋官印中的精品,与1991年湖南省安乡县出土的西晋"镇南将军章"金印[17]篆法相同。扫寇将军,魏晋时期杂号将军名。印文端严平整,篆法美观。

"建威将军章"(图版196),据印文篆刻风格,应为东晋时期武官印。"建威将军"始设于西汉,魏晋南北朝时多设此官,三国魏杜恕,晋朝刁默、王戎、周处和司徒勋诸人都担任过此官。

晋八王之乱后,至东晋十六国时期,由于战争频繁,政权更迭,封将军更是最平常的事,且品秩越来越低,现今传世众多的杂号将军印,就是在这样的历史背景下产生的,有不少制作较为粗糙,印文凿刻草率,时有歪斜,多是应付紧急军务快速刻成。这一时期传世官印还见杂号将军章如"鹰杨将军章""宁远将军章""材官将军章""牙门将印""伏波将军章"和"安北将军章"等。

3. 三国魏、晋时期颁赐给少数民族官印

三国魏、晋官印中有一大批是颁赐给少数民族部族首领的，沿袭汉制，形成了规范的体系，在印文中标明了朝代和所授少数民族部族名称。印文首钤刻颁发国名"魏""晋"字。这一时期少数民族部族名称有乌丸、鲜卑、屠各、匈奴、蛮夷、胡、支胡、氐、羌、叟等十多个。颁给少数民族部族首领官印中，官职有"仟长""佰长""邑长""左长"等。魏、晋给少数民族部族颁发的官印传世最多，内容涉及这一时期此类官印的各部族与称号。

三国魏、晋政权颁赐少数民族官印多为铜或铜鎏金，钮式有驼、马或羊钮。如馆藏三国"魏率善胡佰长"（图版186）、"魏率善氐仟长"（图版187）、"魏屠各率善佰长"（图版189）和两晋"晋率善叟仟长"（图版199）、"晋率善胡佰长"（图版200）、"晋率善羌邑长"（图版202）、"晋匈奴率善佰长"（图版203）、"晋支胡率善佰长"（图版204）、"晋鲜卑率善佰长"（图版205）、"晋乌丸率善邑长"（图版206）和"晋高句骊率善佰长"（图版207）等。"率善"，即循规向善，有归附臣服之意，是褒称。印文六至八字，皆凿刻而成。印面布局饱满，篆法精严，线条规整秀丽，有汉篆风韵。

晋代用"归义"和"率善"来区别身份爵秩，晋朝颁赐少数民族部族首领的官印中，用"率善"的均为某长印，用"归义"的均为王或候。如"晋归义王"鎏金铜印（图版208）。有国名排在第二字的四字王印，如"亲晋胡王"（图版209）和"亲晋羌王"（图版210）等，这种印文形式为晋首创。魏晋制作颁赐给少数民族官印，布局严谨，篆法工整，钮式规范。

汉、三国魏、晋时期，周边的少数民族对强盛的中原朝廷赐给官号与印章是非常看重的。《汉书·匈奴传》记载，西汉晚期曾赐给匈奴首领单于玺印，印文称玺，规格高。新朝王莽时期赐给匈奴的官玺改汉为新，玺改为章，匈奴单于非常不满，认为被降格，要求仍给旧玺。中央政权赐封少数民族的这些官号和官印，是鼓励亲汉、归附朝廷怀柔政策的一种体现，也是华夏民族在长期融合的漫长历史过程中的具体印证。

（二）南北朝时期官印制度和官私印章

南北朝时期由于南北分裂，造成南、北印制不同。这一时期印文特点是简率与粗犷。

战国、秦汉、魏晋时期玺印皆用封泥。南北朝时期完成了封泥时代向钤朱时代的转变。魏晋时期纸张逐渐流行，代替了竹木简牍，这一重大改变，不仅影响了文字书体的演化，也导致了文书制度改变及用印方式和印章制度的改变。由于纸张的使用，玺印可以直接钤抑在纸上作为凭信，封泥逐渐废止而印色逐渐流行。《述书赋》记载，东晋时期开始出现在书画上钤印的做法。

1. 南北朝时期"急就章"式官印

北朝时期北魏较早开始汉化的进程。1955年河北景县封魔奴墓[18]出土北魏太和八年（484年）的"冠军将军印"（图版211）、"怀州刺史印"（图版212）和"高城侯印"（图版213）三枚北魏铜官印。印风粗犷。

此墓出土"魏故使持节平东将军冀州刺史渤海定公封使君墓志序"，史料记载渤海封氏是西晋以来的士族，在十六国前燕、南燕、后燕政权都有人任高职。北魏封玄之曾参与谋乱牵连家族一同被杀，北魏道武帝拓跋珪决定赦免封玄之一子，封玄之保全了弟封虔之之子封魔奴。封魔奴获生，被赐"富城子"，官至"使持节""冠军将军""怀州刺史""高城侯"等，北魏太和七年（483年）死于代京。封氏家族墓地在今河北景县县城东，1948年曾被发掘，共出土三百多件文物。三方官印，均为凿刻，文字简率，线条粗犷劲健，专家考证认为有可能是随葬急就，故刻制草率。三方印章的出土，印证了史料记载之实。著录于罗福颐《秦汉南北朝官印征存》和王人聪《新出历代玺印集释》。

"扫逆将军司马"铜印（图版214），为南北朝时期官印精品。此印文字篆刻工整，笔画圆润秀丽，为传世佳作。

南北朝时期官印代表作有"击东将军章"（图版215）、"安定太守章"（图版217）和"宣惠将军章"（图版218）等，印面字体均为凿刻，刻

制率性粗犷，字体稍有倾斜，线条劲健硬朗。

南北朝时期官印印面开始增大，约在2.5至3厘米左右，印文为凿刻，多不规整，风格粗犷，笔画较粗，折拐生硬，字体草率，大小不一。有"急就章"式的风格，是这一时期官印印文特点。龟钮独特，龟体开始加大呈耸起站立状。

2. 南北朝时期艺术形式多样的私印

魏晋时期私印少见。南北朝时期由于文书制度及用印方式的改变，私印逐渐增多，多承继汉魏篆书体，并有创新。钮式有兽钮、龟钮和辟邪钮等。

南北朝时出现了对后世篆刻艺术有深远影响的篆书，即被后世篆刻家命名的"方朱文"，笔画横平竖直，字形方正均匀，如"孙让印信"（图版219），便是典型的"方朱文"体。印面铸阳文，笔画纤细，篆刻精美，方正规整。

此时私印流行新颖优美的"悬针篆"体，东汉后期逐渐兴起，与魏正始"三体石经"刻纹相近。悬针篆印文，大多每行一字，竖向的直笔，延伸悬垂，末端为针尖般尖细，锋如针。文字排比上紧下松，上密下疏。悬针篆多用在两面印或六面印上。如"薛寿　臣寿"穿带铜印（图版224），一面阴文篆书"薛寿"，另一面阴文篆书"臣寿"。其中"薛寿"二字和"臣寿"的"寿"字，为典型的悬针篆，字形秀丽奇特，充满了艺术气息。

六面印晋代开始流行。1958年南京老虎山晋墓出土"颜綝"六面印[19]，六面刻有"颜綝""臣綝""颜綝白事""颜綝白笺""颜文和""白记"，均为阴刻悬针篆，字形纤细舒长。馆藏"陈道福"六面铜印（图版226），方柱形钮，有穿。印面、印体四周及印钮上方六面，分别阴刻篆书"陈道福""陈道福白笺""道福启事""道福白疏""道福言疏""良"，风格独具。"启事""白疏""言疏""白笺"等多为信函封检时对对方的一种谦称。东汉时期私人用印开始出现不同场合、不同情况使用不同印文的印章。

魏晋南北朝时期，官印制度基本上延续了秦汉的官印制度，官印以官名印为主，印章书法风格遵循汉代篆刻艺术，但比汉代稍显粗犷恣放。

由于这一时期社会动荡，战争频繁，故武职官印较多。南北朝时期将军印章仓促凿刻，形成恣放不羁和粗犷的风格。此时由于书法、绘画等艺术领域的发展，私印反而更具艺术性和多样性，各种书体不断涌现，并推陈出新，从战国大篆、秦小篆、汉篆、缪篆、鸟虫篆，到南北朝发展出方朱文和悬针篆书体。

六、隋唐五代时期开启官印新风尚

（一）隋唐五代时期官印制度

隋唐以后，印章形制、印文发生了很大变化，建立了一套新的官印制度。隋朝的统一，结束了分裂局面。隋文帝在承袭北周制度的基础上，完善了官印制度。

官印主要功能就是行使职务的凭信。即"官用一印"，这是与秦汉职官印制的区别，是官印制度的进步。官印尺寸开始增大，为使文字布满印面，改为阳文大字篆书，除帝后的玺宝形制规格外，其余各级官印均为柄钮（橛钮）铜印，印文多为四至五字，皆自名作"印"。"印"者，都是县以上高、中级官署及官吏用印。

隋代开始在官印印背刻凿皇帝年款和铸印时间。如故宫博物院藏"广纳府印"[20]（图18），背款阴刻"开皇十六年（596年）十月一日造"。唐代官印背部则无刻款。

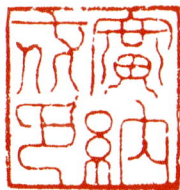

图18　"广纳府印"　隋代　北京故宫博物院藏

唐、五代官署印还出现了名作"记"或"朱记"，多为县级较低官署官吏的官印，取消了"章"。《宋史·舆服志》记载："两汉以后，人臣有金印、银印、铜印，唐制诸司皆用铜印，宋因之。"从先秦至秦汉官印都署官名，隋代开始不再署官名，而署官府名。由于官署印不再是职官身份的标志，官印也就不再自佩，秦汉的那种印绶制度不再可行了,官印都放入匣内,由官府派专人保管。卸任官员把官印交给新上任官员,除非官署有变动,否则可一直传下去,由此传世官印数量非常少,大不如秦汉魏晋时期。

(二)隋唐五代时期官印

1. 隋唐五代时期皇帝御玺宝

隋唐五代时期皇帝使用的玉玺宝今已无存。据文献记载,隋代皇帝御玺基本同于秦汉。《隋书·礼仪志》记载:隋朝御玺有八种,即乘舆六玺、传国玺和神玺(受命玺),神玺为隋代始置。唐代承袭了隋朝八玺,唐太宗又多镌刻一枚"受命玄玺",印文为"皇天景命,有德者昌",用于封禅之用。故唐朝为九玺。《新唐书·车服志》记载唐太宗诏制的"受命玄玺"为白玉质,螭虎钮。皇后、太子为金玺。唐代晚期,将九玺中的玺字改为宝,此后,皇帝御玺就不再称"玺",而改称"宝"。

五代十国时期,前蜀王建墓出土"高祖神武圣文孝德明惠皇帝谥宝"玉谥宝,龙钮,印侧还刻龙、凤、玄武等纹饰,虽为殉宝,但对了解五代十国时期御宝形制有一定意义。隋唐五代御玺宝仍为玉质。

2. 隋唐五代时期官署印

因隋唐官署印改为沿用的办法,故这一时期官印传世很少。馆藏唐代官印代表作有:

"内园使印"铜印(图版227)。"内园使",唐官名,又称内苑栽接使。掌管禁苑中栽种蔬菜瓜果,供给皇室,多以宦官充使,为唐官署官吏的职官印。

"大毛村记"铜印(图版228)。"大毛村",唐地名,位于河南省柘城县安平镇。为县级以下较低官署官吏的官印。

上述官印皆阳文篆书,印文及字体较大,线条较粗微叠,空腔较深,以后历代官印多沿用此制。

"中官府印"玉印(图版229)。"中官府"为官署名,为内侍省官。印钮为蟠螭纹,螭纹造型具有唐代特征。印面文字阴刻较浅,可能为殉印。

传世唐官印有"中书省之印""尚书兵部之印""唐安县之印""齐王国司印""平琴州之

印""沙州节度使印"和"遣唐使印"等。

楷书入印在唐代藏经上的印迹始见。在这一时期官印中,出现了自名"记"和"朱记"的称谓。

唐代有的铜印先铸出凹形铜印坯,字体或纹饰再由铜条焊接而成,如云亭纹铜印(图版230)。

五代官印中,印文书体除篆书外,还增加了楷书,如"都检点兼牢城朱记"和"元从都押衙记"(图19)铜印。"元从都押衙记"著录于罗福颐《古玺印概论》,为五代梁楷书,说明五代官印已开始出现楷书印文。

图19 "元从都押衙记" 五代 天津博物馆藏

(三)隋唐五代时期官印私印使用钤朱

隋唐时期印章通用印色,钤朱用印方法在隋唐普遍使用,印色初为水、蜜兑和颜料,印泥制作已趋完备,至元末明初始出现油质印泥。但唐代在特定范围内也保留了封泥上钤用抑印的做法。唐代大明宫遗址出土一百六十多块抑有官印文字的封泥,如"云南安抚史之印"等,大多用于各地进贡物品容器的封口。

唐代官方文书也是当时玺印使用状况的反映。如在敕书、命官文书、户籍资料、通行证件、外国人进出唐朝的凭证、书信和藏经上钤盖官印。1981年在新疆吐鲁番地区吐峪沟千沸洞出土一件文书,内容是向当地寺院征用车牛的公文,上钤一方朱文篆书官印"西州之印"[21]。西州是贞观十四年(640年)平了高昌国叛乱之后设置的行政机构,显庆三年(658年),改为"西州都督府"。这件出土文书就是这期间的公文。

玺印钤于书画最早始于东晋。玺印与书画结合,在中国印章发展史上是一个重要的发展。社会文人书画的发展和繁荣,使玺印与书画的结合成为必然。唐代是中国文化艺术兴盛时期，文人和书画家辈出，书画等珍品繁多。唐代张彦远《历代名画记·叙古今公私印记》记录当时他本人所见钤于书画上的印记有：东晋周颙的朱文印、梁朝徐僧权钤盖的"徐"印。

此时印章出现了"鉴藏印"。鉴藏印可分为鉴审和收藏两类。早期的鉴藏印以皇帝年号印代之，如唐太宗李世民的"贞观"（图20），唐玄宗李隆基"开元"和南唐"建业文房之印"等，以表示此件作品是皇帝鉴赏和收藏之物。鉴藏印对于钤用者是作为藏品归属的标志，对于后人研究流传经过和鉴别真伪是重要依据。唐代已有文人的斋馆别号印出现，如李泌的"端居室"和书法家怀素的"绿天庵"等，说明唐代文人私印的使用情况。

图20　"贞观"唐太宗鉴藏印

"天水法华私记"鎏金铜印（图版231），为五代私印代表作。"私记"，代表私人的印章。印文篆书有五代时期风格。此印书体与故宫博物院藏五代"秦成阶文等第三指挥诸军都虞候印"篆法相同。唐五代时期各地佛教大兴，抄写经卷成风。钤印在经卷上的印章也较多，如唐楷书"开元寺大藏经"印迹。

隋唐五代时期，文书和书画中遗存的印迹资料，真实地反映了官印在当时社会生活中的作用，以及文人用印情况。隋唐新印制的形成，成为继秦汉印制之后，中国印制发展的另一个新阶段。

隋唐五代官印在形制上彻底改变了秦汉印制的方形阴文印式，而改为阳文大印，钤朱取代了封泥。官印边长多在四、五厘米左右，而秦汉魏晋南北朝官印多在二、三厘米左右。由于印体增大，钮式改为无孔柄钮，便于直接握钮钤印。隋唐官印篆刻风格一改南北朝官印粗犷恣放，代之以柔丽的阳文篆书，为使印文布满印面，印文笔画开始出现盘曲篆。

七、宋、辽、西夏、金时期各民族官私印章风貌

（一）宋代官印制度和九叠篆书体形成

北宋赵匡胤取代后周政权，大力强化中央集权制，宋太祖对印制加以整肃，并对本朝官印规格确定了标准。

1. 宋代官印制度和皇帝玺宝

宋代高、中级官印统一由中央政府铸造。北宋铸印机构为"少府监"，南宋官印由"文思院"铸造。《宋史·职官志》记载文思院"掌造金银犀玉工巧之物，金彩绘素装钿之饰，以供舆辇册宝法印，凡器物之用"。地方官吏印信由地方机构镌刻颁发。《宋史·舆服志》记载："监司、州县长官印曰印，僚属曰记。又下无记者，止令本道给以木朱记。"

宋代官印形制为五至六厘米左右的方印，皆铸阳文叠篆，字口较深，方形细边框，均柄钮。宋代官印背部多有刻款，刻款是从宋太宗太平兴国元年（976年）开始，款刻于印背两端和把钮顶部，右边刻铸造时间，左边刻铸造机构或印文，有的官印左右两边都刻铸造时间，印钮顶部刻"上"字，均为楷书。两宋官印形成统一的背部凿刻款格式，此后各朝官印都有刻款。

北宋皇帝玉玺宝使用叠篆见于史书记载。《宋史·舆服志》记载：宋徽宗时期制作九方玉玺宝，用于不同场合。"徽宗崇宁五年（1106年），有以玉印献者，印方寸，以龟为钮，工作精巧，文曰'承天福延万亿永无极'。徽宗因次其文，……名为镇国宝。大观元年（1107年）又得玉工，用元丰中玉琢天子、皇帝六玺，叠篆。初，绍圣间，得汉传国玺，……帝于是取其文而黜其玺不用，自作受命宝，其方四寸有奇，琢以白玉，篆以虫鱼。……镇国宝、受命宝不常用，唯封禅则用之。皇帝之宝，答邻国书则用之；皇帝行宝，降

御札则用之；皇帝信宝，赐邻国书及物则用之；天子之宝，答外国书则用之；天子行宝，封册则用之；天子信宝，举大兵则用之。……政和七年（1117年），从于阗得大玉逾二尺，色如截肪。徽宗又制一宝，赤螭钮，文曰：'范围天地，幽赞神明，保合太和，万寿无疆。'篆以鱼虫，制作之工，几于秦玺。其宝九寸，检亦如之，号曰'定命宝'。合前八宝为九，诏以九宝为称。"[22]宋徽宗为作玉玺宝，复诏于阗进贡上等的白玉。

《宋史》记载宋太祖、宋徽宗以及南宋各历史阶段御宝规格，如：宝用玉，篆书，广四寸九分，厚一寸二分，填以金盘龙钮。靖康之变，北宋宝玺被劫，两宋御宝今已无存。

2. 宋代官印九叠篆书体形成

宋太祖乾德三年（965年），中央官署及京城改铸叠篆。《宋史·舆服志》载："乾德三年太祖诏重铸中书门下、枢密院、三司使印。先是，旧印五代所铸，篆刻非工。及得蜀中铸印官祝温柔，自言其祖思言，唐礼部铸印官，世袭缪篆，即《汉书·艺文志》所谓'屈曲缠绕'以模印章者也。……自是，台、省、寺、监及开封府、兴元尹印，悉令温柔重改铸焉。"

唐代官印阳文盘曲篆，对宋代官印产生影响，印文笔画缠绕重叠，史称"九叠篆"。九叠篆的采用，与印面增大有直接关系。九叠的"九"代表多的意思，九叠不一定是九的确数，可能是八叠或更少几叠，也可能是十叠。

九叠篆字体特点是将直线变为曲线、将单线变复线，使得稀疏的笔画变得茂密。印面章法由疏变密，布局绵密繁茂，篆字笔画来回反复盘曲，增添了文字的流动性。九叠篆用增笔来平衡字体的疏密，繁复重叠的笔画使人不易辨认，起辨伪作用。此后辽、西夏、金、元官印都使用九叠篆，明清部分官印也使用九叠篆，形成官印独特的风貌。

3. 宋代官印

两宋官印遗存和出土较多，近年河北、内蒙、浙江等地都有宋官印出土，多为禁军官印，如"神卫军右英烈第四指挥都虞候记"[23]等，是北宋官印中的精品。

"神卫左第四军第二指挥第五都记"铜印（图版232），北宋太宗（981年）禁军官印，为内蒙古宁城县大名城出土印[24]。"神卫"，《宋朝会要》载："太平兴国二年（977年）正月，改虎捷曰神卫。"印面布局匀称，线条纤细整齐，笔画叠绕处圆转流畅，是北宋早期叠篆官印标准器。

宋代兵制复杂，军队分为禁军、湘军、乡兵和蕃兵等。禁军是宋朝主要军事力量，隶属于京师"三卫"（殿前司、侍卫亲军马军司、侍卫亲军步兵司），由皇帝直接掌握，平时戍守京师，战时用于对外征讨。由于北宋与辽连年战争，禁军常北征辽，皇帝也常常"御驾亲征"，战争失利时，军中许多官印成为辽军战利品。今内蒙古宁城县大名城是辽中京大定府，在遗址中常有宋官印出土，如"太平兴国三年（978年）""神卫左第一军第二指挥第二都朱记"，"太平兴国五年（980年）""新浦县新铸印"，"太平兴国六年（981年）""雄胜第十军指挥使记"等。

"拱圣下七都虞候朱记"铜印（图版233），为北宋太宗赵炅（989年）时期的禁军官印，铸刻精美，阳文九叠篆，均齐式布局，笔画圆中带折，线条之间等距且律动性强，是北宋九叠篆官印精品。

"单州团练使印"铜印（图版235），为南宋高宗（1140年）单州管理军事的官印，阳文九叠篆，线条较北宋粗硕，为南宋地方官印代表作。

"壹贯背合同"铜印（图版236），是南宋官府印行会子（纸币）所用之官印。使用时钤抑于南宋纸币"会子"的背面，来保证纸币的信用度。此印又称合同印，此后金、元印行钞币时也沿袭使用这种合同印。此印以楷书入印，字体规整，造型别致。

4. 宋代私印和私押

宋代在书法、绘画和金石等方面都取得了空前的成就。宋代书法及绘画是当时士大夫和文人阶层不可或缺的精神生活。宋代文人用印章参与到书画创作和鉴藏活动之中，在书画上使用鉴藏印更是蔚然成风。

宋徽宗赵佶的书法及绘画，在历代皇帝中也是独一无二的，传世宋代书画上有皇帝年号鉴藏印，如"御书""宣和"（图21）、"大观""绍兴"和"建炎"等。"宣和"是赵佶钤于陆机《平复帖》上的印记。赵佶编撰的《宣和印谱》引起文人对印章艺术的重视，他对篆刻与书画相结合，起了推动作用。

收藏鉴赏印还见有"宣和中秘""群玉中秘""丘壑珍玩""机暇珍赏"等。此时有文人书法创作印、斋室印、书简印、别号印及闲章。书简印如馆藏宋代"顿首"铜印等。"谨封"铜印（图21-1）为封缄印代表。馆藏宋代"孙急""李记"等铜印为宋私印代表。书法家以篆书入印，使印章篆刻艺术得到最初发展，尤以米芾为代表，他除工书画外，还善治印，且自篆自刻。

官押起源于五代或更早，源于在文书契约上签署的一种草体字，为适应签署的便利和需要而形成，镌刻成印就为押印，以为凭信。宋代玉押（图21-2），据考应是宋太祖的白玉押。这类押没有边框，随画押人之意而变化，无一定规律，使人不易伪造。

押初期多用在书画的收藏和鉴赏上，徽宗赵佶常把其玉押用于书画上。后广泛用于文书和契约上。

文人用印体系的形成，拓宽了传统玺印的功能，为印章渐渐转变为文人的艺术奠定了基础。宋代私印传世不多，近年私印多有出土，如北宋"与贞私印""朱昱印章""刘景印章"和南宋"张同之印"等。书画上所钤印迹反映出两宋的私印风格，有些与官印文字风格相同，有些追仿汉印文字风格。此时私印出现了瓷质印章，如宋代景德镇窑出土了青白瓷印章。此外，宋代还有佛教、道教铜印，如"佛法僧宝"（图21-3）和"北极驱邪院印"铜印（图21-4）等。

（二）辽代官印制度

辽代（916-1125年）是少数民族契丹族建立的国家。契丹族是北方古老少数民族之一，由秦汉时期东胡族系鲜卑的一支发展而成，从五代时期起到南宋中期，长达三百余年。辽太祖耶律

图21　"宣和"宋徽宗鉴藏印

图21-1　"谨封"铜印　宋代　中国国家博物馆藏

图21-2　玉押　宋代　转引自罗福颐《古玺印考略》

图21-3　"佛法僧宝"铜印　宋代　中国国家博物馆藏

图21-4　"北极驱邪院印"铜印　宋代　中国国家博物馆藏

阿保机于神册五年（920年）参照汉字创制了契丹大字，之后太祖之弟耶律迭剌又创制了契丹小字，均采用汉字形式而创制的民族文字。927年耶律德光继位，占燕云十六州，以幽州为燕京，改国号为辽，与北宋长期对峙。

辽代官印既有契丹文，也有汉文。辽代契丹文官印使用契丹大字和契丹小字。契丹文官印与汉文官印都使用九叠篆，故辽代契丹族有三种官印文字。辽代官印形制为四至九厘米左右的方印，皆铸阳文，字口较深，方形细边框，均柄钮。有的官印在印背两端和把钮顶部刻凿款识，左边刻铸造时间，右边刻印文，印钮顶部刻"上"字，均为楷书契丹文。

1. 辽代汉文叠篆官印

辽代的社会制度主要仿效唐代，而长期与北宋对峙的过程中，又受北宋影响，所以辽代官印中汉文官印兼具晚唐、五代、北宋风格。契丹文创立前，契丹族使用汉字官印。《辽史·仪卫志·符印》记载："遥辇氏之世，受印于回鹘。至耶澜可汗请印于唐，武宗始赐'奉国契丹印'"。辽太祖后，开始自行颁发印信，皆铜质柄钮。如传世"契丹节度使印"，书写文字接近唐代官印风格。"安州绫绵远记"，文字风格接近北宋。

"兵马使印"铜印（图版240）是辽代早期耶律德光（948年）时期汉文官印。此时中原正是五代十国后汉高祖刘暠乾祐元年，辽统治区内各民族混杂，辽实行"因俗而治"方针，"以国制治契丹，以汉制待汉人"。把官制分为北面官和南面官，汉文官印待汉人，契丹官印治契丹。此印文字阳文汉字九叠篆，篆法宽整，具有五代风格，与吉林大学藏辽汉字官印"清安军节度使之印"[25]印文篆法相同。

"铁鹞军佐第二指挥记"铜印（图版241）是辽代早期汉文军官印。铁鹞军与鹰军、龙军和虎军皆为辽军队名号，是辽代契丹骁勇善战的精锐部队。此印文字有唐代篆书之遗风，盘曲篆，字体转折处圆中带折，空腔较深。

2. 辽代契丹大字和契丹小字叠篆官印

契丹文官印分为契丹文大字和契丹文小字

图22-1　契丹文铜印　西辽　新疆维吾尔自治区南疆沙雅县出土　中国国家博物馆藏

图22-2　契丹文铁烙印　辽　中国国家博物馆藏

官印。传世契丹文官印以大字官印居多。

契丹文大字铜印（图版242），印面阳文契丹大字叠篆，印边栏较窄，钮式仿唐五代风格，为辽早期官印。辽代官印无论汉文篆书还是契丹文篆书，文字折叠回转有多有少，有的折笔很硬，几乎成直角，是契丹文篆书之特点。印风与1963年辽宁凤城县凤凰山城内出土辽契丹大字叠篆官印[26]风格一致。

契丹文小字铜印（图版243），印面阳文契丹小字叠篆，文字分布于两侧，中部留有空隙，字形圆中带曲，空腔较深，印边细，仿唐代风格。印风与辽宁盖县十字街高台出土辽契丹小字叠篆官印[27]风格一致。

馆藏契丹文铜印（图22-1），新疆维吾尔自治区南疆沙雅县出土，1959年新疆维吾尔自治区博物馆拨交。高3.9厘米，长6.9厘米，宽6.5厘米。印面阳文叠篆契丹大字两行，印背坛形，四周阴刻契丹文大字楷体二十二字，柄钮，钮顶部刻汉文"上"字。印背刻契丹文字较多，在传世和出土辽官印中非常罕见。

该印在新疆出土，应为西辽（1124–1218年）时期官印。西辽是由契丹族在今新疆和中亚地区建立的政权，建立者是辽代耶律阿保机的八世孙耶律大石，1218年西辽被蒙古国所灭。西辽共经历三帝两后，享国94年。辽契丹文官印在新疆的出土和发现，对研究西辽时期契丹文官印和历史具有重要的史料价值。

馆藏辽代契丹文铁烙印（图22-2），在契丹印章中少见。

3. 辽代私印

辽代私印传世较少，存在两种形式，汉字和契丹文字。内蒙古辽太祖陵园附近出土"叚""呈"两方私印；传世有"夹""伏"等。文字均见于契丹大字、小字文献。传世辽代汉字私印，如"京兆智远图书"，现藏于辽宁丹东镇安区文管所。辽代私印皆铜质，钮式别致，多见人形钮。

人形钮契丹文铜印（图版244、245），为契丹私印代表。人形钮，为契丹人形象，印面为圆形，铸阳文契丹文字，布局对称或随形，较为别致。

1125年，金灭辽后，至明昌二年（1191年），废弃契丹字，使契丹文成为死文字。宋王易《燕北录》和元陶宗仪《书史会要》中收录了几个描画的契丹文字。契丹大字和小字都有表意和表音功能，小字的表音成分比大字多，虽然大字和小字没有被完全释读出来，但小字研究比大字更为充分。目前只解读出官职、年号、干支等少量词汇，大多数内容尚未破解。

（三）西夏官印制度

西夏（1038-1227年）是党项族首领李元昊在西北地区建立的少数民族政权，历经十帝，有国近一百九十年。建国前，大臣野利仁荣仿照汉字创制了西夏文字，共六千余字，结构笔画繁多，西夏国内西夏文与汉文并存。

西夏官印大多用西夏文字镌制，为叠篆。元代之后，西夏文字渐不为人识，直到十九世纪初，甘肃学者张澍发现《重修护国寺感通塔碑》，碑一面为汉字，另一面为西夏文，内容相同，于是西夏文被破译，西夏文官印才开始有人研究著录。取得突出成就的是罗福颐，著有《西夏官印汇考》一书，收集西夏印九十七方，译出多数背款、年代及人名，纠正以往谬误，是研究西夏官印不可或缺的珍贵文献。

1. 西夏文叠篆"首领"二字官印

西夏官印遗存较多，形制多为铜质方形，短柄钮，少数有穿，印体较扁。印文仿北宋九叠篆西夏文，有的印背刻凿西夏文年款，但背款采用西夏正体字，类似汉文楷体，总体上与宋官印风格相同，西夏官印大部分铸造阴文，多为"首领"两字印，"首领"印占西夏官印的百分之九十以上。

西夏文"首领"铜印（图版246），西夏官印。布局匀满，字体端正。因官品有高有低，因而"首领"印大小也不尽相同。

西夏文"首领"铜印（图版247），西夏官印。印面布局紧凑，线条粗阔，篆法匀整，似为凿刻。印背左面凿刻西夏正体字"天盛乙酉十七年（1165年）"。西夏官印印背除刻年款外，还有刻掌印者姓名，年款多为年号加年数，也有干支加年数和干支加年号加年数者。钮上端刻西夏文"上"字，以示用印方向。

2. 西夏文叠篆四字、六字官印

西夏官印少数为四字或六字，如传世西夏官印"正首领印""工监专印""首领磨壁""静州粮官专印""嵬名礼部专印"等，本馆也藏有西夏文四字、六字官印，印文难识，如西夏文四字铜印（图版248），为西夏文四字官印代表，阴铸西夏文九叠篆书四字，最后一字识为"印"字。布局饱满，线条粗硕整齐，印背无刻款。

西夏文六字铜印（图版250），印面阴铸西夏文九叠篆书六字，印文难识，最后两字识为"专印"二字。布局紧凑匀满，笔画繁琐整齐。印背无刻款，此印为西夏六字官印代表。

西夏文"元德二年"铜印（图版251），西夏官印。布局疏朗，笔画硬朗，线条见峰。印面铸阳文西夏文正体字"元德二年"四字，为西夏阳文正体字年号印。元德二年（1120年）为西夏帝李乾顺年号。此印文采用西夏正体楷书，而非叠篆，西夏正体本字纪年印传世极少，弥足珍贵。

西夏文"乾祐"铜印（图版252），西夏官印。印面竖铸阳文西夏正体楷书"乾祐"，长方形边栏较窄，布局疏阔，线条劲健，为西夏仁宗皇帝李仁孝年号印,非常少见。

(四)种类繁多的金代九叠篆官印

金代(1115–1234年)是女真族首领完颜阿骨打建立的少数民族政权,1127年金灭北宋后,与迁都临安的南宋以淮水为界长期对峙。

女真族长期处于辽统治下,早期没有自己的文字,借用契丹字。女真字是以契丹字为基础形成的,女真字、契丹字和汉字并行较长时间,因此其早期的官印使用契丹字,在取得政权后,官印使用汉字,便于管理汉族广大地区。金印中的契丹文印遗存较少。

1. 金代官印制度

金正隆元年(1156年),朝廷对官印制度作出规定。《金史·百官志》记载:"以内外官印新旧名及阶品大小不一,有用辽、宋旧印及契丹字者,遂定制、命礼部更铸焉。"规定皇帝玺印用龙钮,太子之宝用龟钮,亲王、三师、三公、尚书令的官印均用驼钮。且上述玺印材质有别,大小有异。金代官印大小与官品成正比,官位越大,印面就越大。从传世金代官印看,记载与实物相符。金代官印制度由此确立。

正隆统一印制后的一段时间内,金代对官印管理比较严格,按朝廷制度,所制官印较精。采用阳文九叠篆,叠篆字体为了增加叠笔,有的改变字的结构,或采用简笔字,将某些笔画繁的字削减笔画,利于叠篆。印边长多为5至10厘米不等。金代汉文官印与宋官印一样名"印"或"记"等。背款刻铸印时间和铸印机构,铸印机构有"少府监造""内少府监造"和"礼部造"等。

金印开创了印边侧刻款的形式,还出现了用千字文排号的印章,如"勾当公事月字号印",这种排号方法以及将编号刻于印侧是从金代开始的。有的金印无款,一般多为金代晚期。

2. 金代御宝和种类繁多的金代官印

金建立国家后,主要使用北宋和辽代的御宝。官制、印制仿宋辽。《大金礼集·舆服·宝印》记载:金获北宋帝后御宝十五、金宝八、印一、金涂印宝五,共达二十九种之多。北宋八宝一直为金代沿用,直至金皇统五年(1145年),金熙宗又自制御宝五种,有金、玉、铜等质地。

金代后期,职官制度较为混乱,增设许多官府,官印上有些职官不见于《金史·百官志》,可补记载之缺。

金代官印传世较多,名目种类繁多,所见官名有路印、元帅、万户、都统、副统、总领、提控、郎中、安抚、招抚司、经略、尚书、转运、巡检、刺史、桓术火仓、都总管、审计院、税务司等;还有金代特有军民合一制度的猛安谋克印。中央和地方行政官署与官名印有勾当公事、经略使、转运使、招抚使、总押、弹压等。

"天浑津西津巡检记"(图版253),为金正隆二年(1157年)海陵王完颜亮时期官印精品。印侧刻印名称。印文布局紧凑饱满,阳文叠篆,笔画圆转流畅,边栏较窄,接近北宋官印风格。

3. 金代特有"猛安谋克"官印

"猛安谋克"是金朝特有的兵民合一的地方基层军事组织,同时也是金朝军事编制的两级基层单位,多以所在山川地理位置命名。金朝军事编制共设六级。金朝的行政设置,"建五京,置十四总管府,是为十九路",猛安谋克属其中的十二路。

路是较高一级的地方行政区划,相当于省。馆藏"河东南路兵马都总管印"铜印[28](图23),是金大定十二年(1172年)"少府监造",边长7厘米,为金代路印代表。

金代女真族特有的猛安谋克印,一般在印

图23 "河东南路兵马都总管印"铜印
金代 中国国家博物馆藏

体一侧凿刻与印文相同的楷书，为印文的楷书对译，少数印除刻印文的楷书对译，还在印体另一侧刻印文官名上级的隶属机构，如馆藏"恤品河窝母艾谋克印"（图版254），为金世宗大定十年（1170年）猛安谋克官印。印体一侧除刻印文外，在印体另一侧刻"系重吉猛安下"，意为"窝母艾谋克"归属重吉猛安统领，隶属恤品河路。这种侧款内容只见于金猛安谋克官印。《金史·百官志》记载：猛安，"从四品，掌修军务、训练武艺、劝课桑农、余同防御"。"猛安者千夫长也"。《金史·兵志》记载："三百户为一谋克，十谋克为一猛安。"其上有军帅、万户、都统等层层管辖。

"库普里根必刺谋克之印"铜印（图版256），为金章宗承安五年（1200年）的谋克官印精品。《金史·百官志》记载：谋克，"从五品，除掌行政、司法权外"，还"抚辑军户、训练武艺、同县令"。"谋克者，百夫长也"，掌兵权。印文九叠篆，篆法严整。背款刻制亦工整，背左刻"礼部造"，"礼"字使用简化汉字。

4. 金代其他称谓官印

馆藏"尚书礼部之印"铜印（图版257），为金泰和五年（1205年）尚书礼部官印。阳文九叠篆，笔画圆转叠绕，舒展美观，字体典雅，背款字体亦工整。礼部造印自此成为定制，元、明、清各代沿袭。

"印造钞库之印"铜印（图版258），为金大安二年（1210年）官府印行钞币所用之官印。阳文九叠篆，印文平正。

金代晚期随着中央政权的衰落及战争频繁，官印比较混乱，往往不合制度，增加了不少临时铸印机构，有行宫礼部及各州行部和各路、府、州等。金宣宗完颜珣于贞祐二年至五年（1214-1217年），在南京（开封）置"行宫礼部"，也设"行六部"，由礼部铸印，地方官印的铸造和颁发权常分散到尚书省在各路的代行政机构"行六部"。

"都统府印"铜印（图版261），背款为"行六部造"。"行六部"为金宣宗完颜珣在南京（开封）置，故此印为金宣宗完颜珣于贞祐五年（1217年）所铸。金官印背款多刻铸机构后加"造"，而宋代加"铸"。

金代官印在仿照宋官印的同时，又有不少变化，形成金代自己独有的特点。金代官印印文多用汉文，背款楷书用汉文，并常用简化字，如"禮"简化成"礼"、"萬"简化成"万"、"號"简化为"号"等。

5. 金代私印

金代私印遗存较少，女真字私印更少。黑龙江省绥滨县发现一方金代印模，并在该省金代上京会宁府故址发现一方长方形的金代私印，两件都为长方形。印面有两种文字，汉文为"封全"[29]，陈述在文中考证："有司排办礼品时，礼品单与实物相合即加'封全'印记。"并认为两件遗物为金明昌以前之物。这种制度是沿自宋辽以来几百年的旧规，为宋、辽、金当时礼信往还提供了实物资料。宋代传世私印也见有"封"字印。金女真字私押见有"印"或"记"等私押，金汉字私印见有"郎""德源"等。

馆藏"绩"（图24-1）和"康"（图24-2）铜印，为金代私印代表。

图24-1 "绩"铜印 金 中国国家博物馆藏

图24-2 "康"铜印 金 中国国家博物馆藏

宋、辽、西夏、金官印各具本民族特征。宋代为汉族建立政权，其余三朝是北方少数民族建立的政权。两宋印制承袭隋唐印制，构成这一时期的主流。宋代开创九叠篆官印制度，影响了辽、西夏和金代官印制作，都采用九叠篆。

辽、西夏少数民族在建立政权的过程中，都创制了自己的文字，并仿效唐宋制度和印制建立自己政权的官印制度，独特之处是以自己创造本民族文字入印，丰富了官印文字形式和内容，是辽和西夏官印的特色，既有仿效，又有创新，具有自己民族特色。在这一民族融合的历史时期，不同民族的官印形态呈现多元化特点，私印也各具民族特色。

八、元代八思巴文、官押、汉文官印和私押

（一）元代八思巴文和官印制度

蒙古人进入中原以前，使用畏兀字，并用畏兀字为官印文字。《元史·塔塔统阿传》记载：乃蛮被蒙古人征服，塔塔统阿被俘，当时他随身携带印章，并回答元太祖说印章用途为"出纳钱谷，委任人材，一切事皆用之，以为信验耳"。成吉思汗随即让塔塔统阿传授制印和用印方法。

馆藏元代官印有八思巴文官印、汉文官印、八思巴文汉文合并印、玉官押及元末农民起义军官印等。

八思巴字是元代国师西藏帝师八思巴创制的一种蒙古新字，被元定为国书。八思巴（1235-1280年）是元代著名的宗教领袖、萨迦派第五祖。1244年萨迦班智达应蒙阔端汗之邀，与侄八思巴赴凉州会谈，萨迦派主导了各教派归附蒙古，奠定了西藏地方纳入元中央政府行政管辖之下的基础。1260年忽必烈封八思巴为国师，1264年统辖藏区事务，封为帝师。1269年创制蒙古新字。至元六年（1269年），元政权为鼓励学习新创文字，印行汉蒙对译的《蒙古字韵》和《百家姓蒙古文》读物。

1. 元代官印制度和皇帝御宝

据《元典章》等文献记载，元官印大小与官品成正比，官位越高，尺寸越大。元代官印基本依照宋代印制，八思巴字推行后，八思巴文字官印入印，并采用九叠篆书体，印背、印侧凿刻楷书铸印机构、年月及印面释文。铸印机构有宣抚司、中书礼部、尚书礼部、某州道等。官印边栏比金代更宽。

元代皇帝的御宝也大体仿效唐代，有八御宝，均已失佚。今传世仅见"皇帝之宝"[30]钤本（图25），边长12.5厘米，是迄今所见元代最大的一方御宝，著录于罗振玉《隋唐以来官印集存》，印文由八思巴文、梵文和汉文三种文字组成，左竖行"皇帝"为九叠篆八思巴字，中间竖行为梵文，译为"吉祥"，右竖行"之宝"为九叠篆汉字。这种御宝形制为元代新创，称合并御宝。

图25 "皇帝之宝"元代

图25-1 青玉虎钮押 元代 安徽省博物馆藏

2. 元代玉龙钮官押

押，是古代在契约或文书上代替签字的一种符号或图记。元陶宗仪《辍耕录》记载："今蒙古色目人之为官者，多不能执笔画押，例以象牙或木刻而印之。宰辅及近侍官至一品者，得旨则用

玉图书押字,非特赐不能用。"可知使用玉押的级别。蒙古色目人指蒙古人和西域人。

官押的起源,陶宗仪《辍耕录》记载:"周广德二年,平章李穀(903-960年)以病臂辞位,诏令刻铭印用。据此,则押字用印之始也。"可知官押起源于五代后周时期。

馆藏元代龙钮玉押(图版262),白玉,镂雕蹲龙钮,印面剔地阳文图押。此玉官押制作精美,龙纹雕刻精湛,使用龙钮级别较高,可能为王府或皇室成员所用。

1956年安徽省安庆市元范文虎墓出土了一枚玉押和一套玉带。青玉虎钮押[31](图25-1),边长3.5厘米,方形印面剔地阳文图押。范文虎曾官至元代尚书省右丞商议枢密院事。《元史·顺帝纪》记载至正七年(1347年)十月诏:"左右丞相、平章、枢密知院、御史大夫,得赐玉押字印。"说明虎钮玉押是元代等级较高的官印。

梵文玉押(图版263),青白玉,龙钮,印面剔地梵文图押。"伍"玉押(图版264),白玉,龙钮,印面剔地"伍"字图押。均为级别较高的官员所用官押。

3. 元代汉字官印

元在全国地方设十一个行中书省,分辖路、府、州、县。作为权力象征的各级官印,大多用八思巴字。汉字官印主要用于八思巴字颁行前或之后短时期内的元代早期官印。

"宣差陕西都总管之印"铜印(图版266),为元代早期汉字官印代表。印背左刻"塔海都元帅府降",右刻"丁酉八月"。《元史》记载:塔海,字于祥,汉卿兄子也。元世祖至元二十四年(1287年)曾随忽必烈征讨叛王乃颜。二十六年(1289年)扈驾至和林(今属蒙古),赐予孙冠服。成宗铁穆耳大德四年(1300年),官至中书直省舍人,迁中书客省副使。武宗海山至大二年(1308年),官至和林行省理门路所官职等。此印背不刻皇帝年号,元至正时期官印背款一般刻"至正某年某月"。背款刻"丁酉八月",为元成宗铁穆耳元贞三年(1297年),塔海被皇帝派遣

至陕西都总管。此印可补史料记载之缺佚。

"昏烂钞印"铜印(图25-2、图25-3),1955年浙江杭州西湖出土,中国国家博物馆藏。高8.5厘米,长15.9厘米,宽5.1厘米,印面呈长方形,竖铸楷书"昏烂钞印"四字,印背右侧阴刻楷书"江东道宣慰使司"铸印机构,印背左侧阴刻楷书"至元二十五年(1288年)三月日造"铸印日期。把钮。"江东道宣慰司",至元十三年(1276年)设立,治所在建康路(今南京市),管辖宁国、徽州、饶州、建康、太平、池州、信州、广德八路及铅山一州。因江南行御史台治于建康路,大德三年(1299年)二月,江东道宣慰司废,所属路、州直隶江浙行省。江南行御史台对江东道路、州具有镇遏和监督功能。此印是元初世祖忽

图25-2 "昏烂钞印"铜印 元代 中国国家博物馆藏

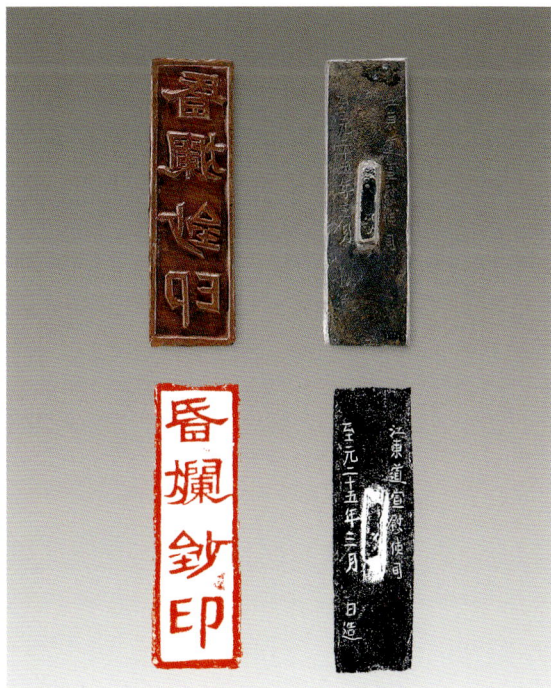

图25-3 "昏烂钞印"铜印 元代 中国国家博物馆藏

必烈时期汉字官印代表，为元代官方盖在桑皮纸钞币上的印记。"昏烂钞印"指纸币之昏烂，官方在昏烂钞纸币上钤盖"昏烂钞印"，即算注销作废，不能再流通。这件官印是疏浚杭州西湖时所发现，共出土4件。该印的出土印证了元代文献记载关于元代钞法的史实，是研究元代钞法的宝贵实物资料。

汉文八思巴文"宁远务关防课税条印"铜印（图版267），为汉文、八思巴文合并官印，此印为元代设于湖南道宁远县的关防课税官司，不仅行商货贩需到务投税，田土买卖等交易也都要到务投税。此长条形官印，印体硕大，实为罕见。将汉文、八思巴文同铸于一印之上，属汉文、八思巴文字合并印，为元代首创。

4. 元代八思巴文字官印

八思巴文玉印（图版265），传山西出土，印面剔地阳文八思巴文，兽钮，疑为狮钮或狻猊。边长3.5厘米，与范文虎墓出土青玉虎钮押尺寸规格相同，应是元代级别较高的八思巴文字官印。

八思巴文"宣忠斡罗思扈卫亲军都指挥使司屯田百户之印"铜印（图版268），九叠篆书。此印为文宗至顺二年（1331年），扈卫亲军管内附斡罗思族屯田之官印。东迁的斡罗思人是元色目人之一种，是被蒙古军征服的诸部落军民。延祐七年（1320年），"斡罗思等内附，赐钞万四千贯，遣还其部"[32]。文宗至顺元年（1330年），元置宣忠扈卫亲军都万户府，总领斡罗思军士，隶枢密院。"命收聚讫一万斡罗思，给地一百顷，立宣忠扈卫亲军万户府屯田，依宗仁卫例"[33]。此印是八思巴文官印中字数最多的官印之一。

八思巴文"六安等处志勇义兵百户印"铜印（图版269），此印是元至正十七年（1357年）八思巴文官印。九叠篆书，印背刻楷书汉字"至正十七年八月""中书礼部造"，印侧刻与印名相同的楷书汉字。六安，为河南行省庐州路属州，治所为今安徽六安市。至元十二年（1275年）归附，隶属庐州路。

图26　"统领释教大元国师"
龙钮玉印　元代　西藏罗布林卡藏

图27　"国师之印"
龙钮玉印　元代　西藏博物馆藏

（二）元政权敕封西藏萨迦派国师和诸王印

由于元朝政府与国师西藏帝师八思巴特殊的渊源，元朝尊佛教为国教，皇帝赐给国师的玉印在等级上高于王印。西藏罗布林卡藏元代皇帝赐封的"统领释教大元国师"玉印[34]（图26），证实了元代这一制度。1260年忽必烈册封萨迦派领袖八思巴为国师，掌管全国佛教和西藏地区行政事务，此印为中央政权控制西藏提供了实物资料。该印玉质，龙钮，边长为12.4厘米，印面为八思巴文，龙钮雕刻精美。元朝敕封萨迦派帝师有十四位，分别赐印，这些帝师僧人长期驻在北京，兼有帝王之师与西藏最高领袖的双重角色。

西藏博物馆藏有"大元帝师统领诸国僧尼中兴释教之印"玉印[35]，是忽必烈赐封国师八思巴的使用印。"国师之印"龙钮玉印（图27），是蒙元帝室颁赐给另外的萨迦派首领之印。

《明集礼·嘉礼》记载："元诸王印，金铸者，其钮有龙、兽、螭、龟、橐驼"。西藏博物馆藏"白兰王印"鎏金铜印[36]（图28），形制硕大，铜鎏金，蹲驼钮，为元代仅见的鎏金王印。白兰王是元朝敕封西藏萨迦派首领的世俗王爵，1260年，忽必烈封八思巴的弟弟恰那多吉为第一任白兰王，赠金印。此印为元泰定帝复封锁南藏卜所赐。国师印还见有元世祖赐给八思巴的"大法宝王"，西藏文管会藏"灌顶国师之印"玉印[37]等。元政府通过敕封赐印西藏最高领袖，开始对西藏地区实行有效管控，西藏自元代起正式纳入中央政府行政管辖。

（三）元末农民起义政权官印

元末发生全国大规模的农民起义，先后建立了韩林儿的宋政权、徐寿辉的天完政权和陈友谅的大汉政权等，起义军仿效元代制度，设立文武百官。元末农民起义军官印皆沿元制。

韩林儿于至正十五年（1355年）在亳称帝，国号宋，建元龙凤。馆藏"管军万户府印"铜印（图版270），是韩林儿宋政权在龙凤三年（1357年）颁其所属朱元璋部队之印。龙凤十二年（1366年），朱元璋称帝，纪年称龙凤。由此可知，朱元璋所率这支起义军在名义上一直属于宋政权。

图28　"白兰王印"驼钮鎏金铜印
元代　西藏博物馆藏

图29-1　"管军万户府印"铜印　元代　徐寿辉
中国国家博物馆藏

此印边框粗阔，九叠篆汉字。

各地发现和传世官印中多有"龙凤"年款的官印。如1972年湖北襄樊市发现"管军万户府印"铜印[38]，为龙凤二年（1356年）。馆藏有龙凤元年（1355年）、龙凤五年（1359年）的"管军万户府印"。

至正十一年（1351年）九月徐寿辉称帝，都蕲水，国号天完，建元治平。本馆所藏太平年间"管军万户府印"[39]（图29-1），印面为圆形，方形边框内阳文九叠篆"管军万户府印"，印背刻楷书"管军万户府印""中书礼部造""太平年月日"。该印证明徐寿辉的天完政权年号不仅有治平，还有太平。同样形状的徐寿辉农民军官印还见有太平二年（1357年）"卞梁行省管句所之印"[40]和治平四年（1354年）"统军元帅府印"[41]等。徐寿辉建立的天完政权不但铸造了官印，而且还发行了货币。这些元末农民军官印补充了史书对这段历史记载之缺佚。

（四）繁荣的元代私押

元代私印统称为私押。私押包括汉字押、八思巴文字押及花押等。汉文私押和八思巴文私押，种类有姓名押、吉语押、封缄押和合同押等。具有商业用途的押大量出现，反映出元代经济生活的繁荣。

封缄押当是钤于来往信函上，以示谦敬。合同押多是钤于文书上，在钤押处剖开，双方各持其一，具有商业合同的性质，为民间经济交往所用。元押中除等级较高的玉官押外，普通百姓的押材质还有铜、木、陶瓷、玛瑙、象牙和角等。

私押在元代非常流行，元押是元代私押中

最富特色的印章。印押起源于后唐五代时期或更早，元代不仅蒙古、色目人用私押，汉人也大量使用私押，大量传世的汉姓私押就是证明。此类私押多为长方形，上方刻汉文姓，下方刻一图形押。

馆藏"尚"（图29-2）、"豊"（图29-3）铜押印，为元代汉字姓氏私押和单字私押代表。这种私押印是民间主要凭信形式。馆藏"押"铜押

图29-2　"尚"铜押　元代　中国国家博物馆藏

图29-3　"豊"铜印　元代　中国国家博物馆藏

图29-4　"合同"铜印　元代　中国国家博物馆藏

图29-5　"合同"铜押　元代　中国国家博物馆藏

（图版271），形制古朴，边栏较粗，上方汉字铸阳文楷书"押"，下方为图形。字体和图形笔画粗整，可能用于官方或民间、具有商业用途的合同押。

馆藏"合同"铜押印（图29-4、图29-5），是属于商业用途民间性质的汉字押印。本馆还藏有元八思巴文合同押印和姓氏私押等。

元代铜质花押传世数量最多，造型多样，内容最为丰富。有图案形花押，押面完全图案化。文字形花押，一般文字难以辨认，再用花纹加以衬托。馆藏有景教押，特征为以四个向心梯形组成十字骨架，中心饰以"卍""十"等字，形式独特。此外还有动物、人物、器物和禽鸟形花押等。总之元代花押种类繁多。元私押和花押艺术价值历来不被重视，古代印谱也多不选用元押，直至清末，才有编著元押专辑。

综上，元代官印特征是八思巴文、汉文和官押并行，以八思巴文入印之官印居多，均采用九叠篆。此时元代特有私押非常盛行。同时出现工篆书之人和专门研究印学的学者文人，如书法家赵孟頫和吾衍等。

九、明代官印制度和官私印章

明代官印制度总体特征是继承宋元体制，等级制度趋于繁复。随着社会金石学的发展，历代玺印成为研究和收藏的对象，文人篆刻和流派在这一时期逐渐兴起。

（一）明代官印等级制度

明初朱元璋为加强中央集权，罢免丞相，取消中书省，由皇帝直接控制六部。军事上改大都督府为前、后、中、左、右五军都督府，分掌京师及各地卫所兵权，加强对各地军事控制。明军事组织用卫所制，与元代千户、百户以及更早的金代猛安谋克有承接关系。为了加强对东北边疆地区的统治，设置了都指挥使司、卫、所等，既是军事组织也是行政机构。

官印文字恢复汉文，废止了元八思巴文字。玉筯篆与九叠篆并用。九叠篆制度在明代得到完善。《易乾文言》记载："乾元用九，天下治也。"

九叠篆柔曲盘缠,字之至柔,体现以君道之阳刚驭臣下之阴柔之意。

明代官印统一由礼部铸印局铸造。明代对文武百官印信的形制和印文书体作出了较前代更为具体的规定。《明史·舆服志·职官》记载:"凡诸司之印信,领其制度。"规定:二品官以上为银印,正三品以下为铜印。印体的尺寸也十分繁琐。玉玺、王府之宝用玉筯文,内阁印用玉筯文银印,直钮,方一寸七分,厚六分。将军印用柳叶文,平羌、平蛮、征西、镇朔等将军印用螭鼎文,皆银印虎钮,方三寸三分,厚九分。余俱用九叠篆,铜印直钮。监察御史用八叠篆,铜印直钮,有眼,方一寸五分,厚三分。其品级之大小皆以分寸别之。外国王印三等,曰金、曰镀金、曰银。由此可知,赐给外藩国王的印章则用金、鎏金和银印,钮为龟、驼二式。如明初赐高丽金印,龟钮,方三寸,印文曰"高丽国王之印",赐安南镀金银印,驼钮,方三寸,印文"安南国王之印"等。

明官印皆方形,直钮由以前长方形变为椭圆柱状,加高到8厘米左右。明官印等级制度更加繁复,印文内容更加广泛。明代官印印面边框变

图30 "制诰之宝"明永乐

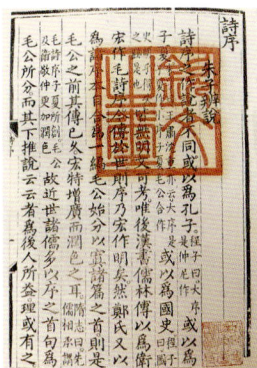

图31 "钦文之玺"明永乐

宽,阳文铸造,印背凿刻楷书释文、年号和铸印机构,并在印侧刻编号。

1. 明代帝后御宝和诸王宝

据《明史》记载:"洪武元年,追尊四庙谥号,册宝皆用玉。"[42]《明史·舆服志》记载,自洪武元年(1368年)陆续制作御宝有十七方,宝文为"皇帝奉天之宝""皇帝之宝""皇帝行宝""皇帝信宝""天子之宝""天子行宝""天子信宝""制诰之宝""敕命之宝""广运之宝""御前之宝""皇帝尊亲之宝""皇帝亲亲之宝""敬天勤民之宝""表章经史之宝""钦文之玺"和"丹符出验四方"。嘉靖时期又新制七宝:"奉天承运大明天子宝""大明受命之宝""巡狩天下之宝""垂训之宝""命德之宝""讨罪安民之宝""敕正万民之宝",共二十四宝,其中"钦文之玺"用"玺"字,御宝数量前所未有。

明代"二十四宝"今已无存,但在明代书画及古籍上可见到御宝印迹,如西藏博物馆藏明永乐十二年(1414年),皇帝封授西藏哲尊巴之父为大国师诰书上钤篆书"制诰之宝"(图30)。永乐刻本《诗传大全》上钤"钦文之玺"[43](图31)。宣德二年(1427年)宣宗《三鼠图卷》上钤"广运之宝"(图32)。宣德六年(1431年)宣宗《万年松图》上钤"皇帝尊亲之宝"[44](图33)等。御宝字体均为汉文玉筯篆,篆法整齐,布局严谨。

明代帝后有木质和玉质谥宝。北京明定陵出土了万历皇帝、孝靖皇太后、孝端皇后三件木质谥宝,均为龙钮。目前唯一传世明代玉谥宝(图34)残器,青玉,蹲龙钮,印文仅存篆书"天齐圣文皇后宝",根据文献,此谥宝应为明永乐皇帝皇后的谥宝,全谥文应为"仁孝慈懿诚明庄

图32 "广运之宝"明宣德

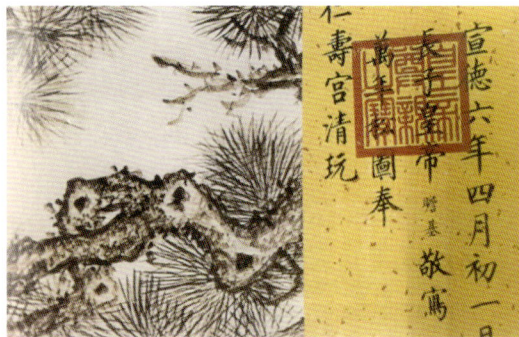

图33 "皇帝尊亲之宝"明宣德

图34 "天齐圣文皇后宝"
青玉龙钮谥宝（残）明永乐仁孝文皇后

图34-1 "鲁王之宝"龟钮木贴金谥宝
明代 山东博物馆藏

献配天齐圣文皇后宝"。为洪熙朝所制，龙钮雕工精湛，使用玉箸篆，字体秀美遒劲。

明代诸王宝属于皇帝宗亲玺宝体系。《明史·舆服志》记载，明代皇后、妃、太子、公主、亲王等用金质，亦分等次。太子为金宝，龟钮，今已无存，其形制可根据朱元璋第十子山东邹县鲁荒王朱檀墓出土的"鲁王之宝"和朱元璋第六子湖北出土的楚昭王朱桢墓出土"楚昭王宝"木质贴金谥宝得知大概。

《明史》记载亲王世子"止授金册，传用金宝"。故作为随葬的"鲁王之宝"谥宝（图34-1），方形龟钮，木贴金，边长10.5厘米，方形边框内篆书"鲁王之宝"四字，玉箸文，布局端严，字体匀整。该谥宝是按原金宝制作的殉葬明器，为明代诸王宝之代表。

2. 明代都司卫所官印

明代实行都司卫所制度，为明代军事行政制度，驻防一地的军队称"卫所"，卫的官署为各省的都指挥使司（简称都司），各省都指挥使司又由中央的五军都督府划片管辖，都指挥使司下辖若干个卫，卫下辖一定数量的千户所和百户所，形成五军都督府-都司-卫-千户所-百户所的层级隶属关系。明代共有卫九百多个，设于京师与全国各地，除了军事职能外，还要管理地方事务。

"赣州卫左千户所百户印"（图版274）和"西安右护卫后千户所百户印"（图版275），属于明代初期卫所官印。这两方官印分别为洪武五年（1372年）和洪武十一年（1378年）的卫所官印，边栏较宽，布局紧凑，九叠篆字体宽放盘转，线条粗劲，篆法整齐。"汝州卫左千户所之印"（图版278），为嘉靖四十二年（1563年）明卫所官印代表。汝州卫属河南都司，印文均使用九叠篆，笔画方转盘曲，篆法熟练。

"木答里山卫指挥使司印"（图版276），为明永乐四年（1406年）奴尔干都司下辖木答里山卫的都司卫所官印。永乐七年（1409年）明政府在黑龙江下游东岸入海口满泾卫永宁寺附近的奴尔干城（今俄罗斯境内尼古拉耶夫斯克特林）设置奴尔干都司，管辖范围：北从外兴安岭，南至濒临日本海和图们江上游；西起鄂嫩河，东至库页岛等大部分区域。木答里山卫位于奴尔干都司辖区西南的肇州站附近。卫分京卫和外卫。京卫或隶于五军都督府，或直隶于皇帝。外卫分设于各要害地区，隶于五军都督府，其职掌屯田、漕运、戍守等。此印证明永乐初年对东北边疆地区的有效管辖。印文布局严整，九叠篆，线条方折盘曲，文字书风平正，印背楷书刻款亦工整。

此印与1974年吉林省洮安县明代遗址出土的永乐七年（1409年）"禾屯吉卫指挥使司印"铜印[45]，在造型、款识和篆法上都非常相同。此外"襄哈儿卫指挥使司印""朵甘卫都指挥使司印"和"辽海卫中千户所百户卫"[46]等都司卫所官印，反映出明朝政权对边疆地区的有效管治。

"锦衣卫印"木印（图版277），为明成化十四年（1478年）锦衣卫官署印。此木印由刑部、都察院、大理寺三法司共同置颁。边框粗硕，阳文篆书，笔画整齐，字体秀丽。

图35 "如来大宝法王之印"
龙钮玉印 明永乐 西藏博物馆藏

3. 明政权颁赐西藏诸王印

明朝继承了元朝在西藏地方的行政设置和政教制度，明初采取对西藏地方宗教领袖进行安抚笼络政策，一方面在藏区设"都指挥使司"，以藏人上层人士为指挥使，如前面例举的"朵甘卫都指挥使司印"铜印，该铜印印证了明代承继元代，继续对西藏等边疆地区进行有效管辖。另一方面召集西藏僧俗领袖进京授职，封官授印。西藏博物馆藏明"如来大宝法王之印"龙钮白玉印、"正觉大乘法王之印"青玉印

和"灌顶净慈通慧国师印"金印。其中"如来大宝法王之印"（图35），边长12.8厘米，白玉龙钮，九叠篆书，为明代永乐五年（1407年）颁赐给西藏噶玛噶举派五世活佛大宝法王噶玛巴却贝桑波，可世代承袭。该玉印为明初宫廷制作，从中可推测出明初皇帝所用玉质宝玺的形制。

西藏博物馆藏这些印章实物，证明了明朝初年中央政府通过"多封众建"的政策，封赐了西藏一大批大法王、大教王、灌顶国师、国师和禅师等，并赐与权力象征的玉、金和铜印，对西藏地区实行有效管制。

4. 明末农民起义政权官印

李自成大顺政权于崇祯十七年（1644年）正月建立，三月十九日攻下北京，五月即从北京败退。李自成在大顺短短百日内，建置官吏，改六部为六政府，铸印颁印，为避其父名"印家"之讳，将"印"字改为契、记、符、章等，还有称作"信""关防"者。馆藏"仪陇县契""临县学正之记""蘷州防御史符"（图版281）、"工政府屯田清吏司契"[47]和"三水县信"铜印[48]等都为李自成大顺永昌时期的官印。

"仪陇县契"铜印（图版279）和"临县学正之记"铜印（图版280），均阳文篆书，为李自成大顺农民政权县级政权印章。

故宫博物院藏"辽州之契"铜印[49]，印背刻"癸未年（1643年）十二月日造"，应是李自成还未建永昌年号时颁发的官印，用甲子纪年。著录的李自成农民军官印还有"通政司右参议之记""金乡县契""商洛防御使信""清源县契"等。

同时期张献忠于崇祯十六年（1643年）攻克武昌后，自称大西王，建立大西农民政权。崇祯十七年八月占成都称帝，建国号大西，年号大顺，并颁铸官印，称为"印"或"宝"等。如张献忠所用九叠篆书"西王之宝"铜印[50]。馆藏"骁右营总兵关防"铜印（图版282），为张献忠大西政权在成都铸造颁发的官印，九叠篆书。张献忠时期官印传世品见于著录的还有"南郑县印""离八寺长官司印""潼川府经历司印"等，都是大顺二年（1645年）铸造的。

史料记载1646年张献忠率部从成都出发，行至彭山江口，遭遇明朝参将杨展袭击，大量金银财物沉于江底。2018年在四川省彭山江口明末战场遗址，出水各类文物达42 000余件，其中出水一件"永昌大元帅印"虎钮金印[51]（图36），尺寸较大，虎钮錾刻精美，为明末农民起义军政权官印精品。印面九叠篆书，印背阴刻楷书"癸未年仲冬吉日造"和楷书印名。癸未年为明崇祯十六年（1643年），金印铸造年代应为1643年末，故此金印在张献忠称帝之前铸造和使用，可补史料记载之缺佚。

图36 "永昌大元帅印"虎钮金印 明末 张献忠
2018年四川省彭山江口战场遗址出水

（二）明代私印

明代私印包括宫廷私印、收藏鉴赏印及私人姓名印等。宫廷私印指皇帝或皇室宗亲制作的印章。山东邹县鲁荒王朱檀墓出土有明初"鲁府图书""奎璧之府""天门一览"和"画押玉印"四方玉、石私人鉴藏印。

明宗室潞王朱常淓收藏印"潞国秘笈之宝"（图版283），阳文篆书，印文隽秀，制作考究，造型别致。朱常淓，翊镠子，万历四十六年（1618年）袭潞王，封国卫辉（今河南汲县）。朱常淓善

书工画，尤嗜古琴，编撰琴谱《古音正宗》等。

馆藏历史名人私印有"侯峒曾印"（图版284）、"夏允彝印"（图版285）和"卢象升印"（图版286）三方玉印。三人均为明末抗清名将，印面刻汉字篆书，布局匀整，字体均仿汉篆，笔画圆转规整，代表明代私印篆刻水平和复古思潮。

上述明代王室和名人所用私印，均使用汉文篆书。明代私印材质有铜、玉、水晶、木、玛瑙、牙和石等。明中期随着石章篆刻艺术的兴起，石章使用有上升趋势，主要代表人物有文彭与何震，反映出文人用印之风貌，并为清代印章篆刻及艺术流派发展打下基础。

十、清代官印制度、皇帝宝玺和官私印章

（一）清代官印制度和汉文、满文并行御宝及官印

1. 清代官印制度

据《清史稿》及《大清会典》记载，清代官印统一由礼部铸印局铸造，印制极为繁复，等级森严。依官品高低分为玉、金、银、檀香木、鎏金、

图37 "大清受命之宝" 清乾隆 北京故宫博物院藏

图38 "皇帝奉天之宝"蹲龙钮青玉宝
清乾隆 北京故宫博物院藏

铜等不同质地。钮式有龙、龟、麒麟、驼、虎、如意、把（橛）、云钮等，汉字书体有玉筯篆、芝英篆、柳叶篆、悬针篆、垂露篆、钟鼎篆、殳篆、九叠篆等。名称上有宝、印、关防、图记、条记等，印文是汉、满两种文字并用，多为汉、满篆书。有的颁赐给少数民族的官印，语种多达三四种。

清代官制沿用明代制度并进行一些改革，如设内阁大学士、军机处和理藩院等，各机构都设满、汉两官，印文也是满、汉对照。《清会典》载："凡印之别有五。一曰宝，二曰印，三曰关防，四曰图记，五曰条记。"

文官中最高等级如宗人府、各部、都察院、理藩院等印，均为银质。关防是沿用明制的印章名称，为总督、巡抚、钦差及镇守武吏等，银质。图记名称亦见于明，清时为八旗佐领，管辖新疆、族长、警卫宫廷等武官用图记。条记名称见于明，为下级文武官用印。

清代官印背部汉文楷书刻印文及"礼部造"外，还多加刻同一内容的满文，有的在每行汉字旁都加刻满文对译，或者汉字刻于印三台侧，而印背及印第四台侧刻相应的满文对译。印款都

图39　"大清嗣天子宝"双龙钮金宝
清乾隆　北京故宫博物院藏

图40　"皇帝之宝"满文篆书 清乾隆 北京故宫博物院藏

图41 "皇帝之宝"龙钮檀香木宝
清乾隆 北京故宫博物院藏

图42　"皇帝信宝" 清乾隆
北京故宫博物院藏

有印编号，均以当朝皇帝年号为序，如乾隆朝颁发之官印，均刻乾字某某号。

2. 清代汉文、满文并行皇帝御宝

清帝御宝在入关前已制作，清初御宝有二十九种。乾隆认为东周是历史上传承王位最多的朝代，共二十五代，并根据《周易·大衍》"天数二十有五"的记载，希望清朝也能传至二十五世，长久辉煌。

乾隆十一年（1746年），钦定清代御宝为二十五种，后世称为"二十五宝"。其排列顺序依次为"大清受命之宝"（图37白玉）"皇帝奉天之宝"（图38）"大清嗣天子宝"（图39 金质）"皇帝之宝"（图40 青玉满文）"皇帝之宝"（图41 檀香木）"天子之宝""皇帝尊亲之宝""皇帝

亲亲之宝""皇帝行宝""皇帝信宝"（图42）"天子行宝""天子信宝""敬天勤民之宝""制诰之宝""敕命之宝""垂训之宝""命德之宝""钦文之玺""表章经史之宝""巡狩天下之宝""讨罪安民之宝""制驭六师之宝""敕正万邦之宝""敕正万民之宝""广运之宝"。除"皇帝之宝"是青玉满文外，其余均用满、汉两种文字并行篆刻，汉字用玉箸篆，满文用本字。玉箸篆也

图43-1　"大清受命之宝"玉宝　清乾隆
中国国家博物馆藏

图43-2　"大清受命之宝"玉宝　清乾隆
中国国家博物馆藏

图43-3　"皇帝之宝匣"龙纹象牙信牌　清乾隆
中国国家博物馆藏

称玉箸篆，为小篆之一种，笔画细致匀称，形如玉箸故名。

乾隆十三年（1748年），乾隆又修改清帝御宝，将"皇帝之宝"（青玉满文）以后的二十一方御宝一律改镌，将满文本字全部改为满文篆书，既填补宝玺中空白，又增加艺术性和美感。现藏北京故宫博物院交泰殿的二十五宝就是乾隆十三年改镌后的满、汉篆文合并御宝。

清代二十五宝大多沿用明代御宝名称。除"皇帝之宝"为檀香木、"大清嗣天子宝"为金质外，其余皆为玉质。钮式有蹲龙、交龙、盘龙三种。清二十五宝是中国历代王朝遗存唯一一套皇帝御宝，有极高的历史和艺术价值。

"笃恭殿宝"玉宝（图版288），为清顺治帝使用的宫殿御宝，是清入关前清帝的宫殿宝，始自皇太极时期。著录于《清代帝后玺印集成》。笃恭殿是清沈阳宫殿名称，是举行重大活动的地方，顺治帝福临登基在此殿举行，顺治在此殿发布多道命令。康熙时期将"笃恭殿"改名"大政殿"。馆藏"大政殿宝"玉宝（图版289），为康熙时期宫殿名玉宝。

"皇帝之宝"玉宝（图版290），形制、钮式与故宫博物院藏"皇帝之宝"檀香木宝相近。边长达16.2厘米。汉文为玉箸篆，满文为本字。此宝又称为合并印。合并印始于元代，元御宝用三种文字，乃是少数民族入主中原的产物。此御宝满文使用满文本字非满文篆书，故此玉宝应是乾隆十三年之前所制。

馆藏"大清受命之宝"玉宝（图43-1、图43-2），高13厘米，长15.2厘米，宽15厘米。碧玉，蹲龙钮，钮系黄色丝绶。印面方形，满汉文合并，汉书为"大清受命之宝"六字，玉箸篆，字体瘦劲。满文与汉文同，为满文本字，非篆书。据《清史稿·志·舆服》记载，此"大清受命之宝"与"皇帝之宝"（图版290）原藏于盛京，为清入关前制作，且同为1959年故宫博物院拨交。此宝黄色丝绶上系"大清受命之宝匣"象牙龙纹信牌，双面文字，一面汉文，一面满文。"皇帝之宝"也同样连有"皇帝之宝匣"（图43-3）象牙龙纹信牌。

图44 "皇后之宝" 金宝 清代 北京故宫博物院藏

图45 清太祖努尔哈赤龙钮青玉谥宝
清乾隆元年 沈阳故宫博物院藏

"皇后之宝"蜡宝（图版291），为"皇后之宝"金宝（图44）之蜡样，十分宝贵，形制与故宫博物院藏"皇后之宝"金宝相同。清代铸印采用拨蜡法，是源于古代的一种冶铸技法。清代皇后封宝，为金宝，用交龙钮；皇太后用盘龙钮。皇贵妃及贵妃用蹲龙钮，称印。

"宣宗效天符运立中体正至文圣武智勇仁慈俭勤孝敏宽定成皇帝之宝"玉宝（图版292），共29字，为清道光皇帝旻宁的谥宝，使用碧玉。印面阳文篆书满、汉两种文字，布局绵密紧凑，是清代皇帝谥宝的代表作。沈阳故宫博物院藏乾隆元年（1736年）制清太祖努尔哈赤玉谥宝（图45），白玉质，蹲龙钮，刻纹内填金，印面满、汉篆书"太祖承天广运圣德神功肇纪立极仁孝睿武端毅钦安弘文定业高皇帝之宝"，共31字。

3. 清代汉文、满文并行的亲王、郡王及世子宝

《清史稿·舆服志》记载：和硕亲王金宝，龟钮。亲王世子金宝，龟钮。

"和硕醇亲王宝"金宝（图版294），道光帝第七子醇亲王奕譞之宝，金质。龟龙钮，龙头龙尾，龟身。印面汉、满文，皆为笔画两端开叉的芝

英篆书。和硕醇亲王奕譞于光绪十六年（1890年）卒，其第五子载沣袭爵，成为第二代醇亲王。此印铸制精美，篆法规整。此宝为载沣子溥仪弟溥任于1956年捐赠我馆。

"多罗钟郡王印"镀金银印（图版295），道光帝第八子奕詥之印。清代郡王印之规格为镀金银印，印面满、汉文皆为芝英篆，麒麟钮，与《清史稿·舆服志》记载同。

4. 清代各级官印

清代文武百官印称印、关防、图记、条记或记等，均为银质或铜质，把钮。

"丰济仓记"铜印（图版297），顺治元年（1644年）时期官印。印面汉文九叠篆和满文本字合并。汉文篆书有明代九叠篆之遗韵，满文则使用本字，为清初顺治时期官印代表。

"朔平府印"铜印（图版298），雍正三年（1725年）官印，满文使用篆书，字体硬折向下垂长，舒展大气，背款字体刻凿细巧。

"镶黄旗满洲五甲喇十一佐领图记"铜印（图版299），为乾隆时期八旗军官印代表。努尔哈赤在统一女真各部族时期，创建了八旗制度。每旗下辖一定数量的属民，实行旗主、参领、佐

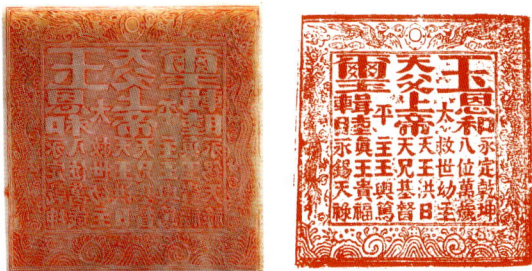

图46 "太平玉玺"云凤钮玉玺
太平天国 天王洪秀全 中国国家博物馆藏

领三级管理制。印面字体方折娟秀，笔端见峰，印背刻款亦工整。

"学部国子丞印"铜印（图版301），为光绪三十二年（1906年）学部国子监丞官印，掌文庙及辟雍礼仪事务。汉文、满文都使用碧落篆。

5. 清末农民起义政权官印

馆藏有两方太平天国玉玺和一方木质官印。白玉"太平玉玺"[52]（图46），是太平天国洪秀全（1814–1864年）天王玺。边长20.4厘米。玺面正中阳文宋体楷书"太平玉玺，天父上帝，天兄基督，天王洪日，主王舆笃，救世幼主，真王贵福，八位万岁，恩和缉睦，永定乾坤，永锡天禄"44字，印周刻龙凤海水纹。钮刻双凤朝阳和云纹。据史料记载，洪秀全金玺由一百多两黄金铸成，已被熔化不存。

白玉"太平天国玉玺"[53]（图47），是洪秀全长子太平天国幼天王洪天贵福（1849–1864年）所用玺，边长21厘米。玺面正中阳文宋体楷书"太平天国玉玺，皇上帝、基督带真主幼主作主，明明赫赫，天子万年，福禄寿喜，天下太平，万万来朝"38字。均著录于罗福颐《古玺印考略》。馆藏两方太平天国玉玺，玉料、造型相同，是元明清农民起义政权中尺寸最大、字数最多的王玺。

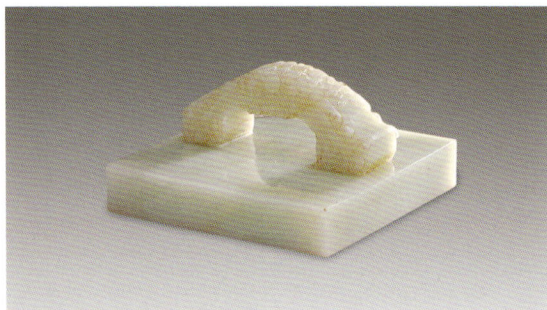

图47　"太平天国玉玺"云凤钮玉玺
太平天国　幼天王洪天贵福　中国国家博物馆藏

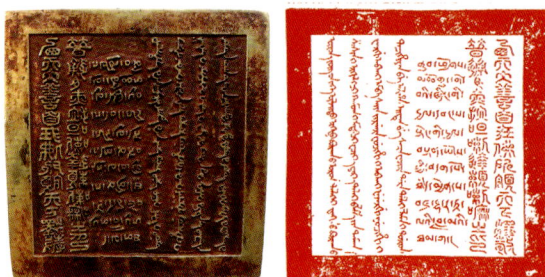

图48　"西天大善自在佛所领天下释教普通瓦赤拉咀喇达赖喇嘛之印"如意钮金印　清顺治　西藏博物馆藏

图49　"西天大善自在佛所领天下释教普通瓦赤拉咀喇达赖喇嘛之印"龙钮玉印　清乾隆　西藏博物馆藏

馆藏木质"旨准"方形印章，为太平天国批准发行书籍的官印。印面正中阳文宋体楷书"旨准"两字，四周刻龙凤海水纹，与两方玉玺纹饰相同。

6. 清政权御赐藏、蒙官印

清政府颁给藏、蒙少数民族官印，一般在汉、满文字中间，或一边加刻蒙文或藏文。

西藏博物馆藏顺治九年（1652年）中央政府对五世达赖喇嘛阿旺罗桑嘉措（1617–1682年）的册封金印（图48），印面文字为内容相同的汉文、藏文、蒙文、满文篆刻而成，汉文篆书"西天大善自在佛所领天下释教普通瓦赤拉咀喇达赖喇嘛之印"，共26字。此后历世达赖喇嘛均经中央政权册封、颁赐金印予以正式承认遂成定制。乾隆四十六年（1781年），将此印又颁赐给八世达赖喇嘛，并赐其相同文字的龙钮玉印（图49），体现出清政权对西藏的有效管控。

西藏博物馆藏清康熙皇帝五十二年（1713年），中央政府册封第五世班禅罗桑益喜（1663–1737年）为"班禅额尔德尼"，并赐金印（图50），印面有汉文、满文、藏文三种文字，内容相同，汉文篆书为"敕封班臣额尔德尼之印"。这是清朝中央政府对班禅的首次正式册封。此后历世班禅均需经中央政权册封、颁赐金印予以正式承认遂成定制。

对于归顺的蒙族上层也赐给官职印。乾隆四十年（1775年），清政府颁发给蒙古土尔扈特

图50　"敕封班臣额尔德尼之印"
如意钮金印　清康熙　西藏博物馆藏

图50-1　"乌讷恩苏珠克图旧土尔扈特北路盟盟长之印"银印　新疆维吾尔自治区博物馆藏

图50-2　"乌讷恩苏珠克图旧土尔扈特北路盟盟长之印"银印拓片　中国国家博物馆藏

部以及和硕特部八方银印，其中一枚"乌讷恩苏珠克图旧土尔扈特北路盟盟长之印"[54]（图50-1），现藏新疆维吾尔自治区博物馆。虎钮，印面满、蒙文并行对照（图50-2）。印侧刻汉文楷书"乾隆四十年玖月日"、"礼部造"。这枚官印是清乾隆于1775年对东归的土尔扈特蒙古诸部首领封爵赐印的历史见证。土尔扈特部是我国厄鲁特蒙古四部之一，乾隆三十六年（1771年），土尔扈特部在渥巴锡汗的率领下，冲破沙俄阻挠，历尽千辛万苦，终于回到清朝。清政府乾隆皇帝封赐渥巴锡"乌讷恩苏珠克图旧土尔扈特部卓里克图汗之印"银印，译为"忠诚的旧土尔扈特部英勇之王"。

此外，清代还广置土司，进行绥抚。土司是元明清时期官府在西北和西南地区设置的由少数民族首领担任并世袭的官职。按等级可以分为宣慰使、宣抚使和安抚使等武职，以及土知府、土知州和土知县等文职。元以前，各封建王

图51 "顺治御笔"清顺治

图52 "康熙御览"清康熙

图53 "康熙御笔之宝"清康熙

图54 "敬天尊祖"清雍正

图55 "雍正御览之宝"清雍正

图56 "宜子孙"清乾隆

朝就已采取"以土官治土民"的政策。明朝在云贵两广少数民族聚居地设置土司,因土司的职位是世袭的,常因相互争夺地盘而发生战乱,影响国家统一,明政府在平定叛乱后,就把这些地区的土司撤换,改用可以调迁的"流官"代替,历史上称作"改土归流"。清雍正时期,在原土司统治的地区实行和汉族地区相同的政治制度,在西南诸省推广"改土归流",加强了中央对边疆地区的统一管理。满文藏文鎏金铁钮银印(图版303)和满文铁钮木印(图版304)是清政权颁发给西藏、西南诸省当地土司或流官的官印,便于替清政权对该地区进行有效管辖。

(二)清代皇室和文人私印

1.清代皇帝鉴藏印

清代经顺治至乾隆四朝的经营,内府的书画鉴藏达到空前规模,宫廷收藏的字画经鉴定,在乾嘉时期编成《石渠宝笈》《秘殿珠林》等,凡入藏的书画,按定制钤上不同的印记。这些印记成为定级和内府典藏最重要的标志。

清代宫廷书画鉴藏印与个人署名用印,其数量为历朝之最。顺治皇帝有"顺治御笔"(图51)、"广运之宝"等。康熙皇帝的鉴藏印与创作署印有:"康熙宸翰""康熙御览"(图52)、"戒之在得""七旬清键""敬天勤民""睿鉴""康熙御笔之宝"(图53)、"几暇鉴赏之玺"等。

雍正皇帝鉴藏印、创作署印、别号印、斋室印及申明心迹或理念的闲章有:"勤政亲贤""为

图57 "乾隆御览之宝"清乾隆

图58　"五福五代堂宝"龙钮玉宝
清乾隆　北京故宫博物院藏

君难""敬天尊祖"（图54）、"朝乾夕惕""雍正御览之宝"（图55）、"圆明主人""乐山书院""竹梅烟舍""御赐朗吟阁宝"等。

乾隆皇帝鉴藏印与书画用印最为丰富，凡入选《石渠宝笈》或《秘殿珠林》的字画，均钤上"三希堂精鉴玺""宜子孙"（图56）、"乾隆御览之宝"（图57）、"乾隆鉴赏""石渠宝笈"（或"秘殿珠林"）五印。选入重编的加钤"秘殿新编""珠林重定"（或"石渠定鉴""宝笈重编"）称七印。藏于各宫殿的另加印记，如"乾清宫鉴藏宝""养心殿鉴藏宝""重华宫鉴藏宝""御书房鉴藏宝""宁寿宫续入石渠宝笈"等。

乾隆喜爱在历代名迹上题跋，故别号印、斋室印及申明心迹或理念的闲章很多，如"乾隆亲贤之宝""乾隆御赏之宝""三希堂""乾隆宸翰""乾隆御笔""畏天爱人""自彊不息""乐万民之所乐""万寿山清漪圆""五福五代堂宝"（图58）、"太上皇帝之宝""八徵耄念之宝""古稀天子之宝"和"十全老人之宝"等。鉴藏印材质有檀香木、白玉、碧玉、青玉、铜、寿山石、昌化石和青田石等。

馆藏清代晚期皇帝鉴藏印、创作署印和斋室印以道光皇帝"道光御笔"白玉印（图版306）、慈禧太后"丽景轩御览"寿山石印（图版307）和光绪皇帝"御书之宝"玉宝（图版308）为代表，三方玉石印章，阳文篆书，篆法精致，均为1950年北京市中南海瀇海出土。

2. 清代文人私印

清代私人印章称章、印、记。印于书籍账册之章，亦称"图记"，但不拘于形式。在复古思潮的影响下，清代文人用印风格追访汉魏宋元，摹仿汉印和小篆朱文占主导趋势。

"靖南王章"水晶印（图版309），是康熙时期靖南王耿精忠（1644–1682年）的私章，印文平正遒劲，章法精巧稳实，是方朱文的后续。

"佟雅氏伊龄阿之印"德化窑白釉瓷印（图版312），印文阴刻，釉质白润，为福建德化窑白釉瓷印代表作。明甘旸《印章集说》载："上古无瓷印，唐宋始用以为私印，硬不易刻。……亦堪赏鉴。"

"陶斋读碑记"铜印（图版314），为清末端方（1861–1911年）收藏鉴赏印，以隶书入印，每字之间有界格。

综上为清代名人私印代表。私印发展到明清时期，已经远非战国、秦汉、魏晋时期作为私人凭信使用，而发展为篆刻艺术，用途更为广泛。清代私人石章篆刻是继晚明文彭、何震兴起的石章时代之后繁荣发展起来的，石章的篆刻和使用已经非常流行和普及，并发展成诸多的艺术流派。

十一、明清时期石章篆刻成就及其艺术流派

宋元以来文人书法、绘画日益盛行。书画家鉴赏、收藏书画的风气和用于收藏的印章，也发展起来。明清时期石章的普遍使用，是文人参与到篆刻创作活动的直接原因。明清时期石章使用开始呈上升的趋势。石章材质包括滑石、福建寿山石、浙江青田石等。

（一）宋元时期石章艺术的开端

唐宋时期有皇帝和文人"室名别号印"和

图59 "米芾元章之印"宋代 米芾

图60 "赵孟頫印"元代 赵孟頫

图61 "吾衍私印"元代 吾衍

图62 "王冕之章"元代 王冕

"鉴赏收藏印",皆追求高雅的艺术情趣,形成书法、绘画与篆刻艺术相结合。宋代有书画家以篆书入印,代表人物米芾(1051-1107年),有"元章""米芾""米芾之印"和"米芾元章之印"(图59)等,"米芾元章之印"为仿宋官印之九叠篆,与官印文字风格相同。其鉴藏印用在其鉴赏收藏过的书画之上,如北京故宫博物院藏《兰亭》,上有米芾的跋,并钤有"米姓之印""米黻之印""祝融之后"等七印,皆追仿汉印风格,撰写印文与刻治印章均由自己一人完成。这是私印

自刻的开始,米芾是创始人。

元代赵孟頫(1254-1322年)篆刻以汉为宗,力主汉印质朴之美。他的印都是亲自书篆,以"圆朱文"或称"元朱文"小篆入印,如"赵孟頫印"[55](图60)、"赵氏子昂""松雪斋""大雅"等,笔画婉转婀娜,线条遒劲圆润。这些印直接钤盖在作品上,即表信用,又增强了作品的审美价值。赵孟頫在元史上开诗、书、画、印艺术领域之先河,著有《印史》,追求"汉魏而下典型质朴之意"。

元代吾衍(1268-1311年)治印用白文篆书,有"吾衍私印"[56](图61)、"布衣道士"等,均仿汉印白文风格。印学论著有《学古编》,其中《三十五举》首次对印法篆法作出论述,是首部研究印学的理论指导论著。他与赵孟頫首次倡导"印宗汉魏"的印学思想,对文人篆刻艺术的发展作出贡献,对当时及后世有很大影响。

元代王冕(1287-1359年)发现浙江青田"花乳石"质地细腻,松软易于入刀,乃以青田石自篆自刻,丰富了印章材质,开辟了石章书法篆刻的新时代,对后世影响极大。其作品有白文"王冕之章"(图62)和朱文"竹斋图书"。"王冕之章",仿汉印风格,奏刀痕迹明显,线条灵动富于质感。

元代柯九思(1290-1343年)是朱文篆印高手,其朱文印"柯氏敬仲"代表元代篆刻较高水平。

文人自己一手完成石章篆刻,开始了真正意义上的篆刻艺术创作。从此,私印由原来的私人定制即书法家篆文,印工镌刻分别完成,转变为一人完成印章的全部程序,标志着宋元石章篆刻的开端。

(二)明代中后期石章篆刻艺术流派的兴起

古人鉴赏字画时会在作品上钤盖印章以示观览并定为真迹,这个印迹也就代替了签名,有的收藏家把印章钤在自己的藏品上,这些印迹成为后世研究书画作品流传依据,这一传统一直沿用至今,也使篆刻由实用性走向艺术性的重要原因。

明初鲁荒王朱檀有"鲁府图书""奎璧之

图63 "文彭之印" 明代 文彭

图64 "听鹂深处" 明代 何震

府"等鉴藏印。王羲之《上虞帖》唐摹本上即钤有明晋王朱枫的"晋国奎章""晋府书画之印"和黔宁王"沐英"印迹。

明中期宪宗朱见深喜好书画,制有"成化御书之宝"石章。明代宫廷制作的石章,印钮雕刻非常精美。由于石章印身逐渐加长,无需制钮穿带,但印钮仍是篆刻艺术不可或缺的组成部分。

明中期以后,文人亲手制印者日增,到明末清初出现篆刻流派纷呈的局面。明中期由于文彭、何震的倡导,印章艺术发生了划时代的变化。明中晚期"吴门派"印风形成。吴门派画家有沈周、吴宽、祝允明、文徵明、唐寅等以及追随这一名家群体的文人,文徵明之子文彭以篆刻精美而独树一帜,是石章时代的功臣。

文彭(1497-1573年)是文徵明的长子,曾任两京国子监博士,其篆刻风格以草书为主,文字流畅清新,圆转流动,镌刻遒劲秀润。代表作有"文彭之印"[57](图63),为鸟虫篆书体。"画隐""七十二峰深处"等作品儒雅沉稳,追求金石之气。文彭的作品风格以在宋元朱文基础上借鉴汉印白文为主,并把青田石中"灯光冻"品种引进篆刻,对篆刻艺术发展起了重大作用。明代思想家、文学家李贽故居发现两方寿山石章[58],印面白文篆书"李贽"和朱文篆书"卓吾",反映出明代以石入印后的私人石章使用情况。馆藏

明末文人"侯峒曾印"(图版285)、"夏允彝印"(图版286)、"卢象升印"(图版287)等玉印和水晶印,也反映出当时私人篆刻用印之风尚。

晚明徽州篆刻流派有何震、金光先、苏宣、程林、朱简等,大多为安徽人,因此又称为"皖派"。徽派以何震为代表,刀法方正猛利,酣畅雄稳。何震(1530-1604年),安徽婺源人,初承文彭,后形成自己独特风格,对铸印、凿印、玉印、古玺,都能博征广采。当时篆刻界评他是"秦汉后一人而已"。铸有《续学古编》和《印选》四卷等。他的朱文印流转遒劲,自成一派。代表作"听鹂深处"[59](图64)、"云中白鹤""笑谈间气吐霓虹"等。所刻文字多不加补饰,有浑厚苍茫的气息。他是较早在印侧刻边款的人之一。

明代边款文字大多十分简约,重点在于印文,当时所辑印谱,均不拓存边款。清初以后,边款出现了铭刻长篇记事文字的作品,刻款受到重视。文人以书、画、篆刻自娱乃是士大夫释放情怀的途径,自警的诗文词语仍是闲章的主题,印文和边款表意功能的转变与拓展,表明了篆刻作品的文化特征。

明石章篆刻技法体系的形成,包括篆法、章法、刀法等。明清篆刻创作主要采用甲骨文、金文、大篆、秦小篆、汉篆以及小篆的变体。章法即构图,使文字布局疏密有致,协调平正。刀法即刻印过程中所运用的技巧,篆刻中基本运刀方法有冲刀和切刀。边款字体及其刀法也是篆刻创作技法内容。

明晚期文人刻边款字体已出现文彭的草书和何震的楷书两种情况。石章方便了边款的创作,边款文字书法、刻款与印文的篆刻章法、刀法共同构成了中国石章篆刻艺术技法体系。明晚期篆刻艺术流派的形成,标志着文人篆刻进入独立自觉的发展阶段。文、何流派之后的明清篆刻流派名目繁多。

(三)清代中期篆刻艺术流派

清代篆刻流派治印风格繁多,各具特色。不同地域呈现不同的篆刻治印风格,是发展的繁荣时期。清代中期以后,篆刻边款更加注重体现

书法、书体和运刀的个性。

"浙派"兴起于清乾隆时期，是中国印学史上影响最大的流派之一。浙派的代表人物有丁敬、蒋仁、黄易、奚冈、张燕昌、陈豫钟、陈鸿寿、赵之琛，被称为"西泠八家"。西泠八家作品宗法秦汉，继承了何震猛利的刀法，将刻款技法推向新的高度。丁敬（1695—1765年），浙江杭州人，取法秦汉、宋元印式。他吸取朱简、魏植的切刀法，形成了自己的风格，所刻线条古意盎然，篆中有隶意，章法自然平正。代表作有"千顷陂鱼亭长"[60]（图65）和"金农印信"等。著《砚林印谱》等。乾隆《杭州府志》载其"分隶皆入古，而于篆尤笃，善摹印，然非性命之契不能得一字"，给予很高的评价。以杭州为中心的浙籍印人纷纷效法，一直延续二百余年，被后人尊为"浙派"或"西泠印派"之首。

图65　"千顷陂鱼亭长"清代　丁敬

"西泠八家"之一的黄易，篆刻醇厚渊雅，苍劲质朴。其印款亦秀雅俊逸，与其师丁敬并称，著述较多，著有《小蓬莱阁金石文字》。他收藏的古印于嘉庆初年编辑成《黄氏秦汉印谱》《秋景庵印谱》。黄易创作"尊古斋"（图版315），用浙派传统刀法，线条可见断续细碎的切刀痕。边款文字隽永，字体凝练潇洒，秀逸流畅。其所治白文印，雄厚朴茂，比丁敬更胜一筹。

"西泠八家"之一的赵之琛，所刻"滇人戴九"（图版316），章法匀整，笔画细致，得宋元朱文之遗意，书风秀逸。边款精熟稳健，字迹娟秀，一次成篇。印侧纹饰为浅浮雕，匠心独运。在技巧上集浙派之大成。赵之琛创作很多，著有《补罗迦室集钞》《补罗室印谱》等。

俞庭槐刻"流水今日　明月前身"（图版319），选料上乘，印文随形，布局奇巧，篆刻飘逸

流动，如月投水中，行刀似意犹未尽，转折方圆合度，印法上冲切并用，风格独特。边款用刀稳实纯熟。著有《巩山印略》等。

徐三庚刻"蛾子时术"（图版320），布局疏阔，字体篆隶结合，有金文意味。横笔画纵向落笔，点画中部提笔，笔画尾处见峰。隶书作品也有突破和发展，形成独特的治印风格，代表了清代晚期制印水平。著述颇丰，有《养拙斋印存》《似鱼室印谱》等。

（四）清代晚期至民国近现代篆刻流派

晚清至近现代的篆刻名家有吴昌硕、赵石、赵时棡、邓尔雅、杨天骥等人。吴昌硕（1844—1927年）是晚清最后一位篆刻大家，浙江安吉人。吴昌硕印风的形成，源于其个性化的书法，仿古而不泥古，成为一代治印大家。刻印生涯长达六十余年，作品多，对后世影响大。吴昌硕印风至今对日本印界具有深刻影响。

赵石棡刻"谢"（图版325），仿汉缪篆，字体曲折盘绕，圆转流畅，线条缜密，技艺精绝，章法谨严。为姓氏印，字体秀媚，气度娴雅。著有《二弩精舍印谱》《汉印分韵补》等。

杨天骥刻"自惭七十犹彊健"（图版326）和"杨千里"（图版327）二印，前者阳文篆书，篆法精深，边款字体细秀；后者满白文，深得汉印神髓，篆法方整，边款记载用铜鼎铭文刻成朱文印，仿效汉篆刻制成白文名印，表述对先秦和汉印文字的推崇及继承之渊源。著有《茧庐吟草》《茧庐印痕》《茧庐治印存稿》和《茧庐长短句》等。

王光烈刻阳文"老马盐车"（图版329），布局整齐，篆法精细，笔画匀称。印跋文字较多，叙述为朋友仙舫先生张之汉制印经过，希望借此印祝朋友老当益壮，仕途愉快。

钟刚中阴文"怀瑾握瑜"（图版332）和阳文"万玉楼"（图版333）印，为友桐渊先生所治，为青田石印章篆刻代表。

（五）明清印章篆刻的边跋艺术

石章篆刻艺术包括印面和边款两个组成部分。边款也称"边跋"，是石章艺术中不可缺少

图66　"琴罢倚松玩鹤" 明代 文彭

图67　"笑谈间气吐霓虹" 明代 何震

图66-1　"琴罢倚松玩鹤" 印章边款拓片 明代 文彭

图67-1　"笑谈间气吐霓虹" 石章边款 明代 何震

的一部分，篆刻家在完成印面的创作之后，会乘兴在印石侧面续刻文字，或自署姓名，或记录创作时间、地点，或落款持赠，或对印文内容加以说明，文字长短不拘，有的刻印石四周，文字长达数百上千而不能已。

边跋刻于印侧，用墨拓印成谱，与朱红的印面交相辉映，给人赏心悦目的美感。在边跋的内容上，篆刻家文人不以单纯的署名、阐述印文和计时为满足，而是思逸神飞、寄一时豪兴、阐述艺术见解，表达作者志趣意向、祖露探求艺术风格艰难历程。因此边跋文字是研究书法篆刻史的珍贵资料，也是研究印家生平和创作思想的极好佐证。由于边跋文字大多是作者即兴而作，信手刻来，因此不少文字简洁隽永，感情真挚动人，给人无穷的遐思。

刻边跋的技法，古代有凿刻印文和阴刻背款之例。最早在印侧刻边款的人是南宋张同。边款又叫印跋，在印侧镌刻文字，叙述作此印的原因、时间、刻印的文字说明，也有刻诗词及论印文字。但就艺术创作而言，首推明代文彭，他的创作技法是先在印侧写墨稿，再刻成边跋，如其行草书法，清丽婉转，镌刻挺健。"琴罢倚松玩鹤"[61]（图66），边款（图66-1）线条流畅，为行草篆刻典范。据边款所记，此印是其在明嘉靖

二十六年（1547年）所做。

明嘉万时期何震，从古代刻凿印文中获得启发，边款字迹粗疏，在继承文彭秀润雅正的同时，更多地形成猛利、苍劲老辣的风格，具有写意的情趣和古朴的格调。代表作品"笑谈间气吐霓虹"[62]（图67），由于摆脱了墨稿的束缚，其楷书边款（图67-1），自然洒脱，文字锋棱分明，影响十分深远。

清末赵之谦（1829-1884年）的边跋艺术，得力于他的北魏书法，还从南北朝造像得到启发，首创阳文款识，将奇伟瑰丽的北魏碑刻在方寸之间得以展现，并将佛画像引入印章边跋，格调高古，极大地丰富了边跋艺术的形式和内涵，代表作品有"沧经养年"[63]（图68）。赵之谦的篆刻取法广泛，对秦汉玺印、宋元朱文等有深入研究，在诗文、书画和篆刻上有旷世才情，著作颇多。

吴昌硕的切刀刻款用力较重，气势恢宏，在印面、边跋的创作上作出了很大贡献。他的篆、隶、楷奇伟多貌，结合他的石鼓文及行草书法，流风古韵，一直影响到今天。代表作品有"山阴

图68 "沧经养年"印文及边款拓片 清代 赵之谦

图69 "山阴沈庆龄印信长寿"清末 吴昌硕

沈庆龄印信长寿"[64]（图69）和"晏庐"等。

方寸之间的篆刻作品在文人手下发挥到极致，有抒发忧世心志、哀怨失意的，如"一囊漂泊等浮鸥"的邓石如，他在"新篁补旧林"边跋记述："癸卯秋末，客京口，梅甫先生属作石印数事。时风声、雨声、潮声、涛声、欸乃声与奏刀声相奔逐于江楼。斯数声者，欧阳子《秋声赋》……"有的虽片言只语，却弥足珍贵，如黄士陵的"汉印剥蚀，年深使然，西子之颦，即其病也，奈何捧心而效之"。其"古槐邻屋"[65]，宗法汉印，字体严整大气。丁敬的"古人篆刻思离群，舒卷混同岭上云"，赵之谦的"古印有笔尤有墨，今人但有刀与石"，成为他们艺术思想的高度概括。

从明清到近现代，石章印材便利了文人边款创作，印、款的书法、技法和文辞成为篆刻艺术家表现性情和才华的新天地。不同风格流派的印人，其技法都有独到之处。所以印文的篆法、章法和边款文字的书刻刀法，共同构成中国石章书法篆刻艺术体系的主要内容，独具艺术魅力，经久不衰，一直流传发展至今天。

十二、结语

古代玺印是中国传统文化中的瑰宝，承载着中华民族辉煌灿烂的历史文化。小小的玺印浓缩了中国古文字的发展演变史，并集国家政权、官制、军事、史地、姓氏、宗教、书法、镌刻、铸造和雕塑于一身的玺印文化艺术，古老而独具魅力。

中国玺印从商代到清末的发展过程，以隋唐为分界线。隋唐以前官名印占据主导地位，授官者一律都要系绶佩带，用印方式主要是使用封泥封检，以作为传递公文之凭信作用。玺印钮式和质地还代表着官位品秩、等级、身份和地位高低。

战国古玺文字，古拙奇肆，各诸侯国文字的撰写技法都不同，难以辨别，称古文大篆，此时官玺和私玺并重。秦汉时期，随着秦代文字统一，玺印文字由秀丽婉转的秦小篆发展为严谨典雅、整齐平正的汉篆。以秦汉印制为主导，其篆法、章法影响了秦汉私印制作和后世官私印章的制作。

秦汉印制成为后世玺印制作艺术之典范。三国魏晋南北朝时期，军职官印开始增多。到南北朝逐渐形成粗犷简率的艺术风貌，但都师法秦汉印制。此时私印篆刻则形式多样，篆文精美，有缪篆、鸟虫篆和悬针篆等。种类有穿带、套印和多面印等。

隋唐及以后，官印印面开始增大，印钮开始加大加高，官印非官员随身携带，官署印制形成，印面文字随之加大，为填补隙地，字体开始形成盘曲篆。隋唐及以后官私印章通用印色，钤朱用印方法取代了封泥。

宋代形成九叠篆官印制度，影响了辽、西夏、金、元和部分明清官印制作，官印印文均用九叠篆，官印开始沉陷于固定模式。

辽、西夏、元代、清代官印以少数民族文字入印，丰富了官印文字形式和内容，使官印增添了生机与活力，形成鲜明艺术特色。元代和清代官印则以少数民族文字和汉文字一并入印，称合并或合璧印，极具民族特色。

明清时期官印制度繁复，并且形成了严格

的等级制度。明清时期皇帝玺宝使用汉文玉筋篆,乾隆皇帝制二十五方御宝,数量和规格为历代皇帝宝玺之最,代表了皇帝御宝发展的最高峰,且全部存世。

明清时期私印制作则不受官印影响,此时在古玺印基础上发展起来的石章篆刻艺术及流派,呈现出蓬勃发展生机。明清篆刻艺术流派盛行以后,石质印材的运用带来了篆刻艺术的繁荣和兴盛。

---

[1] 陈介祺:《石钟山房印举》,商务印书馆,1922年。

[2] 李学勤:《战国题铭概述》,《文物》,1959年7期。

[3] 石志廉:《馆藏战国七玺考》,《中国历史博物馆馆刊》,1979年1期。

[4] 罗福颐:《古玺汇编》,文物出版社,1981年。

[5] 傅嘉仪:《新出土秦代封泥印集》,西泠印社,2002年10月。

[6] 傅嘉仪:《新出土秦代封泥印集》,西泠印社,2002年10月,第63页。

[7] 叶其锋:《西汉官印丛考》,故宫博物院院刊,1986年1期。

[8] 王人聪、叶其锋:《秦汉南北朝官印研究》,香港中文大学文物馆,1990年1月。

[9] 云南省博物馆:《云南晋宁石寨山古墓群发掘报告》,文物出版社,1959年。

[10] 罗福颐:《秦汉南北朝官印征存》,文物出版社,1987年。

[11] 杨啸谷等:《陕西阳平修筑宝成路中发现的"朔宁王太后"金印》,《文物参考资料》,1955年3期。

[12] 青海省文管处考古队:《青海大通上孙家寨的匈奴墓》,《文物》,1979年4期。

[13] 王日蔚:《丁零考》,《史学集刊》,1957年2期。

[14] 朱伯隆:《丁零新证》,《华东师大学报》,1958年1期。

[15] 贺官保等:《洛阳博物馆馆藏官印考》,《文物》,1980年12期。

[16] 李既陶:《山东峄县发现平东将军军印》,《文物》,1959年3期。

[17] 雷明、雷芬:《安乡清理西晋刘弘墓》,《中国文物报》,1991年8月18日。

[18] 张季:《河北景县封氏墓群调查记》,《考古通讯》,1957年3期。

[19] 南京市文管会:《南京老虎山晋墓》,《考古》,1959年6期。

[20] 郑珉中:《故宫博物院藏文物珍品大系·玺印》,上海科学技术出版社、商务印书馆,2008年7月,第157页。

[21] 柳洪亮:《"西州之印"印鉴的发现及相关问题》,《考古与文物》,1992年2期。

[22] 《宋史·舆服志》,中华书局,1997年,第940页。

[23] 郑绍宗:《介绍几方宋、金、元的官印》,《文物》1973年11期。

[24] 朱子方:《内蒙古宁城大名城近年出土官印考释》,《考古通讯》,1957年6期。

[25] 吉林大学历史系文物陈列室编:《吉林大学藏古玺印选》,文物出版社,1987年9月,第72页。

[26] 王绵厚、郭守信:《辽海印信图录》,辽海出版社,2000年1月,第40页。

[27] 武家昌:《辽宁近年出土、征集的宋辽金官印选辑》,《文物》,1984年9期。

[28] 中国国家博物馆编:《中国国家博物馆》,长征出版社,2011年,第240页。

[29] 陈述:《跋黑龙江省出土的"封全"铜印和另一"封全"印模》,《社会科学战线》,1980年2期。

[30] 照那斯图:《元八思巴字篆书官印辑存》印72,《文物资料丛刊》,文物出版社,1977年12月。

[31] 国家文物局国家文物鉴定委员会编:《文物藏品定级标准图例·玉器卷》,文物出版社,2006年1月,第115页。

[32] 《元史》卷27《英宗本纪一》,中华书局,1997年,第600页。

[33] 《元史》卷100《兵志二》,中华书局,1997年,第2562页。

[34] 中国国家博物馆:《中华文明文物精萃·古代中国陈列》中国社会科学出版社,2010年6月,第649-650页。

[35] 照那斯图:《元八思巴字篆书官印辑存》图30,《文物资料丛刊》,文物出版社,1977年12月。

[36] 蔡美彪:《元代吐蕃国师帝师玉印及白兰王金印考释》图4,《文史》,2002年第3辑,总第60辑。

[37] 蔡美彪:《元代吐蕃国师帝师玉印及白兰王金印考释》图6,《文史》,2002年第3辑,总第60辑。

[38] 邱树森：《元末农民政权几方铜印的初步研究》，《文物》，1975年9期。

[39] 史树青：《元末徐寿辉农民政权的铜印》，《文物》，1972年6期。

[40] 蔡美彪：《元代吐蕃国师帝师玉印及白兰王金印考释》图6，《文史》，2002年第3辑，总第60辑。

[41] 罗福颐：《古玺印概论》，文物出版社，1981年。

[42] 清张廷玉等撰：《明史》卷51《礼志五》，中华书局，1974年版，第1325页。

[43] 徐启宪、李文善编：《明清帝后宝玺》，紫禁城出版社，1996年，第33页。

[44] 同上，第35页。

[45] 李健才：《禾屯吉卫和奴儿干都司-禾屯吉卫指挥使司印考》，《社会科学战线》1979年1期。

[46] 王人聪：《新出历代玺印集录》，香港中文大学文物馆，1987年。

[47] 王宏均等：《李自成永昌元年"工政府屯田清吏司契"》，《文物》，1959年9期。

[48] 刘安国：《陕西兰田发现李自成永昌元年"三水县信"》，《文物》，1959年5期。

[49] 罗福颐：《李闯王遗印汇考》，《故宫博物院院刊》，1980年1期。

[50] 王静如等：《谈谈有关农民战争的文物》，《文物》，1961年7月。

[51] 刘志岩：《彭山江口明末战场遗址2018年水下考古发掘取得重要收获》，《中国文物报》，2018年8月10日。

[52] 王静如：《谈谈有关农民战争的文物》，《文物》，1961年第7期。

[53] 罗福颐：《古玺印考略》，紫禁城出版社，2010年10月，第295页。

[54] 张平一等：《热爱祖国，反对沙俄压迫的土尔扈特蒙古及其历史人物》，《文物》，1975年7期。

[55] 方去疾：《中国美术全集·书法篆刻编·玺印篆刻》，上海书画出版社、上海人民美术出版社，1989年5月，第75页。

[56] 同上，第76页。

[57] 同上，第77页。

[58] 陈祖泽：《李卓吾的两颗遗印》，《文物》，1965年11期。

[59] 方去疾：《中国美术全集·书法篆刻编·玺印篆刻》，上海书画出版社、上海人民美术出版社，1989年5月，第80页。

[60] 同上，第125页。

[61] 同上，第78-79页。

[62] 同上，第80页。

[63] 胡杨：《中国印》，时代出版传媒股份有限公司、黄山书社，2012年1月，第144页。

[64] 方去疾：《中国美术全集·书法篆刻编·玺印篆刻》，上海书画出版社、上海人民美术出版社，1989年5月，第206页。

[65] 同上。

1. "阳都邑圣徒盐之鉨"铜玺

战国 齐

高2.2厘米 长5.4厘米 宽4.6厘米

传山东省沂水县出土

齐国官玺。玺面阴文篆书"阳都邑圣徒盐之鉨"三行八字，上方呈方凸形，背呈四坡形鼻钮，坡面饰卷云纹，玺体上方呈凸形。古文大篆，字体粗犷奇肆，精美雄奇，结构紧凑。"之""鉨"等字有齐文字特点。

阳都，故址在今山东省临沂市沂南县砖埠镇一带。"阳都邑"，古地名，战国时称侯国为邑，故阳国为齐国的侯国，战国时期齐国都城为临淄。早在春秋时期齐国在临沂一带置琅邪邑；

前221年，秦代"阳都县"，属琅邪郡；西汉高帝六年（前197年），属城阳郡。圣，指阳国阳都县邑长官。玺文第五、六两字，学者旧多释为"誓盟"或"徒氓"。"誓盟"，即誓盟约束，以约辞告誓盟神，若有背违，令神加其祸，使民畏而不敢犯。据此认为此玺是阳都县间间举行誓盟所用之官玺。"徒氓"，即集中劳动力进行耕作之意。近年有学者释为"徒盐"，即运盐，"盐"字从卤从皿。表明该玺是阳国阳都县管理和运输食盐的玺节。阳国滨海，有鱼盐之便利，传世齐玺中有多方"徒盐"玺。此玺上方凸形，学者推测应有另一种印面上方作凹入形铜玺，使用时凸凹合为一起作为验证。此玺应是战国时齐国侯国阳国货盐之玺节。（张润平）

2. "右司徒遇昏逡质之鉢" 铜玺

战国 齐

高2厘米 长4.4厘米 宽4.4厘米

齐国官玺。玺面方形,阴文篆书"右司徒遇昏逡质之鉢"三行九字,坛形鼻钮。古文大篆,铸造玺文,玺面布局紧凑,文字排列错落有致,线条饱满古朴,古意盎然。

坛形鼻钮,主要流行于战国和秦代,其基本特征是印背斜坡隆起,有台呈坛状,顶部有小环可穿带。因背面有台,所以又称为台钮或坛钮。鼻钮流行于战国、秦和汉代,是古玺印中最常见

的钮式,其基本特征是玺背有一弧形小环可穿带。战国时期官玺多为鼻钮。

"司徒",在商周之际写作"司土",是负责管理民户、土地、徒役等事务的高级官员,相传商朝已置,西周为三公之一。《周礼》列为六卿之一,掌地官。春秋战国时期沿置,演变为掌管百姓教化的职官,位列卿。右司徒为司徒或大司徒之佐官。《管子·五行》载:"天子出令,命左右司徒、内御,不诛不贞,农事为敬"。"遇昏逡质"四字待考。殷商时期,将文字刻在龟甲、兽骨、青铜器和陶器上,它们是一种象形文字,却奠定了后世汉字发展的基础。(张润平)

3. "子夽子鉴"铜玺

战国 齐

高2.3厘米 长5.2厘米 宽5.2厘米

传山东临淄出土

齐国官玺。玺面方形,阳文篆书"子夽子鉴"两行四字,玺背四面坡形,鼻钮。玺文连同印体一同铸造,古文大篆,边栏较粗,布局疏朗,以舒其气,线条粗阔俊朗,尖端见锋,两个"子"字中间一横两端上翘,使玺面显得活泼,各具情态。文字四周留有空地,但玺面并不显得松散,给人一种整体结构上的美感。

"夽",从大从土,战国时文字从土者,多为饰笔,不作任何释义,故"夽"字,为"大"字。子夽(大)子,为大氏,《风俗通·姓氏》载:"大氏,大庭氏之后。""子某子"这种称谓在战国诸侯大夫间甚为通行,特别是在齐国最为流行。中国国家博物馆藏山东胶县出土的齐国铜量器"子禾子釜",齐国陶文中有称"子缝子"者,中间一字是战国贵族男子的氏。"鉴"字,从卩从金,当是"节"字,相当于当时的"玺"字。春秋战国时关卡有严密的制度,此玺节应为齐国官吏管理某处关卡商品流通转运、查验货物的官玺节。故此玺应名为玺节,是古玺之一种。《周礼·地官·司节》载"门官用符节、货贿用玺节、道路用旌节。"(张润平)

4. "左攻师戠桼师鉌"铜玺

战国 齐

高1.4厘米 长2.3 厘米 宽2.3厘米

齐国官玺。玺面方形，边栏内阴刻篆书"左攻师戠桼师鉌"三行七字，文字左行，玺背四坡形鼻钮。玺文为凿刻，古文大篆，线条遒劲细致，玺面布局不拘成法，各字看似不整齐，实则俯仰欹侧各具情态，体现出布局的技巧。"攻"字偏旁部首上下移动，且玺面文字排列次序也有所变化，是从左向右排列。战国时期玺面文字排列次序没有一定规律，常见先右后左，也有上下横排，还有顺时针排列和交叉排列的。

"攻师"为工匠之首，工官之负责者。左工师当为工师之副贰，师位左右攻师之下，工之上。玺文第四字"戠"，有专家释为"职"，该字在古代钱币或陶文中常见，"职"有掌管之义。如《周礼》有"职内""职方氏"等，分别掌管大内事物和图籍、户簿等职事。玺文第五字为"桼"，释为"漆"，字形像木身流出漆汁，或木身被刀割状，属会意字。"职漆师"当为左工师之属下，专门掌管漆工、漆制品生产的工师。战国时期手工艺多置于工官之下管理。根据玺文字"师"字和"鉌"字等特点来看，此玺为战国时齐国工官之官玺，罗振玉旧藏，曾著录于罗振玉所著的《赫连泉馆古印存》、罗福颐《古玺汇编》。此玺于1963年购于韵古斋，该玺是一方流传有绪的战国古官玺。（张润平）

5. "公石不夏鉢"铜玺

战国 齐

高1.6厘米 长2.4厘米 宽2.4厘米

齐国官玺。玺面方形,边栏内阴刻篆书"公石不夏鉢"两行五字,玺背四坡形鼻钮,凿刻玺文,古文大篆,布局疏密结合,疏而不散,线条灵巧,文字绮丽,篆法整齐,笔画俊秀。依据"鉢"字等篆法,有齐文字特点。

春秋和战国时期,齐国和楚国称县邑长官为"公"。如《左传》记载,宣公十一年"(楚庄王曰)诸侯、县公皆庆寡人"。故县公为官名。"石",即"石工",官名,主管玉器石磬等器物制作的官员。《礼记·曲礼下》记载:"天子之六工,曰土工、金工、石工、木工、兽工、草工,典制六材。"郑玄注:"此亦殷时制也","石工,玉人、磬人也。"孔颖达疏:"玉人谓作圭璧者,磬人作磬也。玉及磬同出于石,故谓石工也。"公石氏,郑樵《通志·氏族略·以字为氏》记载:"姬姓,(鲁)悼公子坚字公石之后也。"此玺应为齐国某县邑掌管石工的官玺。著录于林树臣《玺印集林》。(张润平)

6. "右司马居"铜玺

战国 齐

高1.5厘米 长2.3厘米 宽2.3厘米

齐国官玺。玺面方形,横日字形边栏内阴刻篆书"右司马居"两行四字,鼻钮。玺文为凿刻,线条细腻质朴,章法布局匀整。"司"和"马"的篆法,与齐国官玺篆法相同,字体从大篆向小篆过渡。

"司马",古代职官名称,是执掌军事之官,是重要的军队官职。殷商时始置,位列三公。西周时期设司马,《周礼》将司马列为六卿之一,作为国家军事行政最高职官,掌邦政,并管理国家军赋。春秋战国时期继续沿用,掌管军政事务。"右司马",春秋置。《史记·孔子世家》记载:"古者,诸侯出疆,必具官以从。请具左、右司马。"战国时楚、齐等国亦置。齐国设有司马一职。《战国策·齐策》记载:"齐王建入朝于秦,雍门司马横戟当马前曰:'所为立王者,为社稷耶?为王耶?'"据此可知,齐国置有门司马,为守卫城门的司马官。门关是军事重地。传世齐国官玺中常见"闻司马鉩"和"右闻司马"等。"闻"是"门"的假借字,"闻"从"门"声,通假字。汉魏以后司马为军府之官。

(张润平)

7. **"食节"铜玺**

战国 齐

高1.2厘米 长2.1厘米 宽2.1厘米

齐国官玺。玺面方形，阳文篆书"食节"二字，鼻钮。此玺文为铸造，古文大篆，布局对称，字体偏向上移，线条粗犷，古朴坚劲，章法雅致平稳。

战国时期，由于城市经济发展、商业的繁荣，商人阶层扩大，各诸侯国将商业活动纳入政府管辖范围之内，给商人颁发符节，用于身份证明，作为出入其他诸侯国、关卡、军营、要塞的凭证。先秦符节的种类和用途较多，如《周礼·地官·掌节》载："掌守邦节，而辨其用，以辅王命，守邦国者用玉节，……门关用符节，货贿用玺节，道路用旌节，皆有期以反节，凡通达于天下者，必有节，以传辅之，无节者，有几则不达。""货贿"，就是货物的买卖，即通商用玺节。"货贿用玺节"已经是战国官玺中一个重要的方面，此玺应为齐国掌管某地食物或粮仓货运买卖、商贾赋税的玺节。（张润平）

8. "右廪"铜玺

战国 齐

高1厘米 长1.8厘米 宽1.8厘米

齐国官玺。玺面方形，边栏内阴刻篆书"右廪"二字，鼻钮。古文大篆，此玺字体篆法秀丽，线条流畅隽永，有疏密对比，有较高的书法审美和艺术气息。"右"字用反写，文字部件左右移动或倒置，成为战国时期常见现象。

"廪"，米仓，亦指储藏的米。仓廪，引申粮食仓库。《韩非子·内储说下》记载："昭侯令人复廪。""右廪"，官署名,战国齐置，齐国设置右廪、左廪，分管粮谷收藏与供应。《衡斋金石识小录》齐陶量印文："陈榑三立事岁，右廪釜。"传世战国齐玺中还有"左廪桁木""右桁正木"等铜玺。"右桁正木"，即右廪征收粮米所用木衡。秦汉时期"廪"由"仓"取代。此玺为战国时期齐国管理粮廪米仓的官吏用玺。著录于罗福颐《古玺汇编》。（张润平）

9. "阳垂之鉥"铜玺

战国 齐

高1.3厘米 长1.7厘米 宽1.7厘米

齐国官玺。玺面方形，边栏内阴刻篆书"阳垂之鉥"四字，坛形鼻钮。玺文为凿刻，古文大篆，玺面布局匀整对称，篆法平齐规整，线条圆转细致。

阳垂，疑为古地名，今不可考。《说文》云："垂，远边也。"《广韵》云："垂，疆也。"《战国策·秦策》载："今大国之地，半天下有二垂。"垂，亦名犬丘，古邑名，春秋时卫邑，战国时属魏，在今山东省曹县北句阳店。《春秋》记载：隐公八年（前715年），"宋公、卫侯遇于垂"。杜预注："济阴句阳县东北有垂亭。"另说在今鄄城县东南十五里。鄄城县，今山东省菏泽市，因境内有鄄邑、鄄城而得名。夏商时，鄄城属于兖州之域。春秋时期，为卫国鄄邑，南为垂邑，东属古郕国地。战国时期属卫国甄邑，南为垂都，东属廪邱，东南有城阳。据此玺形制及"之""鉥"等字撰写特点，此玺可能为齐国阳垂官吏之玺，可补史料记载之缺佚。（张润平）

10. "麂兒之鉨"铜玺

战国 齐

高1.3厘米 长1.9厘米 宽1.9厘米

齐国官玺。玺面方形，边栏内阴刻篆书"麂兒之鉨"四字，坛形鼻钮。刻凿玺文，古文大篆，布局匀整，玺文篆法整齐质朴，线条直折与圆转相结合，字体娟秀，显现出书法篆刻之美。

"麂"，通称麂子，鹿科，像鹿，比鹿小。本属共九种，中国分布有三种，分别为黑麂、赤麂和小麂。其中黑麂数量最少。麂分布于陕西省秦岭南麓、浙江、江苏、福建、安徽、云南、四川、贵州、广东、广西、香港、台湾等地。分布区域狭窄，生活环境栖息于密林、草丛和山地丘陵等地，已列为国际一级濒危动物。《字说》云："山中有虎，麂必鸣以告，其声几几然，故曰麂。"李时珍《本草纲目》曰："麂味甘旨。""兒"属会意字，字从白从儿，同"貌"。据"之""鉨"等字等篆法，此玺可能为齐国园林管理麂等动物的官玺。（张润平）

11. "孙垂信鉨"铜玺

战国 齐

高1.3厘米 长1.7厘米 宽1.7厘米

齐国官玺。玺面方形，边栏内阴刻篆书"孙垂信鉨"四字，坛形鼻钮。玺文为凿刻，字口较浅。玺文布局平衡对称，字体工整匀齐，笔画细顺秀丽，篆法精致，体现出书法艺术之美，是战国古玺篆刻之典范。

孙氏，郑樵《通志·氏族略·以字为氏》记载："姬姓，卫武公之后也，武公和生公子惠孙，惠孙生耳，为卫上卿，食邑于戚，生武仲，亦曰孙仲，以王父字为氏。"《说文》云："信，诚也"。"信鉨"，是颁布文书命令，钤抑封泥而起的凭信作用。"孙""信""鉨"等字篆写方法，与齐国相同，应为齐国某邑族长所用之官玺。殷商时期，在甲骨上刻字使用的刀法有冲刀（推刻）、切刀、复刀等，这些刀法也是战国时期和秦汉玺印所用刀法。今天的篆刻艺术，所用刀法仍没能超越这个范围。甲骨卜辞的阴刻技法对战国乃至秦汉和后世玺印的刻铸有直接的影响。（张润平）

12. "王套信鈢"铜玺

战国 齐

高1.1厘米 长1.5厘米 宽1.5厘米

齐国官玺。玺面方形，边栏内阴文篆书"王套信鈢"四字，坛形鼻钮。边框较粗。古文大篆，布局紧凑匀整，文字篆法整齐，笔画平直。铸造水平高超。"王"字竖笔画出头，且在第二、三横笔画之间有一小横或小点，这种王字写法，是齐国独有的。

王氏，是古老的姓氏之一。郑樵《通志·氏族略·以爵为氏》云："王氏，天子之裔也。所出不一：有姬姓之王；有妫姓之王；有子姓之王；有虏姓之王。"战国时期古玺的玺字多写作"鈢""鉨"等，金字旁是因玺印多为青铜质，故从金。也有少量写作土字旁，玺抑印用于封泥，泥为土，故从土。根据此玺"王""信鈢"等字篆写方法，与齐国官玺文字同，应为齐国某邑族长所用之官玺。（张润平）

13. "君之信鉨" 玉玺

战国 楚

高2.1厘米 长2.5厘米 宽2.5厘米

楚国官玺。玺面方形，边栏内阴刻篆书"君之信鉨"两行四字。覆斗形钮，白玉质，钮坡面、印侧饰卷云纹及花蕾树叶纹等，钮顶有一穿。古文大篆，布局和谐致美，线条两端见锋，篆法劲柔兼备。"君""之""鉨"等字有楚文字风格，为楚国某封君之玺。

"君"，当指楚国某封君，封君名号多称君，封君多由王赐爵。战国时期实行分封制度，各国均有大量封君存在，如战国早期秦国封商鞅为商君；战国晚期著名的四公子孟尝君、信陵君、平原君和春申君等。秦国后期改封君为侯。楚国封君、封邑以县为单位（战国之县相当于后世秦汉之郡），称县公，如叶公，即叶县封君；或称君者后面加私名，如《左传》昭公二十年的"棠君尚""鄂君启"等；还有称"尹"者。《说文》云："信，诚也。"有信约、凭信之意。"信鉨"，是颁布文书命令，钤抑封泥而起的凭信作用。战国时期，玉质官玺极为稀少，故弥足珍贵。（张润平）

14. "杜潼都左司马之鉨"铜玺

战国 楚

高3.7厘米 直径5.9厘米

楚国官玺。圆坛形，玺面圆形，阳线方形边框，框外各有一条短阳线，框内阳文篆书"杜潼都左司马之鉨"三行八字，坛形鼻钮。此玺尺寸较大，铸造玺文，古文大篆，字体苍劲有力，线条古朴雄浑。

"杜潼"，古地名，疑即梓潼，在今四川省北部绵阳，涪江支流梓潼河流域。战国之梓潼

都，原应属于巴地，后属楚国。战国初，秦惠文王派司马错伐蜀，绵阳一带属秦国。但是秦国没有"左司马"职官。文献记载，战国时楚国设左司马和右司马，掌军政权。《左传·哀公十八年》记载楚有"右司马"一职。《韩诗外传》卷十记载："楚有士曰申鸣……王召之，遂之朝受命，楚王以为左司马。"此玺文字规整绮丽，有楚文字特征。"马"字的写法，有别于齐国的"马"字。"鉨"字，楚玺中多写作此字，少部分作"鉢"字。根据文字内容推测，这方官玺可能是楚国拥有巴地时所作。（张润平）

15. "世栒行宫大夫鈢"铜玺

战国 楚

高1.4厘米 长2.6厘米 宽2.6厘米

楚国官玺。玺面方形，边栏内阴刻篆书"世栒行宫大夫鈢"三行七字，鼻钮。玺文为凿刻，古文大篆，字体排列自由活泼，错落有致，似无规律，实则有法，不受成法拘束，线条古朴深沉。

"栒"，古邑名，在今陕西旬邑县。"行宫"，可能是楚王设于外地的宫殿。左思《吴都赋》载："乌闻梁岷有陟方之馆，行宫之基

欤。"李善注："天子行所立，名曰行宫。""大夫"，古代官名。早在夏朝就有。《礼记》载："夏后氏官百，天子有三公、九卿、二十七大夫。"周代，周成王制《周礼》，亦设有公、卿、大夫、士等官。西周以后先秦诸侯国中，在国君之下有卿、大夫、士三级。大夫世袭，有封地。战国时期，大夫指有一定官职和爵位的人。不再靠宗亲分封，也不再世袭，多数是由"士"升上来的，故有"士大夫"一词。楚国设有"大夫"官职，是大夫层级的统称，还有"五大夫""上官大夫"等称谓。玺文中的大夫应为楚王设于栒地行宫的官吏。（张润平）

16. "□华府"铜玺

战国 楚

高1米 长2厘米 宽2厘米

战国楚国官玺。玺面方形，边栏内阴刻篆书"□华府"两行四字，坛形鼻钮。玺文为铸造，古文大篆，文字排列次序先左后右，字体奔放圆转，篆法柔丽，突出"府"字，有较强的书法意蕴。

第一字奇古难释。"府"，即府库、府藏，战国时是收藏财物或文书的地方。《说文》云："府，文书藏也。"《淮南子·时则》记载："开府库，出币帛。"战国时期楚国设有大府、行府、造府、高府等各府，都是掌管储备物资的机构。印文中"府"字下部从"贝"，与"府"藏财货之意相合。楚国的"府"玺，传世见有"大府""高府之鉨""行府之鉨"和"六行府之鉨"。"□华府"玺中的"府"字与"大府""行府之鉨"中的"府"字，篆写方法相近，有楚文字特点。此玺可能是楚国收藏物品的府库名称，著录于罗福颐《古玺汇编》。（张润平）

17. "邑重之马"铜玺

战国 楚

高1.2厘米 长1.6厘米 宽1厘米

　　楚国官玺。玺面为长方形，边栏内阴刻篆书"邑重之马"两行四字，坛形鼻钮。玺文为凿刻，古文大篆，线条紧凑，印风古拙。

　　"邑重"，古地名，战国称侯国为邑。《说文》曰："邑，国也。"秦为县的别称。汉除指一般的县外，还包括侯国、太后公主的汤沐邑和在少数民族聚居区设立的道。"马"，武官名，《说文》云："马，武也。""马"谓"司马"，掌军事，是非常重要的军职。古文献记载，氏族部落时代就有司马之官。殷商设置，西周亦设，位列三公，与六卿相当；与司徒、司空、司士、司寇并称五官，掌军政和军赋。春秋战国时期沿设此官。《史记·楚世家》记载："立子比为王，公子子皙为令尹，弃疾为司马。"司马是楚王的重要辅佐。传世楚国地名官玺有"陲之新都"。此玺"马""之"字写法，与楚国写法相同，故此玺应为楚国某城邑司马之官玺，著录于罗福颐《古玺汇编》。（张润平）

18. "匕阳"铜玺

战国 楚

高1.7厘米 长1.5厘米 宽1.5厘米

楚国官玺。玺面方形，阳文篆书"匕阳"二字，坛形鼻钮。此玺为铸造，古文大篆，玺文排列有高有低，错落有致，不拘成法，增强了玺面的活泼和律动感，文字古朴厚重。战国时期铸造阳文玺的底部非常平整。

战国时期钱币平首尖足布有"匕阳"布。

"匕"同"比"，比阳，为古地名，在今河南省泌阳县古城村，春秋属楚，秦属南阳郡，西汉初始在境内置比阳、舞阴（今羊册镇古城寨）二县，均属荆州南阳郡，东汉到西晋县名无改。本馆收藏的西汉"比阳"铁犁，可为其证。战国官玺中单独带有地名者比较少见，对于研究古代地理沿革与变迁有一定历史价值。此玺为战国时期楚国掌管匕阳县吏之官玺，著录于罗福颐《古玺汇编》。（张润平）

19. **"匕堤渠"铜玺**

战国 楚

高1.7厘米 长1.6厘米 宽1.6厘米

楚国官玺，玺面方形，阳文篆书"匕堤渠"两行三字，坛形鼻钮。铸造玺文，古文大篆，三字玺文布局巧妙，根据文字笔画多少、繁简来排列构思，玺面字体整齐，线条洗练，字体圆转劲健。

"匕"同"比"。《汉书·地理志》记

载："南阳郡有比阳县，以处于比水之阳而得名。""比"也作"沘"，是沘河的原名。比阳县治在今河南泌阳县县城古城村，由于县治在沘水之阳，故名。"匕堤渠"为战国时期楚国比阳县掌管沘水之官所用官玺。"匕堤渠"与"匕阳"铜玺形制相近，尺寸大小相当，玺文字体笔画相近，同为楚国比阳县吏之官玺。此玺著录于石志廉《馆藏战国七玺考》。（张润平）

20. "左宫"铜玺

战国 楚

高1.4厘米 长1.5厘米 宽1.5厘米

楚国官玺。玺面方形，阳文篆书"左宫"二字，坛形鼻钮。此玺为铸造，古文大篆，布局平衡对称，字形匀整瘦长，线条圆转自然，篆法平稳，字口空腔较深。

《说文》云："宫，室也。"《尔雅·释宫》载："宫谓之室，室谓之宫。"甲骨文象形字，本义指古代对房屋、居室的通称。《战国策·秦策一》："父母闻之，清宫除道。"秦汉以后才特指帝王之宫。"左宫"，可能为楚国某处宫殿室名称。"宫"字篆写方法与楚官玺"世枸行宫大夫鉨"玺文中的"宫"字方法同，是宫字异体。此玺著录于罗福颐《古玺汇编》、周暹《魏石经室古玺印景》和商承祚《契齐古印存》等。（张润平）

21. "昌飤竤吏"铜玺

战国 楚

高1.5厘米 长1.7厘米 宽1.7厘米

楚国官玺。玺面方形，边栏内阴刻篆书"昌飤竤吏"四字，坛形鼻钮。凿刻玺文，古文大篆，布局匀整，章法自然，线条圆转劲挺，结体紧凑，有楚文字风格。

"昌"，疑为古地名。"飤"同"饲"字，从"食"。"竤"同"长"。"吏"为古代官名，长吏，即吏之长。《说文》："吏，治人者也。""吏"与"事""史"同源，本义为官吏。此玺应为战国时期楚国某地掌管酒食的官吏。此玺著录于罗福颐《古玺汇编》和张修府《碧葭精舍印存》等。（张润平）

22. **"杳鉨"铜玺**
　　战国　楚
　　高2.7厘米　长2.2厘米　宽1.7厘米

　　楚国官玺。玺面椭圆形，边栏内竖刻篆书"杳鉨"两字，柱形钮，钮两侧及顶部有穿孔。凿刻玺文，古文大篆，布局饱满，字形古拙，线条粗硕，篆法流畅精巧。"鉨"字有楚文字之特点，此玺造型别致。

　　"杳"，最早见于甲骨文，上部是"树木"，根部为"日"，表示太阳已经落下去、天色昏暗之意。《说文》云："杳，冥也。"《楚辞·屈原·涉江》载："杳冥冥兮羌昼晦，东风飘兮神灵雨。"宋玉《对楚王问》记载："翱翔于杳冥之上。"此玺或为楚国某邑掌管老年人事务官员所用之玺。此玺著录于罗福颐《古玺汇编》、黄濬《尊古斋古玺集林》和庄新兴、茅子良《中国玺印篆刻全集》。（张润平）

23. "上士"铜玺

战国 楚

高1.5厘米 直径1.4厘米

楚国官玺。玺面呈圆形，圆形栏内竖刻阴文篆书"上士"二字，圆坛形鼻钮。玺文为凿刻，古文大篆，字体工整，线条匀称，篆法粗犷。此玺"上士"两字篆法已接近秦篆，章法质朴自然。

"上士"，爵名，指贤能之士，是周朝官制中士一级爵位的最高一等。周朝有上士、中士、下士等官职，战国时期沿制。《孟子·万章》记载："上士倍中士，中士倍下士，下士与庶人在官者同禄，禄足以代其耕也。"《老子》云："上士闻道，勤而行之；中士闻道，若存若亡。下士闻道，大笑之。"此玺应为楚国上士之官玺。（张润平）

24. "中士"铜玺

战国 楚

高1厘米 长1厘米 宽1厘米

楚国官玺。玺面方形,阳文篆书"中士"二字,坛形鼻钮,玺文为铸刻。篆法整齐,错落有致,字体竖画线条很长,利用线条长短的变化,使阳文线条变得美观,字形显得瘦长,有疏密对比变化。

"中士",爵名,是初级士官中的一个级别称号,低于上士,高于下士。《礼记·王制第五》记载:"诸侯之上大夫卿、下大夫、上士、中士、下士凡五等。""诸侯之下士,视上农夫、禄足以代其耕地。中士倍下士,上士倍中士。"此玺应为楚国中士之官玺。(张润平)

25. **"会平市鈢"铜玺**

战国　燕

高1.2厘米　长3.2厘米　宽3.2厘米

1963年河北省唐山市出土

　　燕国官玺。玺面方形，边栏内阴文篆书"会平市鈢"两行四字，鼻钮。玺文为铸造，字口较深。古文大篆，字体较粗，玺面布局疏朗大气，线条富有装饰性，篆法水平较高。"鈢"字，用反写，从金从尔，战国古玺文字的形体变易十分微妙，虽是同一字，放在不同的古玺内，各见巧思。

　　"会平"，古地名，史书未记载。石志廉考证为今唐山地区，商代为孤竹范围之内，西周为燕侯封地，战国时期属燕国，是燕国的重要都邑之一。唐山在燕国时名"会平"。这方古官玺是研究古代唐山市历史及战国城市发展的重要文物，可补史书记载之缺佚。燕国官玺中用地名较多，如"文安都司徒"和"沟城都丞"等，文安、沟城，均为古地名，战国时都属燕国。燕国官玺用字很有特色，地名字体多有特殊写法。著录于石志廉《馆藏战国七玺考》。（张润平）

26. "右单徒"铜玺

战国 燕

高1厘米 长1.2厘米 宽1.2厘米

燕国官玺。玺面方形,阳文篆书"右单徒"两行三字,坛形鼻钮。玺文铸造,古文大篆,宽边细文,布局匀整,线条纤细,篆法精美。"右"字下部省略"口"字,这种文字部件的省简,在战国时常见。此玺"单"字篆写方法,与燕国官玺"单佑都□鉨""单佑都□王□鉨"中的"单"字篆法相同。

"右",官名,又称"车右""戎右",春秋晋国置,车战中居于主将之右。古人尚右,官位相近而地位稍高者称右。《史记·廉颇蔺相如列传》载:"以相如功大,拜为上卿,位在廉颇之右。"司马贞《索隐》云:"王劭按:董勋《答礼》曰'职高者名录在上,于人为右;职卑者名录在下,于人为左,是以谓下迁为左'。""单",原是一种原始的武器,用一段树桠在两端缚上石块制成。"徒",为步兵、兵卒。古代盛行车战,车上的兵称"甲士",车后跟着步行的兵叫"徒"。据此,此玺应是战国时期燕国负责军事的武官玺。(张润平)

27. "帛生居"铜玺

战国 燕

高1.5厘米 长2.4厘米 宽1厘米

燕国官玺。呈长方形，竖铸阳文篆书"帛生居"三字，坛形鼻钮。玺文为铸造，上下排列，有金文书体之意韵，线条细整纤柔，圆转秀逸，构思巧妙。

"帛"字最早见于甲骨文。《说文》云："帛，缯也。从巾，白声。"故帛的本义指"白色的丝绸"，引申为丝织品的总称。根据考古资料，殷墟遗址中就发现丝帛残迹，还出土有玉雕蚕饰件，说明当时丝织技术就相当发达。丝帛用于书画是在春秋时期，称帛画；写在帛上的诏书，称帛诏；也有"帛书""简帛文字"之称，均为上层贵族使用。《淮南子·原道》载："执玉帛者万国。"《周礼·大宗伯》也载有"孤执皮帛"等。"居"，始见于西周金文，西周文献常见"居"字，表示居处，积储、居积之意，引申处在某个地方或某种地位。此"居"字形与战国古文大篆字体写法相同。此玺或为燕国某地掌管丝织品的官玺。燕国官玺中有竖刻阳文玺，传世烙印较多见。著录于罗福颐《古玺汇编》和黄濬《尊古斋古钵集林》。（张润平）

28. "牢阳司寇"铜玺

战国 韩

高1.6厘米 长1.5厘米 宽1.5厘米

韩国官玺。玺面方形，铸阳文篆书"牢阳司寇"两行四字，坛形鼻钮。玺文为铸造，古文大篆，布局疏密得体，玺面干净，字体整齐俊秀，方圆并济，篆法精细。

"牢阳"，疑为古地名，待考。"寇"字写法特殊，从"伐"，其他地区官玺无此写法。司寇，官名，殷商时代始置，位列三公，与周代六卿相当，与司徒、司空、司士、司马并称五官。司寇掌邦禁，即刑罚。西周时期，周王室和鲁、宋、晋等诸侯国中，都置有司寇之官。春秋时期，各诸侯国也沿设司寇这一官位。战国时期，三晋设刑官为司寇，职位稍低于丞相，主掌一国之刑狱纠察，和春秋时期大司寇职能相近。但在赵国中称其为"邦司寇"。而魏国称刑官为士、理或尉，韩国于县令下亦设司寇。故此玺是韩国牢阳之地掌管刑狱的官玺。（张润平）

29. "韩大夫河"铜玺

战国 韩

高1.6厘米 长1.4厘米 宽1.4厘米

韩国官玺。玺面方形,阳文篆书"韩大夫河"两行四字。坛形鼻钮,玺体敦厚,玺背有坡面台阶。玺面边栏较宽,玺文为铸造,细阳文,古文大篆,字体篆法整齐,线条细劲挺拔,可见文字之间相互挪让穿插之妙趣,意境深邃。字口空腔较深。充分体现出韩国官玺之审美风尚。

"大夫",古代官名,爵位在公卿与士之间。传世韩国官玺中有"武队大夫"玺,现存故宫博物院。此玺可能是韩国管理河渠水官的官玺。(张润平)

30. **"武城恧呈"铜玺**

战国 赵

高1.1厘米 长2.5厘米 宽2.3厘米

传河北省易县燕下都出土

赵国官玺。玺面长方形，阳线田字格内铸阳文篆书"武城恧呈"四字，盘螭钮，钮形别致。玺文连同玺体一同铸造。古文大篆，每一个字都在田字格内，文字古拙，章法严谨。

"武城"，古地名，又名东武城，在今山东武城西北，赵孝成王封平原君于此。武城历史悠久，明嘉靖《武城县志》载："武城，禹贡冀州之城。春秋为晋东鄙地。晋因备齐始城焉。"并记载："战国武城为东郡要县，实古赵地，平广旷阔，四无山阜，东毗强齐，岁饰武备，邑之得

名，盖本于此。"武城在春秋时属晋国，战国时属赵国。晋、赵为防御强齐入侵，于此筑城，武城之名由此而得。"恧"应读为"置"，恧、置二字皆从直得声，故可通假，为古代传递文书的驿站。《韩非子·难势》载："五十里而一置。"《孟子·公孙丑上》载："德之流行，速于置邮而传命。"《史记·孝文本纪》载："太仆见马遗财足，余皆以给传置"。置就是传，故恧也是传。"呈"可读为驲"，古代驿站专用的车。《说文》：驲，传也。"《左传·襄公二十一年》载："乘驲而见宣子"。《吕氏春秋·士节》载："乘驲而自追晏子"。"武城恧呈"即"武城置驲"。故此玺为赵国武城邑传驲官吏之玺。类似这种战国玺还有"文安都遽呈"等。著录于石志廉《馆藏战国七玺考》。（张润平）

31. "安阳水鉨"铜玺

战国 魏

高1.6厘米 长3.7厘米 宽3.5厘米

魏国官玺。玺面方形，边栏内阴刻篆书"安阳水鉨"两行四字。鼻钮。古文大篆，字口较浅，篆法整齐古拙，线条粗犷匀称，文字厚重，字体安排巧妙，章法自然，风格高古。"安"字的篆写风格与魏国相同。"易"即"阳"字。"鉨"字，字形古拙，其他国家少用，用反写，体现出战国古玺文字的形体变易，同一字放在不同的古玺内，各见巧思。

战国时期称"安阳"城邑的有四个国家，魏、齐、赵、燕等国都置"安阳"邑。赵、燕两国都铸有"安阳"方足布，齐国铸有"安阳之法化"刀币，均为当时货币铸造地。"安阳"古地名。据史书记载，春秋时期安阳先属卫国，后属晋国。战国时期，安阳先属魏国，后属赵国。"安阳"一名始于战国。《史记·赵世家》载：赵惠文王二十四年（前275年）"廉颇攻魏房子，因城而还，又攻安阳，取之"。另《史记·秦本纪》载：秦昭襄王五十年（前275年）"龁攻邯郸，不拔，去……攻汾城，即从唐拔宁新中，宁新中更名安阳。""宁新中"，古地名，在今河南省安阳市。《括地志》云："宁新中，七国时魏邑，秦昭襄王拔魏宁新中，更名安阳城，即今相州外城是也。"漳河流经旧安阳县境内，此玺应为魏国掌管安阳城邑水官的官玺。此玺与三晋县邑小型官玺风格迥异，有较高的历史和艺术价值。（张润平）

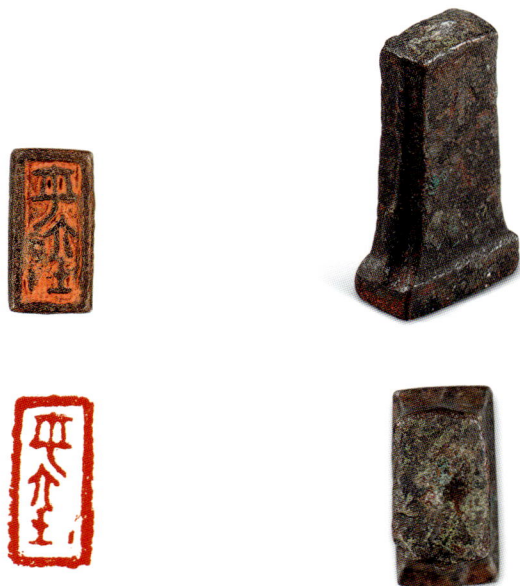

32. "平陆"铜玺

战国 魏

高4.3厘米 长2.3厘米 宽1.1厘米

魏国官玺。玺面呈长方形，铸阳文篆书"平陆"二字，长柄钮。玺文为铸造，古文大篆，"陆"字有部分笔画脱落，阳文线条深沉古朴，篆法匀整。

古文献记载"平陆"有二，一为战国齐地，故城在今山东汶上县北。二为战国魏地，故城在今山西运城平陆县。魏地平陆县，周初虞国，周武王封虞仲为虞国；春秋时为晋之大阳邑，以在大河之阳，故名；战国时属魏；秦代为河东郡地。《汉书·地理志》载：汉代有平陆县，属西河郡，故城在今山西省运城市平陆县东北十五里。新莽时改名勤田，东汉复旧。据此印形制及文字，应为战国三晋魏国平陆之地的官署用玺，是山西之平陆。文献缺乏对战国时期山西平陆的记载，此玺正可弥补文献记载之缺佚，充实了历史地理学的内容。此玺著录于石志廉《馆藏战国七玺考》。（张润平）

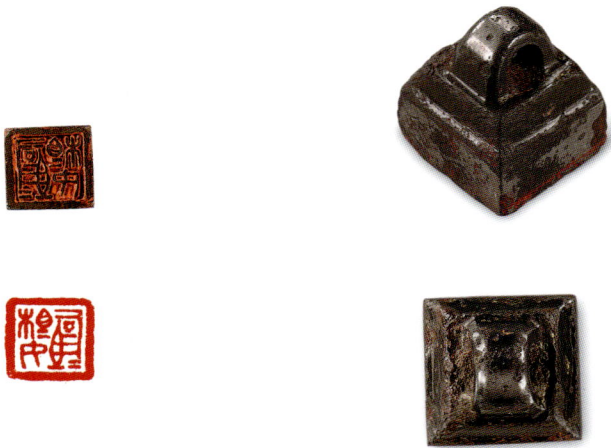

33. "司马相女"铜玺

战国

高1.5厘米 长1.2厘米 宽1.2厘米

私玺。玺面方形,阳文篆书"司马相女"四字,坛形鼻钮。边栏较宽,细阳文,玺文为铸造,古文大篆,布局紧凑,阳文线条细劲,"司马"二字姓氏笔画连为一体,好似一字,体现出战国时期私玺多变的形式,呈现出美妙的艺术效果。

司马为复姓,属于以官职称谓为氏,源于官职。上古时有重黎,为司掌天地之官,唐尧曾抚育重黎之后程伯休父,周宣王时期,官至司马,执掌国家军队,辅佐国政,权势大,后来程伯休父立大功,周宣王允许他以官职为姓,称司马氏。春秋时期宋国、楚国、晋国等都有司马职官,遂以司马为姓。在程伯休父的后裔子孙中,一部分以官为氏称司马氏,一部分以国为氏称程氏。该支司马氏与程氏是同宗同源。此玺中的"马"字篆法,与楚国、齐国不同,与三晋官玺中魏国"马"字篆写方法相同,故此玺应为三晋魏国私玺。(张润平)

34. "公父庆忌"铜玺

战国

高0.8厘米 长0.9厘米 宽0.9厘米

私玺。玺面方形，边栏内阴文篆书"公父庆忌"三行四字，坛形鼻钮。古文大篆，文字篆法精致，笔画纤细，布局紧凑，线条柔美。"公父"竖刻，占玺面三分之一，"庆忌"字体笔画较繁，占玺面三分之二。排列规整，体现出战国阴文私玺制作水平。

公父为复姓，源自姬姓，鲁季悼子之子靖（前535–前480年），字公父，又字公父文伯，其子孙以"公父"为氏。庆忌，春秋时吴王僚的儿子，自幼习武，勇猛无畏，武功高强。战国阴文玺或铸或凿，带阴文边栏。私玺玺面构图无固定模式，有的对称平衡，有的参差错落，但整体布局和谐，古朴自然。此玺面边长不到1厘米，在其上刻四字，功力深厚。此玺疑为秦公父或庆忌后人之私玺，似为楚国私玺。（张润平）

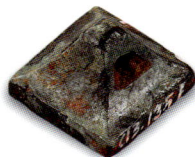

35. "成公相女" 铜玺

战国

高1厘米　长1.3厘米　宽1.3厘米

私玺。玺面方形，阳文篆书"成公相女"两行四字，坛形鼻钮。铸造玺文，古文大篆，字形古朴，章法精致，线条纤细。"相"字反写，这种文字偏旁倒置移动或省简，在战国时是十分随意和常见。战国时期朱文玺皆为铸造。

成公为复姓，出于姬姓，卫成公之后。

卫成公（？－前600年），姬姓，卫氏，名郑，卫文公之子，继位前称公子郑，春秋时期卫国第二十一任国君。郑樵《通志·氏族略·以谥为氏》记载："成公氏，卫成公之后，以谥为氏。""相"和"女"，为氏名，来源有二，其一是商代商汤时，有两名贤臣，一位是女鸠，一位是女房。他们的后代有的就用"女"字作为自己的姓氏。其二是用封地之名"女"作为自己的姓氏。（张润平）

36. "司马衮"铜玺

战国

高1厘米　长1.3厘米　宽1.3厘米

私玺。玺面方形，阳文篆书"司马衮"两行三字，坛形鼻钮。玺文为铸造，古文大篆，字形饱满，细阳文，笔致圆转方折，篆法娴熟。"司马"竖刻占玺面之半，"衮"笔画繁，占玺面另一半，这种布局法在战国复姓玺中多见。"司马"二字相互挪让穿插，融为一体，章法自然，不拘成法，打破了一般的排列规律，显现私人定制之妙趣。

司马为复姓，属于以官职称谓为氏。郑樵《通志·氏族略·以官为氏》云："重黎之后，唐、虞、夏、商代掌天地。周宣王时，裔孙程伯休父为司马，克平徐方，赐以官族，为司马氏。其后世或在卫，或在赵，或在秦。""司马"作为官职，殷商时始置，位列三公，与六卿相当，与司徒、司空、司士、司寇并称五官，春秋、战国沿置。此玺中的"马"字写法，与三晋官玺中魏国"马"字相同，此玺应为三晋魏国私玺。

（张润平）

37. "公孙□"铜玺

战国

高1.1厘米 长1.2厘米 宽1.2厘米

私玺。玺面方形，阳文篆书"公孙□"两行三字，坛形鼻钮。玺文为铸造，古文大篆，布局匀满，疏密相间，三字安排合乎审美需求，采用方折笔致，线条劲健，似为燕国私玺。玺文第三字奇古难释。

公孙为复姓，是古老的姓氏之一。源于身份，出自周代各诸侯国王族后裔，以贵胄身份称谓为氏。郑樵《通志·氏族略·以爵为氏》云：

"春秋时，诸侯之孙亦以为氏者曰公孙氏，皆贵者之称；或言黄帝姓公孙，因亦以为氏。"春秋时期，各国诸侯多有被称为"公"者。按《周礼》，国君一般由嫡长子继位，继位前称太子，其他儿子称公子，公子的儿子称公孙。这些公孙的后裔子孙中，有许多人便以身份称谓"公孙"为姓氏者，称公孙氏。又有出于姬姓说，传黄帝姬轩辕的后裔有公孙氏。轩辕帝初名公孙，后改姬，其后世子孙，有部分姓公孙，称公孙氏。著录于罗福颐《古玺汇编》和黄濬《尊古斋印存》。（张润平）

38. **"鲜于訔"铜玺**

战国

高1.4厘米 长1.3厘米 宽1.3厘米

私玺。玺面方形，阳文篆书"鲜于訔"两行三字，坛形鼻钮。铸造玺文，古文大篆，宽边文细，别具风采。"鲜于"二字竖排，融为一体，文字安排自然天成，章法自然，采用圆转的笔意，线条秀美。

鲜于为复姓，是古老的姓氏之一。出自殷商王族后裔箕子支子仲。子姓，属于以国名、封邑名合并为氏。郑樵《通志·氏族略》记载："鲜于氏，子姓，鲜音仙，商后。周武王封箕子于朝鲜，支子仲食采于于，子孙以鲜于为氏。"《太原鲜于氏世谱》记载：商朝末年商纣王的叔叔箕子，名叫子胥余，封于箕（今山西省太谷县），官为太师。多次进谏纣王，商纣王听不进劝谏，后将箕子囚禁。周武王灭商后，箕子劝谏武王行仁政，但不肯为臣。后箕子出走辽东，建立了朝鲜国，史称"箕子朝鲜"。箕子朝鲜从箕子开始，直到公元前一世纪才消亡。朝鲜史籍《朝鲜鲜于氏奇氏谱牒》记载；"武王克殷，箕子耻臣周，走之朝鲜，殷民从之者五千人。"传箕子的子孙支子仲封地在于邑，就合国名与邑名，自称鲜于氏。此外，在箕子之子箕山、箕殷的后裔子孙中也有称鲜于氏者。（张润平）

91

39. "陈敔之"铜玺

战国

高1.2厘米 长1.4厘米 宽1.4厘米

私玺。玺面方形，阳文篆书"陈敔之"两行三字，坛形鼻钮。边栏较宽，细阳文，铸造玺文，古文大篆，布局匀齐紧凑，笔画方折俊朗，线条细劲平直，篆法精细美观。"陈"字占玺面一半，字形舒展；"敔之"二字竖行，占玺面另一半，使玺面产生上密下疏之艺术效果，有较高的书法水平。这种布局法在战国三字私玺中多见。

陈氏，郑樵《通志·氏族略·以国为氏》记载：周武王灭商，建立周朝以后，找到舜的后人"陈胡公妫满"，封其在陈（今河南淮阳），建立"陈国"。胡公满传至十世孙妫完，陈国内乱，陈厉公的儿子妫完出逃到齐国，以故国为氏，称陈氏。陈国在妫满死后，其子孙有以国为氏，即陈氏。（张润平）

40. **"陈不御"铜玺**

战国

高1.3厘米　长1.3厘米　宽1.3厘米

私玺。玺面方形，阳文篆书"陈不御"两行三字，坛形鼻钮。边栏较宽，铸造玺文，文较细，古文大篆，布局匀整协调，篆法精妙，线条细致沉稳，挺拔规整，笔画富有装饰性，增添了书法艺术感染力。"陈"字撰写方法与"陈戠之"中的"陈"字篆法相同，为三晋特有的写法。陈氏，《广韵·真韵》记载："陈，姓，胡公满之后，子孙以国为氏。"包山楚简中有陈旦、陈吉等陈氏人名三十多个。

战国时期阳文玺多数连同玺文一同铸造，此玺应为三晋私玺代表作。青铜玺呈"水银古"色，质地光润，表面呈银白色，是一种青铜器的自然"包浆"现象，因青铜中含锡量较高，含铜量低，耐蚀力较强。此玺为三晋私玺中佳作，著录于罗福颐《古玺汇编》和张修府《碧葭精舍印存》等。（张润平）

41. "采河□"铜玺

战国

高1.5厘米　长1.4厘米　宽1.4厘米

私玺。玺面方形，阳文篆书"采河□"两行三字，坛形鼻钮。铸造玺文，古文大篆，边栏粗阔。玺面布局整齐，三字安排巧妙，线条遒劲洒脱，篆法流畅自然，线条细劲古朴。玺文第三字，虽奇古难释，但仍能欣赏领略其错落自然的线条组合。战国私玺在字体选用、字形结构上，均比官玺更加灵活多样，章法布局参差错落，疏密结合，俯仰欹斜，灵动之气充满玺面，更具艺术性。战国时期阳文玺有鲜明的时代特征。

采氏，源自姬姓，出自黄帝之己姓之子夷鼓的封地，属于以封邑名称为氏。郑樵《通志·氏族略·以邑为氏》云："黄帝封其子于右北平采亭，因氏焉。"《元和姓纂》和《姓考》中均有记载。另说出自春秋时期戴国君主戴公之后裔，属于以封邑名称为氏。根据此玺形制及文字篆刻技法，应为三晋私玺。著录于罗福颐《古玺汇编》。（张润平）

42. "秦狼"玉玺

战国
高1.5厘米 长1.7厘米 宽1.7厘米
1957年河南省陕县后川上村岭出土

楚国私玺。玺面方形，边栏内阴刻篆书"秦狼"二字，坛形鼻钮。玉质白润，有绺裂沁色。文字阴刻，古文大篆，线条苍劲古朴。劲挺深邃，字体与金文相类，竖线底部见锋。

战国时期，无论官玺还是私玺，材质主要是青铜、玉石、象牙等。青铜玺是最为主要和常见的玺印材质，象牙玺、玉玺则少见。因玉石硬度高，刻法不同于青铜玺，一般采用铁工具、铁砣具治玉。河南省陕县后川上村岭墓还出土了一批春秋晚期到战国早期精美的玉器，如龙纹璜、龙纹玦等，反映出墓主权位较高，墓主可能是此玉玺的持有者。此玺玉质白润，为战国时期精品。

秦氏，郑樵《通志·氏族略·以国为氏》云："秦氏，嬴姓，少皞之后也。以皋陶为始祖。……太史公曰：'秦之先为嬴姓，其后分封以国为姓。'……言秦者又有三，秦国之后以国为氏，其有出于鲁者以邑为氏，盖鲁有秦邑故也；出于楚者，未知以邑以字与？然此三秦者，所出既殊，皆非同姓。"（张润平）

43. "阳戏"铜玺

战国

高1.4厘米 长1.1厘米 宽1.1厘米

私玺。玺面方形,阳文篆书"阳戏"二字,坛形鼻钮。铸造玺文,古文大篆,边宽文细,形制小巧,笔画劲健,字形瘦长优美。

战国青铜古玺,玺文有铸造,也有凿刻。玺坯的铸造有两种方法,一种是拨蜡法,即先作蜡模,在蜡模外敷以泥土作范,烤干泥土,并使蜡模融化,然后浇入铜汁,古代多采取此法;还有玺坯及玺文连同浇铸的。另一种是翻砂法,则与今天的铸造类似。

阳氏,出自姬姓,源于东周时期,以国为氏。郑樵《通志·氏族略·以国为氏》云:"阳氏,其国近齐,闵二年,齐人迁之,子孙以国为氏"。据《姓考》记载,周代有附庸方国、阳国。阳国,位于今山东省青州市东南,其地与齐国接壤。东周惠王时,阳国被齐国所灭,齐人迁入其都,原阳国君主的后世子孙就以国名为氏,遂成阳氏。此玺著录于罗福颐《古玺汇编》。(张润平)

44. "韩饮"铜玺

战国

高1.4厘米 长1.4厘米 宽1.4厘米

私玺。玺面方形,阳文篆书"韩饮"二字,坛形鼻钮。有边栏,铸造玺文,古文大篆,细朱文,采用圆转的笔意,线条整齐柔丽,字形瘦长,线条机巧灵动,显现书法之美。

人们习惯将阴文通称为"白文",阳文通称为"朱文",所谓朱文、白文是玺印蘸红印泥钤于纸上出现的"朱"与"白"。战国、秦汉时期,是将玺印钤于封泥上,阴文玺钤于封泥上则呈现为阳文,阳文玺钤于封泥上则呈现为阴文。

韩氏,出于姬姓,属于以国为氏。郑樵《通志·氏族略·以国为氏》记载:"姬姓之别族,出晋穆侯之少子曲沃成师,是为桓叔,生万,是为武子,食采韩源。……武子生厥,是为献子。……献子在一卿之位,从其始封,遂为韩氏。"(张润平)

45. **"戠郹"铜玺**

战国

高1.3厘米　长1.3厘米　宽1.3厘米

　　三晋私玺。玺面方形,阳文篆书"戠郹"二字,坛形鼻钮。此玺连同玺文一同铸造。方形边栏较齐。

　　有学者将"戠"字识为"文是",读做"文氏"。文姓最早出自姬姓,是以谥号为姓氏。文氏,郑樵《通志·氏族略·以谥为氏》记载:"姬姓。《风俗通》云:'周文王之孙,以谥为氏。'"周朝建立后,武王追谥父亲西伯为周文王,其后人有以此谥号为氏者,称文氏。尊周文王为得姓始祖。(张润平)

46. "郾□"铜玺

战国

高1.4厘米 长1.3厘米 宽1.3厘米

三晋私玺。玺面方形,阳文篆书"郾□"二字,坛形鼻钮。粗边栏,细阳文,铸造玺文,古文大篆。布局饱满,字体笔画较多,线条细致规整,充满了古意。"郾"字篆写法与"忠郾"中的"郾"字篆写方法同。玺文第二字,奇古难识。

"郾"同"匽""燕"。"郾",作古县名,古郾子国地,战国时属魏,秦置郾县,故城在今河南省郾城县南。燕,周代诸侯国名,本作"匽""郾",姬姓,周召公之后,世称北燕,辖今河北和辽宁部分地区,建都蓟(今北京)。战国时为七雄之一,为秦灭,子孙以国为氏,称燕氏、郾氏。今易州出土燕古兵器,皆有铭文,书国名皆作"郾"。此玺文"郾□",即以郾为氏。郾氏,《姓氏考略》注云:《古今姓氏书辩证》:皋陶之后。本偃氏,去"人"为"匽"。后汉孝桓帝母匽氏,名明。此玺著录于罗福颐《古玺汇编》和黄濬《衡斋藏印》等。(张润平)

47. **"张遂"铜玺**

战国

高1厘米　长1.6厘米　宽1.6厘米

　　燕国私玺。玺面方形，阳文篆书"张遂"二字，鼻钮。玺文为铸造，古文大篆，布局疏阔匀整，线条端正细致，采用圆转的笔意，尖端见锋，篆法精细。古代"镸"字同"张"，"镸"字下部竖笔画曲柔，没有赘点，根据文字篆写特征，与燕国文字篆法相近，为燕私玺代表作。

　　张氏，据《新唐书·宰相世系表》载："黄帝少昊青阳氏第五子挥为弓正，始制弓矢，子孙赐姓张氏。"出自黄帝姬姓的后代。郑樵《通志·氏族略·以字为氏》云："张氏，世仕晋，晋分为三，又世仕韩。此即晋之公族，以字为氏者。谱家谓黄帝子少昊青阳氏第五子挥为弓正，观弧星始制弓矢，主祀弧星，赐姓张氏。"此玺形制及文字皆具燕系风格。鼻钮多见于战国玺，其基本形式是玺背有一弧形小环可穿带。到秦朝无论私印和官印，皆用鼻钮，到汉代鼻钮成为中下级官吏的钮式。此玺著录于罗福颐《古玺汇编》。（张润平）

48. "张𨱏"铜玺

战国

高1厘米 长1.2厘米 宽1.2厘米

私玺。玺面方形，阳文篆书"张𨱏"二字，坛形鼻钮。玺文为铸造，边框较粗。古文大篆，边宽文细，玺面布局匀称疏阔，采用方折的笔意，折中带圆，线条古朴纤细，挺拔有力，篆法精细。"𨱏"同"张"，"𨱏"字下部竖笔画直劲不曲柔，为晋系文字风格。

"镸"字，源于甲骨文字，到战国发展为古文大篆。《说文》云："镸，久远也。从兀，从匕。凡镸之属皆从镸。" 郑樵《通志·氏族略·以字为氏》云："按晋有谢张，字张侯，自此晋国始有张氏，则因张侯之字以命氏，可无疑也。赵有张谈，韩有张开地，赵、韩分裔也。汉有张耳、张释之。"（张润平）

49. **"泜柁"铜玺**

战国

高1.2厘米　长1.2厘米　宽1.2厘米

私玺。玺面方形，阳文篆书"泜柁"二字，坛形鼻钮。玺边框较细，玺文连同玺体一同铸造，字口空腔较深，古文大篆，布局匀称，采用圆转的笔致，线条整齐流畅，古意盎然，篆法活泼自然，颇具动感。此玺东北角和西南角留白较多，使字体排列有疏密对比之趣。

此玺著录于陈介祺《陈簠斋手拓古印集》、罗福颐《古玺汇编》和高文翰《印邮》等。（张润平）

50. **"邦身"铜玺**
　　战国
　　高1.1厘米　长1.2厘米　宽1.2厘米

　　私玺。玺面方形，阳文篆书"邦身"二字，坛形鼻钮。玺文连同玺体一同铸造，空腔较深，古文大篆。笔画圆中带折，动静结合，线条饱满，挺拔坚劲。此玺布局巧妙，下部留的空间比较多，字体排列有疏密对比。

　　"邦"字，最早见于甲骨文，《说文》云："邦，国也。从邑，丰声。"邦氏，出于子姓，源自殷商时期的上大夫邦伯，属于以官职称谓为氏。《尚书·盘庚》记载："邦伯师长。"邦伯，就是中央政府派遣至地方的行政官员。另有出于姬姓说，源自春秋晚期鲁国孔子的弟子邦巽，属于以先祖名字为氏。（张润平）

51. "鄗阺"铜玺

战国

高1厘米　长1.2厘米　宽1.2厘米

　　三晋私玺。玺面方形，阳文篆书"鄗阺"二字，坛形鼻钮。玺文连同玺体一同铸造，古文大篆。篆法古朴，阳文线条细如毫发，竖笔画较长，形成上密下疏的艺术效果，线条笔意较强，横竖曲直非常苟严，字口较深，布局匀整。

　　战国三晋阳文玺，文字笔画细若游丝，蚊脚，但非常坚挺，俗称"棉里针"，其铸工之精妙，反映出这一时期青铜冶铸工艺已达到精湛的水平，是战国私玺标准器。夏商周时期，青铜冶铸技术已经发展到相当的高度，不仅能铸造巨型青铜器，如司母戊鼎等，而且能铸造繁缛精致的花纹和复杂的造型，如四羊方尊等。到战国时期，各国青铜玺的铸制已相当成熟和完备。（张润平）

52. "王餕"铜玺

战国

高1.2厘米 长1.2厘米 宽1.2厘米

齐国私玺。玺面方形，阳文篆书"王餕"二字。坛形鼻钮，钮上有圆环。玺文连同玺体一同铸造，古文大篆，宽边框细阳文，字口空腔较深。"王"字书体颀长，横平竖直，结体匀称，竖笔画不出头，上边两横画距离较小，而下边两横画距离较远，一般为齐系写法。"餕"字阳文线条细劲，铸刻精美，布局协调工整，为战国齐私玺中精品。

王氏，古老的姓氏之一。郑樵《通志·氏族略·以爵为氏》云："王氏，天子之裔也。所出不一，有姬姓之王，有妫姓之王，有子姓之王，有虏姓之王。"战国时期各地区均有王氏。齐私玺线条一般瘦劲挺拔，线条浑厚，边栏宽，玺面疏朗。笔画装饰性强，一般根据文字笔画的繁简，进行巧妙的构思和排列，或平直，或圆转。每一方私玺都有其美妙之处。（张润平）

53. "家祼"铜玺

战国

高1.4厘米　长1.1厘米　宽1.1厘米

三晋私玺。玺面方形，阳文篆书"家祼"二字，坛形鼻钮。文字连同玺体一同铸造，边框较宽，古文大篆，玺面布局紧凑严整，阳文线条纤细柔媚，细如游丝，字体笔画有直线、有斜线，斜者动，直者静，动静结合，相得益彰，使线条具有律动性。边框较粗，充分体现出战国时期三晋古玺铸造水平，为战国私玺代表作。

家氏，出于姬姓，属于以祖字为氏。周孝王之子称家父，姬家父的《节南山》一诗被载入《诗经》而千古流传。其后裔子孙中有以先祖名字为姓氏者，称家氏，世代相传至今。又据《姓氏考略》记载，春秋时鲁庄公之孙名驹，字子家，其后世子孙遂取祖字为姓，称家氏。（张润平）

54. "成饮"铜玺

战国

高1.3厘米　长1.3厘米　宽1.3厘米

三晋私玺。玺面方形，阳文篆书"成饮"二字，坛形鼻钮。边框较宽，文字连同玺体一起铸成。古文大篆，细阳文，字体瘦长，采用圆中带折的笔致，线条丰富端丽，内敛凝神。玺面布局疏朗，空间匀整，气息通透，文字布局技巧十分高超。

"成"同"郕"。郕氏，郑樵《通志·氏族略·以国为氏》云："郕氏，亦作成，伯爵，文王第五子郕叔武之所封，或言武王封季载于此，其地在今濮州雷泽北三十里郕国故城是也。其后以国为氏，或去邑为成氏。"（张润平）

55. **"尹𧮫"铜玺**

战国

高1.1厘米　长1.2厘米　宽1.2厘米

三晋私玺。玺面方形，阳文篆书"尹𧮫"
二字，坛形鼻钮。边栏较宽，细文铸造，古文大
篆，布局平衡匀整，笔画方折劲健，线条细若发
丝，篆法端严平正，书法水平高超，铸刻精美，

为战国晋系私玺之佳作。

尹氏，郑樵《通志·氏族略·以邑为氏》记
载："少昊之子封于尹城，因以为氏。子孙世
为周卿士，食采于尹。""尹"，古时官名，
如尹京、尹祭。作为官名，《论语·公冶长》
记载："令尹子文，三仕为令尹，无喜色。"
（张润平）

56. **"薯疠"铜玺**
战国
高1厘米 长1.3厘米 宽1.3厘米

三晋私玺。玺面方形,阳文篆书"薯疠"二字,鼻钮。边栏匀整,铸造玺文,古文大篆,细阳文,布局平衡对称,字体各占玺面一半,线条瘦劲匀整,篆法整齐精细,采用圆中带折的笔意,线条柔媚端丽,反映出较高的书法水平。

这类三晋阳文私玺,尺寸一般在一至一点七厘米左右见方,印文多为铸造,宽边细阳文,有些文字奇古难释,至今没有释文,但我们却能领略其总体风貌,欣赏其美妙的线条组合,错落自然的字体和私玺多变的形式。此玺为战国晋系私玺精细之作。著录于罗福颐《古玺汇编》和张修府《碧葭精舍印存》等。(张润平)

57. "高瘦"铜玺

战国

高1.1厘米　长1.2厘米　宽1.2厘米

私玺。玺面方形，玺面阳文篆书"高瘦"二字，鼻钮。边栏较宽，细文铸造。古文大篆，布局饱满，笔画劲健，章法沉稳，字体排列整齐，线条秀美，采用方折的笔致，竖道笔画又长又直，故字形显得瘦长挺拔，篆法缜密。

高氏，源出于齐国，属于以名为氏。郑樵《通志·氏族略·以名为氏》记载："姜姓。齐太公六代孙文公之子公子高之孙俣，以王父名为氏，又有惠公之子公子祁字子高之后，亦为高氏。"此玺著录于罗福颐《古玺汇编》和刘鹗《铁云藏印》等。（张润平）

58. "番力"铜玺

战国

高1.5厘米 长1.4厘米 宽1.4厘米

三晋私玺。玺面方形，阳文篆书"番力"二字，坛形鼻钮。此玺连同玺文一同铸成。古文大篆，粗边框，细阳文。玺文布局疏阔，留白较多，使得整个玺面显得气息通透。"力"字采用方折、多折的笔意，线条细腻有力；"番"字则采用圆转的笔意，二者搭配和谐，富有动感，打破了呆板僵直的感觉，篆法活泼自然。字口空腔较深。阳文线条劲健。

番氏，番读作bō，魏晋以后读为pān，现今这两种读音并存。番氏来源于姬姓，出自远古时期黄帝后裔番族部落，属于以部落名称为氏。另出自春秋时期吴国君主后代吴芮的封地，属于以封邑名称为氏。此玺著录于罗福颐《古玺汇编》和王光烈《昔则庐古玺印存》等。（张润平）

59. "畋遏"铜玺

战国

高1.5厘米 长1.5厘米 宽1.5厘米

　　私玺。玺面方形，横"日"字形边栏内阴刻篆书"畋遏"二字，坛形鼻钮。古文大篆，布局平衡匀整，线条遒劲工整，字形瘦长。"畋"字用反写，这种文字偏旁的倒置移动或省简，在战国时是十分随意的，使得印文在和谐统一中见奇趣。

　　畋氏，郑樵《通志·氏族略·以国为氏》云："田氏，即陈氏。陈厉公子完字敬仲，陈宣公杀其太子御寇，敬仲惧祸避齐，遂匿其氏为田，田、陈音近故也。""畋"古时官名，楚国官玺中有"畋鉌"，畋官应为执掌田猎的官员。曾侯乙墓竹简中有"畋尹"一职，其官职应与"畋"相近。战国晚期，玺面开始出现"日"字形、"田"字形界格，有阴文和阳文两种。此玺文字为古文大篆，不是秦小篆，故将此玺定为战国晚期，似为楚国私玺。（张润平）

60. "杨攀"铜玺

战国

高1.1厘米 长1.9厘米 宽1.1厘米

私玺。玺呈长方形，玺面中上部有一阴刻横线，边栏四周阳线呈凸起状，形似"日"字，其上竖行阴刻篆书"杨攀"二字，坛形鼻钮。凿刻玺文，古文大篆，玺面布局饱满，章法随笔画的繁简来安排，"杨"字已经近似秦小篆书体，笔画少，占地少；"攀"字笔画较多，占玺面多一半，采用方折的笔致，线条苍劲古朴，篆法娴熟

坚劲。此玺为战国晚期到秦早期姓名玺。

杨氏，郑樵《通志·氏族略·以官为氏》记载："姬姓。周宣王子尚父，幽王时封为杨侯，为晋所灭，其后为氏焉。"此玺刻凿技术水平高超。战国阴文玺制法有铸也有凿，凿玺前先要铸成玺坯，将铸好的玺坯待用，用时由专门书写的文人摹文于上，然后交由制玺的工匠去刻凿，即使私玺，也不是由玺者自己刻制完成的，而由专门作坊制作，因此这一时期的铜玺有一系列的制造程序。（张润平）

61. "晋"铜玺

战国

高1厘米 直径1.5厘米

私玺。呈圆坛形，玺面阳线圆形边框内阳文篆书"晋"字，坛形鼻钮。铸造玺文，圆形边栏，古文大篆，字形上部像两个倒写的"只"字，像人的双目，体现出书法创作之美，表现出古人不拘成法。

此玺称为"一字玺"。"晋"字殷商时已有，见于甲骨文，有学者认为它的古字形像两支箭放在匣、函中，或两只箭射中靶心。"晋"，意为前进、向上，故有"晋级""觐见"之意。或为吉语玺。玺面仅刻一字，并不加姓名官职，罗福颐在《古玺印概论》中将其列为私玺。此玺著录于罗福颐《古玺汇编》和王光烈《昔则庐古玺印存》等。（张润平）

62. **"惁"铜玺**
战国
高1.3厘米 长1.1厘米 宽1.1厘米

箴言玺。玺面方形，阳文篆书"惁"字，坛形鼻钮。玺文为铸造，古文大篆，字形古朴，篆法整齐。

"惁"为"敬"意，古同"哲""折"。《说文》云："惁，敬也，从心折声。"惁事，

亦即"敬事"，此外还有"惁命""惁官""惁之""惁言""惁上""惁行"等。《说文》云："哲，知也。"古智、知通用。形声字，是金文"惁"的形体，上部为"折"，表音；下部为"心"。古人没有大脑的概念，以心为思维器官，并作为思想、意念、感情的统称，心则表示人的主观意识，有智慧之意。此玺著录于罗福颐《古玺汇编》和王光烈《西则庐古玺印存》等。（张润平）

63. **"羔"铜玺**

战国

高1.2厘米　长1.1厘米　宽1.1厘米

1966年内蒙古和林南天门农场出土

私玺。玺面方形，边栏内阳文篆书"羔"字，坡形鼻钮。玺文与玺体一同铸造，空腔较深。古文大篆，玺面布局疏阔，字体铸刻美观，笔画平衡对称，线条方折匀整，篆法精妙，充满了书法艺术气息，极具中和之美感。

《说文》云："羔，羊子也。"《公羊传》记载："羔，取其执之不鸣，杀之不好，乳必跪而受之，类死义知礼者也。"此玺出土于内蒙古和林南天门农场，疑是草原马背民族管羔放牧之人所用。（张润平）

64. "万千" 铜玺

战国

高1.3厘米　长1.3厘米　宽1.3厘米

吉语玺。玺面方形，边栏内阳文篆书"万千"两字，边侧镂空成矩形，坛形鼻钮。玺文为铸造，古文大篆，布局疏阔整齐，笔意圆转，体现书法之美。

"万千"，表示事物显现的多方面。吉语玺多是关于健康长寿、财富和仕途以及人们对生的渴望和幸福的理解。战国吉语玺有很多关于健康长寿的，如长生、千岁等；还有关于财富和仕途的，如"宜官""长官""宜有金""日入千万"等。此玺为后者，关于财富。这些吉语多不见于经典，可能是当时民间的语言。此玺著录于罗福颐《古玺汇编》和陈紫蓬《燕陶馆藏印》等。（张润平）

65. "千金牛"铜玺

战国

高1.3厘米　长1.2厘米　宽1.2厘米

吉语玺。玺面方形，边框内阳文篆书"千金牛"三字，坛形鼻钮。玺文为铸造，古文大篆，玺文布局错落有致，上、下部留白较多，有疏密对比变化，书风秀美。

战国时期吉语玺一般不是某人自己私刻，而是作为一种商品在市场上流通买卖，由专门制作私玺吉语玺的部门和人员专门负责，其用途是供人们佩带赏玩，一般系于腰带上，以求吉祥、吉利、祥瑞和辟邪。此玺著录于罗福颐《古玺汇编》和王光烈《昔则庐古玺印存》等。（张润平）

66. **"敬上尔"铜玺**

战国

高1.1厘米　长1.3厘米　宽1.2厘米

吉语玺。玺体呈倒写的"品"字，亭钮。玺文为铸造，古文大篆，玺面分别呈圆形、正方形和三角形，在圆、方、三角形内各铸一阳文篆书"敬""上""尔"三字联珠玺文。

"敬"字，始见于西周金文，意为尊重、有礼貌的对待，有尊敬、致敬和敬重之意。"上"，指位置在高处的人。联珠玺起源于战国，始作三联或四联式。形制怪异，多以"品"字形分布。内容多为吉语。"尔"同"鉨""鉥"或"钵"字，为古写"玺"字。此玺形制少见，亭钮文字玺见于战国和汉代。

（张润平）

119

67. **"宜有千万"铜玺**

战国

高1.4厘米　长1.4厘米　宽1.4厘米

楚国吉语玺。玺面方形，阳线"田"字格界栏内阳文篆书"宜有千万"两行四字，坛形鼻钮。玺文连同玺体一同铸造，古文大篆。上面两字"宜""千"与上部边框相连接，下面两字"有""万"与下部边框相连接，体现出玺面文字布局疏密的变化，并采用圆转的笔意，线条流畅有力，篆法活泼自然。

"千万"，意指数以千万计，形容数目极多，如汉王粲《从军诗》载："连舫逾万艘，带甲千万人。"唐韩愈《秋怀诗》载："归还阅书史，文字浩万千。"此玺与晋系私玺篆法截然不同，有楚文字风格，应为楚国玺。此玺是关于财富的吉语玺。（张润平）

68. "正行亡私"铜玺

战国

高2.7厘米　长1.5厘米　宽1.5厘米

箴言玺。玺面方形，阳线"田"字格界栏内阳文篆书"正行亡私"两行四字，坛形鼻钮。玺文连同玺体一同铸造，古文大篆，每字均在格内正中，字体布局匀称，结体方正，章法整齐，篆法隽永。

"正"，训整顿、端正。"正行"，意为端正行为。《荀子·议兵》记载："修身正行"；又《王制》记载："论礼乐，正身行。"正行或可释为正确的行为。"正行亡私"意为行为端正而没有私心。常见战国箴言玺还有"正行""得志""私玺""私公之玺"等。战国时期，儒家思想已经成为上层社会行为准则，孔子主张作人要修身正行，而修身就要正心、诚意、政和、格物，"修身而道立"，孟子提出了仁、义、礼、智、信等，因而，战国出现很多箴言玺。（张润平）

69. 奔鹿纹玉玺

战国

高1厘米　长1厘米　宽1厘米

　　肖形玺。玺面方形，方形边栏内阴刻一奔跑的长颈鹿纹，坛钮。白玉质，玺形小巧别致，纹饰雕刻精美，鹿纹刻画传神，体态矫健，呈奔跑状，洗练传神，动感强烈。

　　玉为和田白玉，质地洁白温润，是战国玉质肖形玺中精品。动物纹最早出现在古玺上是商代。战国时期，动物纹玺已广泛使用，非常盛行，肖形纹玺也称画玺，除玉质外，还有青铜。战国时期青铜阳文肖形玺都是铸造的，纹口深且直，工艺精巧。青铜阴文肖形玺多为凿刻。战国肖形玺具有强烈的时代气息，图像古拙洗练，有很高的艺术和欣赏价值。这类肖形玺传世较多，但玉质肖形玺少见。（张润平）

70. "公孙穀印"玉印

秦

高1.6厘米　长2.2厘米　宽2.2厘米

官印。印面方形，"田"字形界格内阴刻篆书"公孙穀印"四字，每格一字。覆斗形钮，钮上有穿。玉印四周及四坡面阴刻勾连云纹。印文阴刻，秦篆，结体匀称，布局圆转匀整，线条细腻柔丽，秀劲绝伦，充分显示出秦印文字之俊美，是较典型的秦小篆，字体比较接近秦始皇琅玡刻石中的斯篆。这方玉印制作精美，玉质温润，为新疆和田白玉制成，在秦印中稀少珍贵。

春秋时期，各国诸侯不论爵位大小，多有被称为"公"者。按周朝礼制，国君由嫡长子继位，即位前称太子，其他的儿子称为公子，公子的儿子则称公孙。在这些公孙的后裔子孙中，有人便以身份称谓"公孙"为姓氏者，称公孙氏。公孙并非一族一姓之后人。公孙穀，应是秦某国君之孙。秦朝统一了文字，确定小篆书体为全国通用文字。文武百官、中下级官员，自名为印。此玉印是最好的佐证。（张润平）

71. "□宫相丞" 封泥

秦

高1厘 长2.5厘 宽2.2厘米

官印封泥。封泥为圆形,封泥面钤阳线田字形界格内阳文篆书"□宫相丞"两行四字,封泥字体有缺损。秦小篆,布局匀正,采用圆转的笔致,字形瘦长,线条劲秀。封泥背有板痕和绳痕。

相,指丞相,战国秦置,秦汉沿之。辅佐国君的最高行政长官。秦代置左、右丞相。《史记·秦始皇本纪》载:"(武王)二年,初置

丞相,厘疾、甘茂为左右丞相。"1995年陕西省北郊相家巷村出土的秦官印封泥有"左丞相印""右丞相印"。"□宫相丞"封泥上的文字篆法与陕西北郊相家巷村出土的秦官印封泥"北宫工丞"文字篆法基本相同。"北宫",秦宫名。《秦会要补订·方舆中》引《舆地志》记载"秦时已有南、北宫"。"北宫工丞"是北宫工室丞的简称。由此推测,"□宫相丞"中的"□"字,应为"北"或"南"。故"□宫相丞"封泥为秦代北宫或南宫丞相的属官用印遗迹。(张润平)

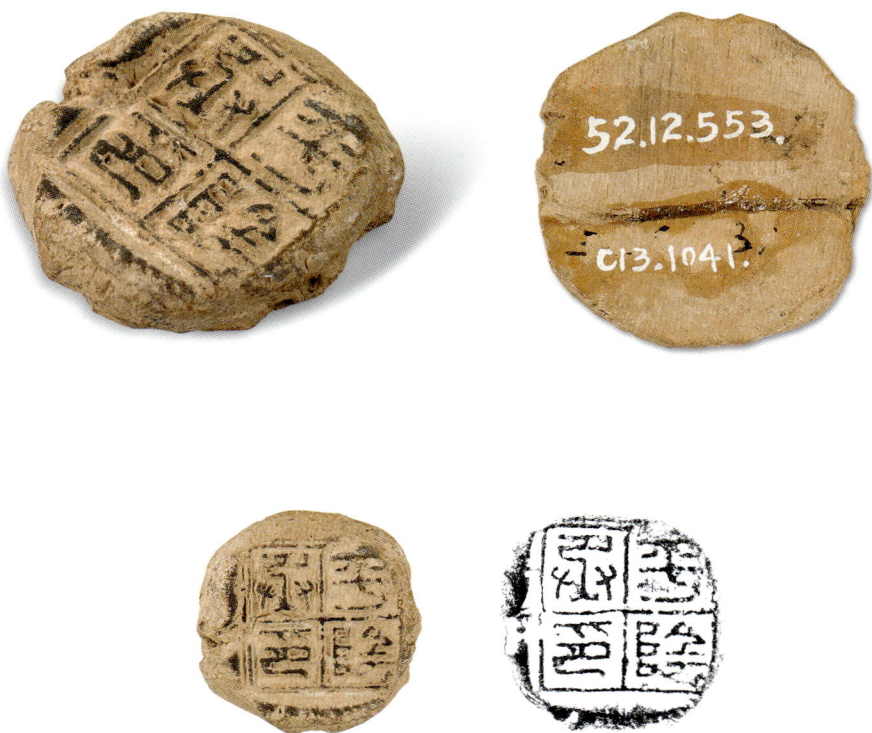

72. "平阴丞印"封泥

秦

高1厘米 长3.2厘米 宽3厘米

官印封泥。封泥为圆形，封泥面钤阳线田字形界格内阳文篆书"平阴丞印"两行四字。秦小篆，阳文线条细腻，方中带圆，弯转有力，篆法整齐。封泥背有绳纹痕迹。

秦始皇统一六国后，在全国各地推行郡县制，郡下设县。"平阴"，古县名，在今山东省济南市郊县，因地处古东原之阴，东原砥平，又居古济水之阴，故名平阴。平阴之名始见于《左传》。平阴在唐虞三代时属兖州；周代分封诸侯，属齐国；春秋和战国时期为齐地；秦代属济北郡；汉代时期属兖州部泰山郡。故此封泥为秦代济北郡平阴县丞使用封泥遗迹。（张润平）

73. "泰山守印"封泥

秦

高1.2厘米　长3厘米　宽2.3厘米

官印封泥。封泥为椭圆形，封泥面钤阳线田字形界格内阳文篆书"泰山守印"两行四字。封泥面印文为秦小篆，字形齐整秀丽，笔势圆转而纯熟，线条挺拔有力，结体匀称自如。封泥背有绳纹痕。

蔡邕《独断》记载："守者，秦置也。秦兼天下，置三川守。伊、河、洛也。"公元前221年，秦灭齐后，秦朝在齐地先后设置东海郡、齐郡、琅邪郡、胶东郡和济北郡共五郡。"泰山"属济北郡。秦始皇兼并六国后，曾五次巡视郡县，到过济北郡的泰山县并登临。西汉武帝时期在此地置"泰山郡"。武帝元狩元年（前122年），济北成王刘胡将其领地的泰山一带献给汉武帝，武帝以其地置泰山郡。武帝后元二年（前87年），济北王刘宽自杀，济北国除，并入泰山郡。泰山郡治奉高县，在今山东泰安范镇，属兖州刺史部。汉成帝绥和元年（前8年）领二十四县。此封泥为秦朝济北郡泰山县守使用过的封泥遗迹。（张润平）

74. "成交"铜印

秦

高1.1厘米 长2厘米 宽1.1厘米

官印。印面呈长方形，阴线日字形界格内竖刻篆书"成交"二字，平台形鼻钮。印文字为凿刻，秦篆，字体洗练，线条厚实而灵动，有早期秦印文字率意风格。凿刻印文，是指在铸好的青铜印坯上，由专门书写的文人摹文于上，制印匠人再用铁制刀具直接在印面上凿刻文字。

此印称"半通"日字格印，秦代无论官私印，文字形态基本介于琅玡刻石与秦诏版文字之间。上层官印文字多偏向秦始皇琅玡刻石的规范和严谨。而下级官印及百姓用印字体笔画往往更为率性和随意。作为姓氏，"成"同"郕"，出于姬姓。郑樵《通志·氏族略·以国为氏》记载，西周初年，周武王姬发封其弟、周文王第七子姬叔武于郕，伯爵，谓郕叔武，即今山东宁阳。叔武在郕建立了郕国。郕叔武的后代遂以国名为姓，称郕氏。（张润平）

75. "和众"铜印

秦

高1.5厘米 长1.7厘米 宽1厘米

私印。印面长方形，阴线日字形界格内竖刻篆书"和众"二字。台形鼻钮。印面的界格亦不太规整，印文为凿刻，界格时有歪斜。小篆字体，印风粗犷，字体坚劲，为秦代早期风格。

和姓起源古老，于祝融氏，是远古时期祝融氏重黎的后代，属于以官职名称为氏。郑樵《通志·氏族略·以官为氏》记载："羲和，尧时掌时天地之字，和仲、和叔因以为氏。""和"是重要的官职，地位很高。传远古时期，帝尧时有掌管天文立法的官吏和仲、和叔。其后世子孙遂以其官职称谓为姓，称和氏。（张润平）

76. "赵骄"铜印

秦

高1.3厘米 长1.9厘米 宽1.1厘米

私印。印面长方形，阴线日字形界格内竖刻篆书"赵骄"二字，平台形鼻钮。秦篆，印文为凿刻，字体篆刻整齐，字形宽扁，笔画硬健粗犷，不作修饰，界格整齐，章法布局紧凑。

赵姓，郑樵《通志·氏族略·以名为氏》云："嬴姓，与秦同祖，少暤之后，皆祖皋陶，皋陶十世曰蜚廉，蜚廉二子，一曰恶来，恶来之后为秦；二曰季胜，季胜生孟增，得幸于周成王，是为宅皋狼，皋狼生衡父，衡父生造父，为周穆王御，穆王赐以赵城，为赵氏。"秦对玺印规定了一整套制度。秦代无论官印或私印，印文均为刻凿印文，钤抑于封泥上，为凸起的阳文。蘸红印泥钤抑于纸上，均为白文。（张润平）

77. "赵兴"铜印

秦

高1.2厘米 长1.8厘米 宽0.9厘米

私印。印面长方形，阴线日字形界格内竖刻篆书"赵兴"二字。台形鼻钮。印文为刻凿，秦篆，细阴文，笔势圆中带折，字形俊瘦，线条匀称工整。印面界格不太规整的原因，是界格要按照字体笔画的繁简来确定。兴（興）字笔画较多，占地较多，故界格略有上移，使印面有疏密之变化。

赵姓，郑樵《通志·氏族略·以国为氏》记载赵氏："嬴姓，与秦同祖，少皞之后，皆祖皋陶。……穆王赐以赵城，为赵氏。赵城，今晋州县。造父六世曰奄父，为周宣王御，奄父生叔带，幽王无道，去周如晋，为晋文侯御，始建赵氏于晋。叔代五世曰夙，晋献公赐之耿。……十一年，晋亡，韩、赵、魏三分其地，……凡十一世，秦并代，使嘉子公辅主西戎，世居天水，其赵宗散处者，皆以国为氏。"（张润平）

78. **"宫讪"铜印**

秦

高1.5厘米 长1.5厘米 宽1厘米

私印。印面长方形,阴线日字形界格内竖刻篆书"宫讪"二字。坛形鼻钮。印文凿刻,秦篆,细阴文,字形劲健,笔画有粗细变化,篆法古拙,字体稍有歪斜,古朴粗犷。印面的界格清晰且略往下移,根据笔画的多少来安排章法。

宫姓,一说属于以职官称谓为姓,源于西周。周朝有专司宫廷修缮、清洁事宜的官,名为宫人。其后世子孙遂以宫为姓,称宫氏。另有出于姬姓说,属于以封地名为氏。春秋时,鲁国有孟倚子,其子韬,封于南宫,今河北省南宫县,其后裔子孙遂以封地名为姓氏,后又分化为"南"和"宫"两姓。(张润平)

79. "恒臣"铜印

秦

高2.5厘米　长1.7厘米　宽0.8厘米

私印。印面长方形，阴线日字形界格内竖刻篆书"恒臣"二字，角形钮。钮式较为特殊，弯曲的钮形像动物头顶上的角，上部呈尖状。秦代印多平台形鼻钮，并向西汉瓦钮过渡。秦篆，凿刻印文，细阴文，二字各占印面一半，布局匀正工稳，字体篆法工整，笔画平直秀逸，篆法沉稳

熟练，印风和字体为秦中期风格。印面的界格较为规整。

恒姓，源自芈姓，始祖为恒思公。恒姓的记载最早见于周代《世本》。据东汉应劭《风俗通》记载，春秋时楚国有大夫恒思公，其后裔为恒姓者。春秋时期卫康叔支孙食采邑于恒（今河北正定南），属于以地为氏。《通志·氏族略》记载，宋真宗赵恒登基后，为避皇帝讳，曾令天下所有恒姓改为常姓。（张润平）

80. "罢军"铜印

秦

高1.7厘米 长1.5厘米 宽0.8厘米

私印。印面长方形，阴线日字形界格内竖刻
篆书"罢军"二字。台形鼻钮。印文为凿刻，秦
篆，布局严整，字体整齐，笔画细瘦。印面界格
清晰且较为规整，因为"罢"字笔画繁，占地较
多，故界格略有下移，随笔画多少排列布局。秦

代私印形状较战国私玺有增高的趋势，秦印仍以
鼻钮为主，印背部多呈台阶形状。

罢姓，罢读作pí，是非常稀少的姓氏之
一。《集韵》云："罢，姓。"翦伯赞《中国史
纲》记载：罢姓，起源于古代有熊氏支系罴氏。
"罢"同"罴"。罢氏，源于芈姓，出自春秋时
期楚国公子罢之后，属于以先祖名字为氏。（张
润平）

81. "马地"铜印

秦

高0.8厘米 长1.1厘米 宽1厘米

私印。印面近正方形，阴线横日字形界格内阴刻篆书"马地"二字，平台形鼻钮。凿刻印文，秦篆，字体篆法工整，"马"字笔画直折遒劲，呈现静的一面，"地"字笔画圆转柔媚，留有空地较多，呈现动的一面，两字动静结合，活泼的印面跃然纸上，使结体姿态多样。印面的界格清晰且等分，制作规整，全印有疏密对比的变化。此印为秦私印中精细之作。

马姓的渊源，一说出自嬴姓。出于颛顼裔孙伯益之后赵奢的封地马服，属于以居邑名为氏。另一说出自官位。有出于西周时期官吏马质，属于以官职称谓为氏。也有以"司马"简化为马氏者，司马，传说是由远古五帝之一的少昊氏所设置的官称，商王朝时期的马正之官职。（张润平）

82. "王信"铜印

秦

高1.2厘米　长1.5厘米　宽1.4厘米

私印。印面近正方形，阴线横日字形界格内阴刻篆书"王信"二字。平台形鼻钮，鼻钮较宽。印文为凿刻，秦篆，印面的界格变粗且非常规整。"王"字笔画少，占印面少一半；"信"字笔画多，占印面多一半。字体篆法精美，线条折中带圆，章法整齐。此印应为秦代晚期私印代表作。

王姓，据郑樵《通志·氏族略·以爵为氏》记载："王氏，天子之裔也。所出不一：有姬姓之王；有妫姓之王；有子姓之王；有虏姓之王。"姬姓之王，出自周灵王之子太子晋，属于以王为氏。姬姓王出自东周毕公之后，周武王之弟毕公高封于毕国，其族从此以王为姓氏。妫姓之王，相传为古帝虞舜之后，武王灭商后，虞舜的后代妫满被封于陈，至陈完在齐国任官后，改为田氏。子姓之王，出自商纣王之子比干之后。其后世子孙以王为氏。（张润平）

83. "高志"铜印

秦

高1厘米 长1.9厘米 宽1.3厘米

私印。印面长方形，阴线横日字形界格内阴刻篆书"高志"二字。台形鼻钮，鼻钮较宽。印文为凿刻，秦篆，布局对称平正，字体篆法整齐，笔画圆中带折，线条粗细均匀，有较高的书法水平，凿刻技法高超。印面界格变粗且十分规整，给人以整齐有序的视觉效果。此印为秦代晚期私印标准器。

高姓，源于姜姓，出自西周时期的齐文公吕赤之子公子高。姜姓是炎帝的后裔，炎帝神农氏生于姜水，故以姜为姓。高氏的血缘初祖是炎帝，得姓始祖为高一。另说出自春秋时期齐惠公之子公子祁，属于以先祖名字为氏。秦私印传世少，因为秦统治时间短，故多遗用战国晚期私玺形式。秦代私印多为长方形，直称人名，不称某某之玺，二字印文最多，三字印文少见。印面文字竖行或横向排列，时代特征鲜明。秦代私印质地见铜和玉两种，印体形状有长方、正方、圆形和椭圆形。此印著录于吴式芬《双虞壶斋印存》。（张润平）

84. "志赵"铜印

秦

高1.1厘米 长1.9厘米 宽1.2厘米

私印。印面长方形,阴线横日字形界格内阴刻篆书"志赵"二字,台形鼻钮。印文为凿刻,秦篆,布局饱满整齐,采用圆转的笔意,篆法活泼,阴文线条跌宕多姿,疏而不散,刀法运用娴熟,凿印技术高。印面界格亦变粗而工整,横日字格线严谨,应是秦晚期印章中的佳作。

志姓,为非常稀有姓氏,《姓苑》和《续通志·氏族略》都有记载。秦代姓名印,受秦统一政策影响,印文均刻于界格内,不施界格非常少见,印面四周有边栏。印式和文字风格都显得单一和格式化,章法向工稳平正的方向转变和过渡,战国那种不拘一格、随意洒脱和变化多端的风貌完全消失了。秦代姓名印具有非常典型的时代特征,是鉴别秦代私印的标准器,为汉代私印发展奠定了基础。此印著录于吴大澂《十六金符斋印存》等。(张润平)

85. "樊悲"铜印

秦

高1.5厘米　直径1.4厘米

私印。印呈圆柱体，印面阴线横圆形日字形边栏内阴刻篆书"樊悲"二字，坛形鼻钮。秦印多坛形钮，有一台、二台、三台等类型，也有无钮穿带印。印文为凿刻，秦篆，字体随圆形印面布局，线条细腻，折中带圆，有较高书法艺术性。"樊"字笔画繁，占地多，故印面的界格稍

向左移。秦印还见有三字圆形印，则以圆心为轴心，向两边等距各延一线，使印面形成三格，印文都镌于格内，凿印技法娴熟。

樊姓，出自姬姓，为周文王之后，属于以邑为氏。据郑樵《通志·氏族略·以邑为氏》记载："姬姓。周文王之子虞仲支孙仲山普，为周宣王卿士，食采于樊，曰樊侯，因邑命氏。"《左传》记载，汤王的后裔子孙中，有陶、施、樊、繁等七大族，称为殷民七族，其中有樊姓。周代殷民七族归齐管辖。（张润平）

86. "监"铜印

秦

高1.5厘米　直径1厘米

私印。印呈圆柱体，印面阴线圆形边栏内阴刻篆书"监"字。坛形鼻钮。秦篆，凿刻印文，字形随圆形印面布局，线条细致，折劲有力。

"监"同"鉴"。鉴姓源于姬姓，出自周朝甘昭公王子带之后的封地，属于以封邑称谓为氏。另说出于芈姓，出自春秋时期楚国狱刑廷理，属于以官职称谓为氏。作为古代官名，多指主管监察的官员。《史记·五帝本纪》记载黄帝："置左右大监。"《史记·秦本纪》记载未鞅："因景监求见孝公。"（张润平）

87. "隋"铜印

秦

高1.5厘米 直径1.5厘米

私印。印呈圆柱体，印面阴线圆形边栏内阴刻篆书"隋"字。坛形鼻钮。秦篆，印文为凿刻，字形随印面形状布局，饱满协调，采用方折的笔致，线条劲挺有力，书风粗犷，笔端见锋，犹如秦权量、诏版上的刻字。

隋姓，出自姬姓，属于以国为氏。《通志·氏族略》记载："随氏，侯爵，今随州是其地，除灭之，子孙以国为氏。"春秋时期有随国，也称隋，姬姓侯爵国，后被楚所灭，后世子孙以国名为氏。隋文帝原封于随，隋灭于唐，后代遂分为随、隋二姓。姬姓隋氏的历史悠久。周代诸侯国名中有随国。秦代仅存在了十五年，在漫长的中国历史长河中短短的一瞬，却废止了六国文字异形、语言异声的局面，统一了文字，并对汉魏以来乃至今天的文字打下了基础，是非常了不起的创举。（张润平）

88. "思言敬事"铜印

秦

高1厘米 长2厘米 宽2厘米

成语印。印面方形，阴线横日字形界格内阴刻篆书"思言敬事"两行四字，平台形鼻钮。秦篆，字体凿刻，布局匀整，白文线条方中带圆，字形古朴，印面的界格亦不太规整，印风应为秦早期风格。

"敬事"，意为对国事恭敬勤敏。《论语·学而》记载："敬事而信。"刘宝楠注："为国者举事必敬慎，与民必诚信。"《论语·卫灵公》记载："事君敬其事而后其食。"秦代成语印还见有"正行""万岁""敬事""孝弟""忠仁思士""忠心喜治""正行治士""宜士和众""云子思士""相思得志""宜民和众"和"壹心慎事"等。（张润平）

89. "日敬毋治"铜印

秦

高1.2厘米　长2厘米　宽2厘米

成语印。印面方形，阴线田字形界格内阴刻篆书"日敬毋治"两行四字，平台形鼻钮。秦篆，印文为凿刻，印面的界格比较整齐，字体篆法规整，线条厚实，全印笔致挺劲，印风具有秦晚期风格。

"毋"，为莫、不要之意，《礼记·曲礼上》云："毋不敬。""治"，应读作"怠"。"日敬毋治"意为日夜敬奉，不可懈怠。《礼仪·士昏礼》载："戒之敬之，夙夜毋违。"秦晚期私印形制从长方形开始向方形发展过渡。秦印界格虽然规范，缺少变化，但配以端庄秀丽的字体，显得自然而和谐。（张润平）

90. "淮阳王玺"玉玺

西汉

高1.5厘米 长2.3厘米 宽2.3厘米

1959年故宫博物院拨交

诸侯王玺。印面方形，阴刻篆书"淮阳王玺"两行四字，覆斗形钮，钮上有一穿。白玉质，有黑褐色沁，应为出土器。汉篆，印面无界格，布局饱满，匀整对称，字体篆刻精美，笔画端严平正，为诸侯王玺中汉篆之典范。

历史上西汉淮阳王有三系五人，一为高祖子刘友（？-前181年）。《汉书·诸侯王表》赵幽王友条下注："十一年（前196年）三月丙寅，立为淮阳王。"二为文帝子刘武（？-前144年）。《汉书·诸侯王表》梁孝王武条下，注：

文帝二年（前178年）"二月乙卯，立为代王，三年，徙为淮阳王。"三为宣帝子刘钦（？-前28年）。《汉书·诸侯王表》记载，刘钦于宣帝元康三年（前63年）立为淮阳王，传三世，王莽时国除。根据印文及形制推断，此印可能是刘钦一系用印。此印文字方正宽博，线条细腻，具有西汉中期官印印文特点。

卫宏《汉旧仪》记载："诸侯王印，黄金，骆驼钮，文曰玺。"该印质地、钮式与诸侯王用印记载不符。根据汉官印制度，使用者死后需上缴，并由中央政府颁发给下一任继承者，诸侯王亦遵行。据此，这方玉印当是淮阳王私制，专用于下葬者，故用玉印，而非《汉旧仪》中所载之金印。（张润平）

91. "石洛侯印"金印

西汉

高1.8厘米　长2.3厘米　宽2.3厘米

传清嘉庆年间山东诸城县出土

侯国列侯印。印面方形，錾刻阴文篆书"石洛侯印"两行四字，金质龟钮，印面一角微缺。龟昂首，呈行走状，双目圆圈纹，龟腹与印背有穿孔，龟背錾刻六边形网状纹。汉代列侯用龟钮，龟是汉四神之一，有吉祥、辟邪和长寿之意。此印造型精美，汉篆，字体为錾刻，线条圆转，笔画宽匀，中间深，两端浅，錾刻工艺精湛。

东汉应劭《汉官仪》记载：丞相、列侯、将军用金印，配紫绶；中二千石、二千石用银印，配青绶。无论金、银玺印皆龟钮。该印质地、钮式、印文与史书记载列侯用印相符。《史记·建元已来王子侯者年表》记载，石洛侯，城阳顷王子刘敬于元狩元年（前122年）四月封石洛侯。同条下司马贞《索隐》记石洛侯为"刘敢"。《汉书·王子侯表》作"原洛侯敢"，"原洛"当为"石洛"之误。《史记》作"敬"，《汉书·王子侯表》和《索隐》都作"敢"，故石洛侯或为刘敬或为刘敢。此印应为西汉武帝早期侯国石洛侯刘敬或刘敢的龟钮金印。（张润平）

92. "滇王之印"金印

西汉

高1.8厘米 长2.4厘米 宽2.4厘米

1956年云南省晋宁石寨山滇王墓出土

西汉政权颁赐给滇王金印。印面方形，錾刻阴文篆书"滇王之印"两行四字，蛇钮金印。规格较高。印文为錾刻汉篆，线条宽窄相同，方正圆转，字体宽放，风格独特，体现出汉代錾刻工艺之精。

据史籍记载，古滇国为战国时楚国将军庄蹻所建。战国晚期，楚国派遣庄蹻通西南，直至今云南滇池附近驻军，庄蹻欲回楚时，楚国已被秦军占领，故庄蹻王滇，以土著为基础建立滇国。《后汉书·西南夷传》记载："滇王者，庄蹻之后也，元封二年（前109年）武帝平之，以其地为益州郡。"《史记·西南夷列传》记载："武帝元丰二年，天子发巴蜀兵击灭劳浸、靡莫，以兵临滇。……滇王离难西南夷，举国降，请置吏入朝。于是以为益州郡，赐滇王王印。复长其民。西南夷君长以百数，独夜郎、滇受王印。"说明当时这两个国家民土广大，地位显赫，且为中原楚国人之后代。这方出土金印可与这一史实相互印证。滇王之印，当代代相传，不能用来随葬。西汉时期，归顺汉朝的少数民族之王印，都由汉朝廷颁赐，这一时期颁赐给少数民族的印章特点是印文首无"汉"字，而仅署族名，钮式无定式。此印为西汉武帝时期颁赐给古滇国国王的金印。（张润平）

93. "宜禾校尉"铜印

西汉

高1.9厘米 长1.9厘米 宽1.9厘米

官印。印面方形，阴刻篆书"宜禾校尉"两行四字，龟钮。汉篆，印文为凿刻，采用圆转的笔势，线条瘦劲锋利，工稳平整。

校尉，汉代统兵武职，出征时临时任命，地位低于将军高于都尉，领一校兵，或随其职务冠以名号，如掌西域屯兵者有戊己校尉等。汉武帝时期为加强对长安城的防护，而置中垒、屯骑、步兵、越骑、长水、胡骑、射声、虎贲总称八校尉，是西汉时专掌特种军队的将领。"宜禾校尉"是西汉敦煌郡所辖部都尉，治昆仑障。武帝时期，西域内属，有三十六国。汉置使者、校尉领护之。汉宣帝时改为都护。元帝时期置戊己二校尉，屯田于车师前五庭。王莽篡位后，西域怨叛，与中原遂绝。建武中，复又遣使求内附，愿请都护。永平十六年（73年）明帝命将帅北征匈奴，以大仆祭肜出高阙，奉东都尉窦固出酒泉，驸马都尉耿秉出居延，骑都尉来苗出平城。窦固破呼衍王于天山，取伊吾卢地（今哈密），留军屯田，并置宜禾都尉统之。（张润平）

94. "夷道长印"铜印

西汉

高2厘米 长2.3厘米 宽2.3厘米

官印。印面方形,阴刻篆书"夷道長印"两行四字,覆瓦钮。汉篆,凿刻印文,字体方正宽博,布局饱满紧凑,笔势大气圆转,排列匀整流畅,充分体现出汉篆书法之美,有武帝时期书法风格。汉初官印形式、风格类似秦印,后逐渐取消田字格,慢慢摆脱秦篆影响,逐渐形成庄重肃穆、饱满浑厚的独特艺术风格,更趋近隶书,这种文字沿用至今,俗称"摹印篆",印文以白文为主,但风格并不单一,形成形式多样、面目繁多的工稳之作。

"夷道",古县名,今湖北省宜都市。古夷道县濒临清江,而清江古称夷水,故名。《汉书·地理志》记载:南郡属有夷道县。《水经注》载:"汉武帝伐西南夷,路由此出,故曰夷道。""道",即县,为西汉在少数民族地区设立。"长"即县长。《汉书·百官公卿表》记载:"县令、长皆秦官,掌治其县……皆有丞、尉,秩四百石至二百石,是为长吏。"汉沿袭秦制。著录于罗福颐《秦汉南北朝官印征存》。

(张润平)

95. "奉礼单印"铜印

西汉

高2厘米 长2.3厘米 宽2.3厘米

官印。印面方形,阴刻篆书"奉礼单印"两行四字,龟钮。汉篆,布局匀整对称,字体工整规范,线条方中带圆,全印充分显示出汉人把小篆隶化成"摹印篆"的娴熟技艺,凿印水平高超。应为西汉武帝后期官印代表。

此印被称为"单印",传世汉官印中常见。

这类官印特点是在"单"字前均冠以显示"单"的性质和特征的称谓,大多为吉语修饰。如与养老、敬老、长生福寿有关的:"长寿单印""长寿万年单""万岁单三老""万岁单祭尊"等;如与仁孝、守礼有关的:"孝仁单左平""慈孝单左史""奉亲无极单右平政"等,此印属于后者。这类官印应是当时西汉乡里的民间敬老、守礼组织用印。此印著录于罗福颐《秦汉南北朝官印征存》。(张润平)

image

96. "平阴里印" 铜印

西汉

高2.4厘米 长2.3厘米 宽2.2厘米

官印。印面略呈长方形，阴刻篆书"平阴里印"两行四字，龟钮。汉篆，印文为凿刻，布局饱满，字形劲瘦，线条中间粗两端见锋，刀法线条富于变化。汉篆书法讲究有粗细、方圆、刚柔、曲直、宽窄、疏密等对比变化，没有笔画的对比就不能获得结构章法上的多样性的对比变化。

"平阴"，古地名，今山东省济南市郊县，因地处古东原之阴，东原砥平，又居古济水之阴，故名平阴。平阴之名始见于《左传》。平阴在唐虞三代时属兖州；周代属齐国；春秋、战国为齐地；秦代属济北郡；汉时期属兖州部泰山郡；东汉属兖州部济北国。里，邑也。《后汉书·百官志》载："乡下有里，里有里魁，民有什伍，善恶以告。注曰：里魁掌一里百家。"里、唯印应为汉代乡里机构处理事务的官印。此印与秦"平阴丞印"封泥中的"平阴"，似应为同一地。（张润平）

97. **"安昌唯印"铜印**

西汉

高1.7厘米 长1.7厘米 宽1.7厘米

官印。印面方形，阴刻篆书"安昌唯印"两行四字，瓦钮，钮拱端较薄。凿刻印文，汉篆，布局匀整，线条平正，章法和谐。

"安昌"，古地名。西汉成帝河平四年（前25年）置，故城在今河南确山县西二十余里。东汉时安昌入朗陵。西晋复置。战国时楚国有"安昌里鉨"。楚国"安昌"与西汉初

年的"安昌"可能是同一地。此印尺寸与馆藏"少年唯印"相同，应属西汉安昌乡里小吏官印。传世官印有新莽"安昌侯家丞"。此印被称为"唯印"。王献唐《五灯精舍印话》记载："'唯印'多署里名，疑即掌于里魁。其作人名者，虽不限于里魁，亦皆任秩之人。"传世有里唯印，不见有里魁印，疑里唯即为里魁。"唯印"和"祭酒印"这类印，或为乡里官印，或为乡里民间组织用印，均非朝廷所颁发，其印制与朝廷规范印制不同。这类印多方形，而非半通。（张润平）

98. "建阳唯印"铜印

西汉

高1.3厘米 长2.1厘米 宽2.1厘米

官印。印面方形，阴刻篆书"建阳唯印"两行四字，瓦钮。凿刻印文，汉篆，线条整齐，根据字体笔画的繁简来安排印面布局，章法安排巧妙，线条有对比变化，印风稳健。

《地名大辞典》记载："建阳县，汉侯国，后汉省，故城在今峄县西。"建阳侯国的地理位置，在今枣庄市薛城区沙沟镇南常村北附近。《前汉书·世系表》记载，汉宣帝刘询于甘露四年（前50年）封鲁孝王刘庆忌之子刘咸为建阳节侯，建阳侯国，后经其子孝侯刘霸、其孙刘并嗣位，历三世，建阳侯国除，复为县。东汉初，并入承县。故此印为西汉建阳侯国建阳县乡里官印。唯印，除有地名里名之外，还有一类在"唯"字前镌吉语的，如"延年唯印"等。（张润平）

99. "安国唯印"铜印

西汉

高1.7厘米 长2.2厘米 宽2.2厘米

官印。印面方形，阴文篆书"安国唯印"两行四字，瓦钮，印文为铸造。汉篆，线条较粗，印风严谨。汉白文官印有一类为铸印，多为翻砂浇铸，线条粗且均匀，空腔字口深，底部平整。

《史记》和《汉书》记载，王陵（？－前181年）沛县人，率军归顺刘邦后，在楚汉战争中助刘邦屡立战功。高祖六年（前201年）封为"安国侯"，建安国侯国。汉惠帝六年（前189年），封为右丞相。"安国"古称祁州，其封地在今河北安国一带。安国侯国传五代，汉武帝元鼎五年（前112年）国除。武帝元狩六年（前117年）始置安国县，沿用古邑名。故此印为西汉安国侯国安国县乡里官印。（张润平）

100. "仁里祭酒"铜印

西汉

高1.6厘米 长2.3厘米 宽2厘米

官印。印呈长方形，印面阴刻篆书"仁里祭酒"两行四字，瓦钮。印文为凿刻，汉篆，印面布局依字体繁简安排，形成错落有致和不羁的艺术效果，充分显现布局的技巧。线条流畅洒脱，字体劲健。

此印称"祭酒""祭尊印"。"仁里"，古地名，位于今安徽省池州市石台县。传世有"莱里祭酒""襄里祭尊"铜印，馆藏有"莱里祭酒"封泥。祭酒，以酒祭祀或祭奠，《仪礼·乡射礼》记载："获者南面坐，左执爵，祭脯醢。执爵兴，取肺坐祭，遂祭酒。"古代大飨宴时以年老长者举酒祭祀地神，需长者立主位，面南酹酒祭神开席。《两湖麈谈录》载："按古礼宾客得主人馔，则老者一人举酒以祭于地，示有先也，故谓祭酒，盖尊重之称也。"《宋书·百官志》记载："汉吴王濞为刘氏祭酒。夫祭祀以酒为本，长者主之，故以祭酒为称。"《续汉书·百官志》刘昭注引汉人胡广说，谓官名祭酒，系部门之长。汉博士之长，本称仆射，东汉改为博士祭酒，故祭酒与祭尊性质相类，除祭祀礼仪外，还代表尊者之意，源于古代对祭祀的重视。（张润平）

101. "置车"铜印

西汉

高2.3厘米 长2.7厘米 宽2.7厘米

官印。印面方形，阳文篆书"置车"两字，鼻钮。印文为铸造，汉篆，仿战国朱文玺宽边细文法。印面疏朗的布局，巧妙的构思，古拙的印风，在这方官玺中可见一斑。

"置"，同"驿"和"传"，古代传递文书的驿站。驿传邮驿早在三千多年前的殷商时期已经使用，甲骨文作"遟"，于省吾释为"驲"，认为"遟"是本字，驲为后起的代字。《说文》云："驲，驿传也，从马日声"。《尔雅·饰言》云："驲、遽，传也。"郭璞注"指传车驲马之名"。"遟"字，证实商代已有驿传制度。"传"，承车曰驲，曰传。周代置驲制度已较为完备，《韩非子·难势》载："五十里而一置。"春秋战国时期，各诸侯国每隔三十里设驲置，用来送递官府的文书简牍。《孟子·公孙丑上》云："德之流行，速于置邮而传命。"《史记·孝文本纪》载："太仆见马遗财足，余皆以给传置。"索隐曰：按《广雅》云："置，驿也。"《续汉书》云："驿马三十里一置。"故置车为驿站之车，即驿站之掌车的官员用印。（张润平）

102. "仓印"铜印

西汉

高1.2厘米 长2.5厘米 宽1.3厘米

半通官印。印面长方形，阴刻篆书"仓印"两字，鼻钮。印文为凿刻，汉篆，文字排列饱满，线条工整规范，有粗细对比变化。

《汉书·百官公卿表》记载，大司农属官有郡国诸仓长丞。此为仓官用印。"仓"，储藏谷物的建筑物，或泛指储藏物资的建筑物。

《说文》记载："仓，谷藏也，仓黄取而藏之，故谓之仓。""仓"字，最早见于甲骨文，象形字，像粮仓形，本义是粮仓。汉时仓为各地官府谷物仓储之地，或称"太仓"。汉贾谊《论积贮疏》云："仓廪实而知礼节。"汉代封泥中见有"齐国太仓""太仓"等。《诗·小雅·楚茨》记载："我仓既盈。"比喻引申为船舱，后来写作"舱"。此印为方印之半，也称半通官印。（张润平）

103. "战土里"铜印

西汉

高1.5厘米 长2.4厘米 宽1.6厘米

官印。印面长方形，阴刻篆书"战土里"三字，鼻钮。印文凿刻，汉篆，采用圆转的笔致，线条遒劲。"战"字笔画最繁，占印面三分之一多，且留有空地，"土里"二字排列紧密，使得全印有疏密对比感，汉印经常使用这种疏密对比变化的章法。

"战土里"，属乡里官印。《后汉书·百官志》记载："乡下有里，里有里魁，民有什伍，善恶以告。注曰：里魁掌一里百家。"此印文第二字难释，罗福颐鉴定将印文第二字释为"土"，今从罗说。《说文》云："土，地之吐生物者也。"《甲金篆》记载，西汉文字"土"字形有在旁加点的结构。顾蔼吉云："土本无点，诸碑士或作土，故加点以别之。"汉代，鼻钮印成为中下级官吏印的钮式。《汉书·百官公卿表》颜师古注："《汉旧仪》云，六百石、四百石至二百石以上皆铜印鼻纽。"但颜注没有明确指出使用鼻钮印的最高秩级，《汉旧仪补遗》卷上载："千石、六百石、四百石铜印鼻纽，文曰印。"（张润平）

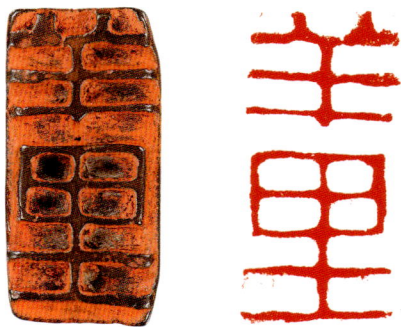

104. **"羊里"铜印**

西汉

高1.9厘米 长4.3厘米 宽2.3厘米

官印。印面竖铸阳文篆书"羊里"两字，鼻钮。印文为铸造，汉篆，线条厚实沉稳。印风大气平整，字体坚劲，章法平稳。

"里"，地方最基层组织编制，里魁掌管一里百家。《续汉书·百官职》记载："将军领军，皆有部曲。大将军营五部，部校尉一人。部下有曲，曲有军侯一人，曲下有屯，屯长一人。"汉代的民屯有乡、亭、里。《汉书·百官公卿表》记载：大率十里一亭，亭有长。乡有乡佐，亭有亭长，里有里魁。里魁即里长，主管一里的官吏。如汉《居延汉简》简文中，属于氐池县的"里"有十二个，有富贵里、平乐里、新师里、昌乐里、安汉里、长乐里等。此印形制较大，文字笔画平正。"里"字篆写方法同汉代官印，此印钮制与形制是汉里亭印的规制，是民间基层组织用印。著录于罗振玉《贞松老人遗稿郊居脞录》。（张润平）

105. "粪"铜印

西汉

高2.8厘米 长2厘米 宽1厘米

半通官印。印体呈长方形，印面阳文篆书"粪"字，圆柱钮。此印为铸造，汉篆，布局匀正，线条端丽，虽只有一字，但结构章法上也有疏密对比的变化。

"粪"，《正字通·米部》记载："粪者，屎之别名。"《说文》云："粪，弃除也。"段玉裁注："古谓除秽曰粪，今人直谓秽曰粪。合'米田共'三字（"共"在篆书中作双手，即弃除），会意"。《广雅·释诂器》云："粪饶也。"《荀子·强国》记载"堂上不粪，则郊草不瞻旷芸。""粪"为扫除、清除之意。故"粪"印乃是农官下属积肥官吏或管理卫生的官吏用印。此印为半通官印。据文献记载，千石以下至二百石官印、二百石以下小官印半通，按汉百官印边长为汉制一寸，称通官印，半通为通官印之半，因称半通印。（张润平）

106. "荆王之玺"封泥

西汉

高1厘米　长3.1厘米　宽2.5厘米

诸侯王玺封泥。长方形，封泥面钤阳文篆书"荆王之玺"两行四字，封泥背有板痕，封泥方形，使用了封泥匣。汉篆，篆法有早期秦篆的韵味。布局严谨，线条圆转秀丽，篆法平正。

西汉初年荆国第一代荆王为刘贾，在位六年。刘贾（？－前195年），沛郡丰邑（今徐州丰县）人，与刘邦同族，诸侯王之一，西汉开国功臣。楚汉之际，曾随刘邦辗转征战。汉高祖六年（前201年）开始去异姓王，以异姓功臣为

侯，大封同姓王，其中刘贾被立为荆王，镇淮东五十二城。汉高祖十一年（前196年）秋，淮南王英布反叛，攻打荆国。英布、韩信和彭越并称西汉初年三大名将，英布被封为淮南王，成为异姓诸侯王之一，以今安徽六安为都城，辖境包括九江、庐江、衡山和豫章等郡。高祖十一年，吕后杀害了淮阴侯韩信，高祖杀害了梁王彭越。英布心生恐惧，起兵造反，刘贾兵败被杀。高祖亲征，击败英布。高祖十二年（前195年），立沛侯刘濞为吴王，镇荆王故地。此封泥是西汉诸侯国荆国国王刘贾用金玺封检公文的凭证，真实地反映了当时钤玺的痕迹。（张润平）

107. "齐宫右丞" 封泥

西汉

高1厘米 长3厘米 宽2.5厘米

　　诸侯国齐国封泥。椭圆形，封泥面钤阳文篆书"齐宫右丞"两行四字，封泥背有绳痕。文字为汉篆，线条流畅，章法平稳。

　　秦占领齐国后，将齐地划分为五郡：东海郡、齐郡、琅琊郡、胶东郡、济北郡。西汉初年分封到齐郡的刘邦庶子刘肥建齐国。齐宫，指齐国王宫。"丞"，古官名，辅佐主要官员做事的官吏，秦始置，汉袭秦制，中央和地方官吏的副职有大理丞、府丞、县丞等。官名称丞者一般系佐官。西汉诸侯王国权力非常强大，官职设立形同汉朝廷，三公、九卿和对应的属官十分健全。各级都设丞，有设一丞的，也有设两个丞的，最多的有设八个丞以上。丞起辅佐的作用，如御史中丞为御史大夫之佐，九卿之佐官称为丞，所属各署亦以丞为令之佐官，地方政府之县令也有丞，即县丞。《后汉书·百官志》记载："尉，大县一人，小县两人。本注曰：丞署文书，典知仓狱。"传世和出土齐国封泥中的官职非常全面。（张润平）

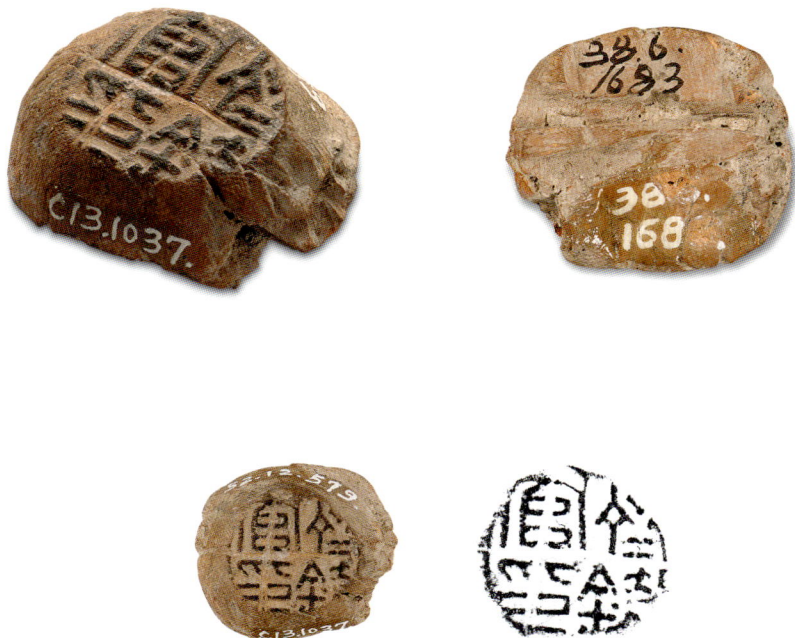

108. "齐铁官印"封泥

西汉

高1.3厘米　长2.7厘米　宽2.6厘米

传山东滕县出土

诸侯国齐国封泥。椭圆形，封泥面钤阳文篆书"齐铁官印"两行四字，封泥背有绳痕。汉篆，布局紧凑，篆法整齐工稳。"齐铁官印"是齐国自设的铁官，属少府卿的属官印，是管理铁的冶铸官吏。山东省临淄出土有西汉"齐铁官丞"等印，此外传世品见有西汉"齐铁官丞""临淄铁丞"等封泥，由此可知西汉时期齐国的冶铁业是非常发达的。

春秋战国时期，齐国都城临淄已是冶炼中心之一，这种优势一直延续到汉代。战国时齐国冶炼铸造业很发达，才有了齐国兵器精良的铸造，秦始皇灭六国后在少府内设置铁官，汉时冶铁手工业空前发展，管理冶铁的机构扩大。据《汉书》《史记》记载：产铁的县设大铁官，管理铁的冶炼、铸造和贸易；不产铁的县设小铁官，管理铁器铸造和贸易，铁官的任命由大司农或郡守负责，官营作坊中设官吏具体管理生产。武帝元狩四年（前119年）规定：以东郭咸阳、孔仅为大农丞、领盐铁事，专营盐铁，禁止私营。于弘农、河东、河内、南阳、蜀辽东等郡，连京兆共四十郡悉置铁官，均隶于大农丞，铸造铁器，不产铁的地方亦置小铁官。此印著录于《天工开物--中国古代科技文物展》。（张润平）

165

109. "右北太守章"封泥

西汉

高4厘米　长3厘米　宽2.6厘米

边郡太守封泥。封泥面钤阳文篆书"右北太守章"三行五字。此封泥形制近似半球形，封泥侧有数量不等对称绳孔痕，底部有清晰的板痕和绳痕。汉篆，印文布局紧凑，章法严谨沉稳，线条细腻端丽，书风平正工稳。"章"字独置一行，占印面三分之一，下脚不留空地。

"右北"，为右北平郡的省称，战国燕置，辖境约为今北京市东北部、河北省东北部、辽宁省西部和内蒙古赤峰市南部等地，治平刚（今内蒙古宁城）。为攻防东胡，燕国在此修筑了长城。秦朝继续在这里设置右北平郡，并将燕地划

为六郡，除右北平郡外，还有广阳郡、上谷郡、渔阳郡、辽西郡和辽东郡。汉袭秦制，仍在这里设右北平郡，所辖十六县应是沿袭秦代县名。汉右北平郡的郡治在平刚县平刚城，今内蒙古宁城县西南。平刚城自战国时期燕国始建，至西汉末年废止，大约延续使用四百年左右，历史悠久。右北平郡是防御北方匈奴侵扰中原的重要边郡之一，史载汉代名将李广将军曾任右北平郡太守。

"太守"，秦称郡守，为一郡的最高长官，掌治民、进贤、决讼、检奸等。汉代改称太守。西汉景帝中元二年（前148年），更名郡守为太守，历代沿袭不变。《史记·孝武本纪》载："官名更印章以五字，因为太初元年（前104年）。"此封泥应为武帝时期右北平边郡太守使用的官印封泥。（张润平）

110. "松兹国丞"封泥

西汉

高1.3厘米 长3.3厘米 宽3.3厘米

侯国列侯封泥。封泥为方形，封泥面钤阳文篆书"松兹国丞"两行四字，封泥背有板痕绳痕。汉篆，布局对称平正，线条方中带圆，篆法自然整齐。

松兹国，指松兹侯国（前184—前135年），是西汉初期的一个封国。史书记载，松兹侯国第一个侯是徐厉，是汉高祖刘邦的同乡。青年时随刘邦在沛县起义，身经百战，屡立战功。刘邦称帝后，徐厉被封为常山国相。高祖死后，公元前184年，吕后立常山王刘义为帝，改封徐厉为松兹侯，并在今安徽省宿松县一带建立松兹侯国。徐厉亲率民众开山造地，辟川成田，筑塘蓄水，灌溉良田，采取许多发展农业生产的措施，使松兹侯国变得富庶起来，徐厉因此被称为开发宿松第一人。前174年，徐厉去世，谥曰"夷侯"。其长子徐悼继位为松兹侯，在位三十年，谥曰"康侯"。后徐悼子徐偃继位，在位仅九年，前135年，徐偃因罪被废黜，松兹侯国由此被废除了。此封泥字体布局宽放饱满，具有西汉中期文字风格，可能是徐厉之孙徐偃时期松兹国丞使用封泥匣封检公文的遗迹。（张润平）

111. "严道丞印"封泥

西汉

高1.1厘米 长2.6厘米 宽2.6厘米

少数民族聚居区官印封泥。方形，封泥面钤阳文篆书"严道丞印"两行四字，封泥背有绳痕。汉篆，布局匀满紧凑，线条端庄秀丽，印风工稳平正。

县是西汉第二级行政区，除一般县外还有侯国、太后公主汤沐邑和在少数民族聚居区设立的道。"严道"，古县名，今四川省荥经县，是古代南丝绸之路的重要驿站。《汉书·地理志》记载，严道县属蜀郡。秦惠文王时，封樗里疾为首任县令于严道，号"严君"，乃设县，隶于蜀国守。秦昭襄王除蜀国，置蜀郡，严道隶之。西汉前期，县沿袭秦时隶属。武帝时严道县隶属郡西部都尉。新莽时期，县名改称"严治"。东汉时期恢复西汉旧制。安帝延光元年（前122年），改蜀郡西部都尉为蜀郡属国，县隶之，即益州-蜀郡属国-严道县。严道县的治所，自秦至汉，一直在今荥经古城坪，今严道遗址尚存。此封泥为西汉蜀郡严道县县令属官的用印遗迹。（张润平）

112. "壮武邑长"封泥

西汉

高1.3厘米 长3.2厘米 宽2.7厘米

官印封泥。长方形，封泥面钤阳文篆书"壮武邑长"两行四字，封泥背有板痕、绳痕。文字布局匀整宽放，线条匀称舒展，篆法圆中带折，章法自然。

"壮武"，地名。《地记》记载："古夷国，汉壮武县，属胶东国。汉宋昌、晋张华皆封于此。"秦末，宋昌跟随刘邦起义，官至都

尉、代国中尉，汉高后八年（前180年），封拜卫将军，统率军队。汉文帝元年（前179年），封宋昌为壮武侯，建壮武侯国，"食胶东国壮武县"。封地在今山东即墨市蓝村镇古城村，属胶东国。王莽建立新朝后，改"壮武"为"晓武"，东汉时复改为壮武县，属北海国，曹魏时属城阳郡。"邑长"，指邑里之长，根据文字风格，应为西汉壮武侯国壮武县邑长官印封泥。封泥是古代封存信件、公文的凭信，即"缄之以绳，封之以泥，抑之以印"。封泥为干泥团，非经火烧，能留存至今，实属不易。（张润平）

113. "魏部牧贰印"铜印

新朝

高2.4厘米 长2.3厘米 宽2.3厘米

官印。印面方形，阴刻篆书"魏部牧贰印"三行五字，龟钮。刻凿印文，汉篆，采用圆转的笔致，隽刻秀丽，线条细腻流畅，平正匀称，印风活泼工稳。"印"字独占一行，字形舒展瘦长，占印面三分之一，章法有疏密对比的变化。"魏部"和"印"字呈对角对称呼应；"牧贰"呈上下疏密呼应，使得整个印面的视觉效果非常和谐对称，充满美感。

"牧贰"，官名，未见于《汉书》及其他史书记载，应是新莽时期新增加的官职。《汉书·王莽传》云：地皇二年正月"以州部位三公，刺举怠解，更置牧监副，秩元士，冠法冠，行事如汉刺史。"牧监副是州部监察官，牧贰可能是牧监副。因为魏部是新莽州部的名称。故该印应当为州部监察官。另外，"副""贰"两字意同。《说文》段玉裁注引《周礼》："周人言贰，汉人言副，古今语也。"王莽本人非常尊崇古意，因此牧监副即为牧监贰，在印文中又省略为牧贰。此印著录于罗福颐《秦汉南北朝官印征存》等。（张润平）

114. "宁陈男家丞"铜印

新朝

高2.2厘米 长2.3厘米 宽2.3厘米

官印。印面方形，阴刻篆书"宁陈男家丞"三行五字，龟钮。印文为凿刻，汉篆，篆法流畅，文字精细。"男"字偏旁部首左右变动，是新莽官印一大特点；此外"丞"字书写美观，占印面三分之一，由于字形长，最下一横两端上翘很高，篆法奇美。西汉时"丞"字，两端虽上翘但很短，东汉以后则写成一横了。根据莽印"丞"字篆写特点，可以鉴别出不少新朝官印。

"宁陈"，史籍未载，当为新莽五等爵制中男爵之属吏家丞所用印。"男"为新莽公、侯、伯、子、男五等爵位之一。"家丞"为列侯的属官。《汉书·百官公卿表》载："彻侯，金印紫绶。避武帝讳，曰通侯或曰列侯，改所食国令长名相。又有家丞、门大夫、庶子。"《续汉书·百官志》记载："列侯所食县为国……每国置相一人……其家臣置家丞、庶子各一人。注曰：主侍侯，使理家事。"由此可知新莽所封之五等爵，亦置有家丞属官，故新莽仍沿汉制而未改。新莽印文书法与两汉印章书法不同，文字线条圆润，印文布局更为美观匀称。此印著录于罗福颐《秦汉南北朝官印征存》等。（张润平）

115. "敦德尹曲后候"铜印

新朝

高2.2厘米　长2.3厘米　宽2.3厘米

官印。印面方形，阴刻篆书"敦德尹曲后候"三行六字，龟钮。刻凿印文，汉篆，布局呼应对称，线条圆转柔媚，笔画稍细，章法有疏密对比的变化，充分展现出字体排列和书法审美。六字的组合产生一种浑厚、协调庄重的感觉。

"敦德"，古县名，今敦煌县。王莽时期对西汉郡县名有所改易，并将郡太守改为大尹。大尹，《汉书·王莽传》记载："始建国元年，改郡太守曰大尹，都尉曰大尉。"又过五年，"莽以周官王制之文，置卒正、连率、大尹，职同太守；属令、属长，职如都尉。"即相当于郡守的有卒正、连率、大尹这样不同的三种名称。《汉

书·王莽传》还记载"无爵者为尹"，指无爵为者可以就任大尹。王莽官印中有候、曲候、曲后候，如"渔阳长平候""敦德步广曲候""敦德尹曲后候"等。

汉代的候官是一种军事驻扎性机构，它下面有若干个防御组织。候官都有一定名称。《汉书·地理志》敦煌县条、班氏本注曰："中部都尉治步广候官"。候官之长称候，如《汉书·董贤传》及《律历志》有"云中候""酒泉候"，即云中、酒泉两郡之候也。曲候，掌守宫门之官。《汉书·百官公卿表》记载：卫尉属官有"诸屯卫侯司马各二十二官"。新莽时期，将军部下有曲，曲有军候，卫尉属编有同。"敦德尹曲后候"，指敦德大尹军曲之候。而曲后候指曲之后候，"后"字不明其意。此印应为敦德郡军候的候官之印。（张润平）

116. "大将军印章"铜印

新朝

高2.2厘米 长2.3厘米 宽2.3厘米

官印。印面方形，阴文篆书"大将军印章"三行五字，龟钮。汉篆，布局紧凑，"章"字独占一行，占印面三分之一，字形重心下移，下脚显得十分充实，采用圆转方折的笔致，线条规整遒劲，刀锋硬朗，印文章法整齐。

"大将军"，武官名。始置于战国，秦汉延置，为将军的最高称号，职掌统兵征战。楚汉之际，刘邦在汉中拜韩信为大将军，位在诸将之上。韩信死后不常置，战时临时受封，战毕即除。汉武帝元狩四年（前119年），废太尉，置大司马、大将军。封卫青、霍去病为大将军，作为将军的最高称谓，位在三公之上，在内朝执掌政务。大司马，为将军的加官，领兵征战。东汉始有名号大将军，魏晋南北朝沿置。《汉书·王莽传》记载，新莽后期，战乱四起，为加强地方官吏的权利，树威天下，又下书曰："予之皇初祖黄帝定天下，将兵为上将军，建华盖，立斗献，内设大将，外置大司马五人，大将军二十五人，偏将军百二十五人，裨将军千二百五十人，校尉万二千五百人，……于是置前后左右中大司马之位，赐诸州牧号为大将军，郡卒正、连帅、大尹为偏将军。"据史料记载及印文篆法和龟钮等特点，将此印定为王莽时期大将军官印。（张润平）

117. "平羌男家丞"铜印

新朝

高2厘米　长2.3厘米　宽2.3厘米

官印。印面方形，阴刻篆书"平羌男家丞"三行五字，瓦钮。刻凿印文，汉篆，章法有疏密对比的变化，"平羌"二字笔画少，占印面三分之一，留有空地较多，字形显得疏朗；"男家"二字笔画繁，但只占印面三分之一，"男"字偏旁部首左右变动，字形显得匀密；"丞"字独占印面三分之一，最下一横两端上翘很高，字形匀称绵密；全印有强烈的疏密对比感，但又使人感到十分和谐，这就是后人所称的"密不容针，疏可走马"的章法。疏密对比变化在章法中是最常用的一种手法。

"平羌"，古县名。《寰宇记》卷七十四"平羌县"云因平羌山而得名。位于四川盆地，历史悠久，二千年前就为蜀王故治，古称嘉州。王莽据《禹贡》，将西汉十三州并为九州，将西汉时郡县名称几乎全部撤销改变，如将敦煌改名文德、敦德，武威改为张掖等，人称"莽州郡官名，改无常制，乃至岁复变更"。《礼记》有公、侯、伯、子、男五等爵位，王莽据此依五服亲疏来议定封爵授土之制。家丞，为侯之家臣。《汉书·百官公卿表》记载列侯有"家丞、门大夫、庶子"。此印著录于罗振玉《贞松老人遗稿郊居胜录》。（张润平）

174

118. "校尉丞之印"铜印

新朝

高2厘米　长2.4厘米　宽2.4厘米

官印。印面方形，阴文篆书"校尉丞之印"三行五字，瓦钮。刻凿印文，汉篆，布局规矩对称，线条圆转柔丽，凿印水平高超。"印"字独占印面三分之一，字形舒展娟秀，最后一横端部有回折的笔意，篆法工稳沉着，是新莽官印独有的篆法，章法平正匀称。

"校尉"，武官。《汉书·百官公卿表》记载有城门、中垒、屯骑、步兵、越骑、长水、胡骑、射声、虎贲诸校尉，诸将军亦有属官校尉。"丞"，校尉佐官，掌文书等。同时期新莽官印还见有"校尉司马丞""校尉之印章""校尉左千人"等。《汉书·王莽传》记载：将兵为上将军，属官有校尉万二千五百人，又赐诸州牧号为大将军，郡卒正、连帅、大尹为偏将军，属令长裨将军，县宰为校尉。此当时莽官之印也。（张润平）

119. "开阳唯印"铜印

东汉
高1.7厘米 长2.2厘米 宽2.2厘米

官印。印面方形,阴文篆书"开阳唯印"两行四字,瓦钮。印文为凿刻,汉篆,印面布局匀齐,"开阳"二字笔画多,略占印面多一半,印文字体宽博,线条有粗细变化,篆法整齐稳健。

"开阳",古地名,为今山东省临沂市古县。春秋时期为临沂地区的郯国,国都在启阳邑,春秋末被鲁国吞并。西汉初年于此地置启阳县,属琅琊郡。汉景帝元年(前156年),为避景帝刘启讳,更名为开阳县,治所不变。东汉光武帝建武十五年(39年),封其子刘京为琅琊公。建武十七年(41年),复置琅琊国,封刘京为琅琊国国王,建都于莒(今山东莒县城阳镇)。明帝永平十五年(72年),刘京逝世,其长子刘宇继位,章帝建初五年(80年),琅琊国改治开阳(今临沂市区),辖境约今临沂地区,东至黄海,都城坚固,具有重要的军事地位。其后琅琊王传六世。此印应为东汉开阳乡里小吏官印。(张润平)

120. "利成长印"铜印

东汉

高2厘米 长2.2厘米 宽2.2厘米

官印。印面方形,阴文篆书"利成长印"两行四字,覆瓦钮。凿刻印文,汉篆,布局饱满匀称,字体方折宽放,线条细顺平稳。篆法自然。

《汉书·地理志》记载有"利成县",注:"莽曰流象。"《后汉书·郡国志·东海郡》记载为"利城县"。"利成"同"利城",古县名,在山东东南部。秦朝置利成县,隶属琅玡郡。西汉在境内置三县,属琅玡郡。东汉章帝建初五年(80年)归东海国。献帝建安三年(198年)升利城为郡,以武将吴敦为太守。三国魏文帝黄初六年(225年)利城郡废为县。"长",战国时期为地方正职政务官,汉代即为县长之意。《汉书·百官公卿表》记载:"县令、长皆秦官,掌治其县……皆有丞、尉,秩四百石至二百石,是为长吏。"汉沿袭秦制。此印著录于罗福颐《秦汉南北朝官印征存》。(张润平)

121. "海陵长印"铜印

东汉

高2.3厘米 长2.4厘米 宽2.4厘米

官印。印面方形，阴文篆书"海陵长印"两行四字，覆瓦钮。印文为凿刻，字口较浅。汉篆，文字篆法规整，布局匀满，钤抑后，白多朱少，白文线条宽肥。这类印又称为"满白文"，流行于西汉后期至东汉时期。

《汉书·地理志》记载：武帝元狩六年（前117年）设置临淮郡，下辖29个县，其中有海陵县。《汉书·地理志·临淮郡》记载："海陵，有江海会祠，莽曰亭间。"《续志》记载：后汉为省。海陵县，《大清一统志》卷六十七载："以其地傍海而高故曰海陵。"汉代，海陵县治所不详。新莽，海陵县改称亭间，属淮平郡。东汉，海陵县属广陵郡。三国，江淮之间为魏吴战场。"长"即县长。（张润平）

122. "河阳长印"铜印

东汉

高2.4厘米 长2.4厘米 宽2.4厘米

官印。印面方形，阴文篆书"河阳长印"两行四字，覆瓦钮。凿刻印文，汉篆，字体线条更加宽肥，为"满白文"印代表作。满白文一般线条粗阔，印面布局严谨平正、篆法规整。平正规矩的布局是满白文官印最基本的章法。

"河阳"，《汉书·地理志·河内》载：

"河阳，有湛城。"《后汉书·郡国志·河内郡》记载有"河阳县"。汉武帝元封五年（前106年），置河阳县，故治在今河南孟州市槐树乡桑洼村，属河内郡。新莽时期改称为"河亭县"。东汉、魏、晋、北魏时期均称河阳县。《汉书·百官志》载："县，万户以上为令，不满为长。"东汉官印印文风格线条较粗肥，行笔平直方折，结体方整。此印为东汉官印标准器。此印著录于罗福颐《秦汉南北朝官印征存》。（张润平）

123. **"北海飤长"铜印**

东汉

高2.5厘米　长2.4厘米　宽2.4厘米

官印。印面方形倭角，阴文篆书"北海飤长"两行四字，覆瓦钮。汉篆，印文字体宽博，线条较粗，篆法粗放率意。

"北海"，古县名，今广西壮族自治区。距今七千多年前的新石器时代，北海已有人类活动，古称百越。北海是汉代海上丝绸之路的重要始发港，是桂东南、粤西的政治、文化和经济中心。《后汉书·郡国志》记载："青州北海国，景帝置。"《宗室四王三侯传》记载："建武二十八年（52年）立刘兴为北海王。经六世，建安十一年（206年）国除。"东汉末年建安八年（203年），合浦郡统合浦、徐闻、高凉、凌允、珠崖五县，北海属珠崖县。"飤"同"饲"，通作食。飤官即食官，《汉书·百官公卿表》为奉常属官。此印应是东汉建武时期北海国县邑的食官印，著录于罗振玉《贞松老人遗稿郊居脞录》和罗福颐《秦汉南北朝官印征存》。（张润平）

124. "汉归义賨邑侯"金印

东汉
高2.5厘米 长2.4厘米 宽2.4厘米
1890年四川省重庆市奉节县甲高坝双河口
出土

东汉政府颁赐给賨族首领的官印。印面方形，阴文錾刻篆书"汉归义賨邑侯"六字。金质驼钮，骆驼卧伏状，驼背錾刻深痕划道及斜阴线纹表示毛皮。驼腹与印背有一穿。汉篆，印文布局紧凑，白文线条粗放，章法整齐严谨。

"归义"，是汉族政权给予其统辖周边少数民族首领归化者的一种封号，此时颁赐给少数民族的印章特点是印文首冠以"汉"字，以表明归属关系。《后汉书·筰都夷传》记载：汉和帝永元十二年（100年）"旄牛徼外白狼夷率种人十七万口，归义内属，诏赐金印紫绶。""賨"，巴人。《舆地纪胜》引《晋中兴书》记载："賨者，廪君之苗裔也。巴氏子务相……立为廪君，子孙列布于巴中。秦并天下，（前314年，秦惠文王更元十一年，于巴地置巴郡。以巴氏为蛮夷君长。）薄其税赋，人出钱四十，巴人谓赋为賨，遂因名焉。"《风俗通》载："巴有賨人，骠勇。高祖为汉王时，阆中人范目说高祖，募取賨人定三秦。"此印为东汉末年颁赐给已归附的賨族首领杜濩之金印，并封其为巴西太守、賨邑侯，命其统辖其民。此印著录于罗福颐《秦汉南北朝官印征存》。1956年由四川省重庆市博物馆拨交中国历史博物馆。（张润平）

125. "汉匈奴归义亲汉长"铜印

东汉

高2.9厘米　长2.4厘米　宽2.4厘米

1977年青海省大通上孙家寨匈奴墓出土

东汉政府颁赐给匈奴族首领的官印。印面方形，阴刻篆书"汉匈奴归义亲汉长"三行八字。铜质驼钮，骆驼跪卧状，驼背刻双驼峰。驼腹与印背有一穿。凿刻印文，汉篆，印面布局严谨，采用平直方折的笔致，线条细致劲健，全印八字印文，"汉长"二字占印面三分之一，字形瘦劲疏朗。全印章法疏密得体，分布巧妙平正，充分展现东汉官印刻凿和书法水平。

西汉时期，匈奴族有发达的游牧经济和强大的军事实力，汉朝和匈奴之间曾发生多次激烈的军事冲突。汉武帝时期，匈奴被汉军击败，退出漠南。元狩四年（前119年），漠北之战，霍去病"封狼居胥山，禅于姑衍，登临翰海（今贝加尔湖）"。汉元帝（前48-前33年）时，匈奴呼韩邪单于与汉朝立下盟约，"汉与匈奴合为一家"，此后多次和亲，长期互通关市。此印出土地上孙家寨，地处河湟之间，古代称为"湟中"之地。秦代以前，这一地区是古羌人活动地区。西汉以后，这里成为羌人、小月氏和汉人的混居区。东汉前期，祁连山以南卢水一带居住着匈奴别部"卢水胡"，他们越过祁连山到达湟中地区，与这里的羌族、月氏胡相处混居。此印"匈奴"指"卢水胡"这支匈奴别部。根据此印出土地点，此印当是东汉政府颁赐给匈奴别部"卢水胡"的某匈奴首领官印。（张润平）

126. "汉归义羌长"铜印

东汉

高3.5厘米 长2.3厘米 宽2.3厘米

1953年新疆沙雅于什格提出土

东汉政府颁赐给羌族首领的官印。印面方形，阴刻篆书"汉归义羌长"三行五字。铜质羊钮，羊跪卧状，背刻斜线和短阴线纹。羊腹与印背有一穿。印文为凿刻，汉篆，布局紧凑，线条端正有力，刻法精细。

汉代时期的西域，是指玉门关、阳关以西包括今新疆、中亚在内的广大地区。西汉初年，西域一带有乌孙、楼兰、若羌、精绝、于阗、车师、龟兹等三十六个小国。汉武帝派张骞通西域，加强了与西域各族的联系。汉宣帝设立西域都护府，对西域广大地区实行管辖。汉代羌族主要有分布在今甘肃、四川西部的白马羌、青衣羌等，分布在河西走廊以南、青海东部的黄河河曲及湟水流域一带的羌族，出于政治、经济、军事等原因，内迁金城、陇西、汉阳诸郡的西羌和安定、北地、上郡、西河等以郡以致三辅地区的东羌，还有分布在西域南山中的葱茈羌、黄牛羌等。从此印出土地点判断，此印当是东汉政府颁赐给西域昆仑山北麓的某羌族首领的官印。（张润平）

127. "汉丁零仟长"铜印

东汉

高1.5厘米　长2厘米　宽2厘米

东汉政府颁赐给丁零族仟长的官印。印面方形，阴刻篆书"汉丁零仟长"三行五字，覆瓦钮。凿刻印文，汉篆，布局紧密，字体端部见锋，线条平直刚劲。"汉"字占印面三分之一，字形瘦长舒展，字体中部断开留空，使得整个印面显得整齐而富有章法。

"仟长"，本为匈奴官号之一种，内附后，汉沿其俗，仍用其名。"丁零"部落也如此。汉代丁零部落活动中心在今俄罗斯南西伯利亚叶尼塞河中游米奴辛斯克盆地。《史记·匈奴列传》记载："（匈奴）后北服浑庾、屈射、丁零、鬲昆、薪犁之国，于是匈奴贵人大臣皆服，以冒顿单于为贤。是时汉初定中国……"《史记·匈奴列传》记载在汉初、两汉时期，匈奴将丁零视为大敌，互相仇视，几经攻战，后长期臣服于匈奴，单一的丁零族与匈奴族混居了。两汉时期，匈奴族又多次被汉族降服，沦为藩属，这当中也包括丁零人。此印是东汉政府颁发给归附丁零部落仟长之印。（张润平）

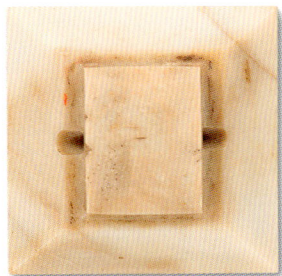

128. "刘安意"玉印

西汉

高1.7厘米 长2.5厘米 宽2.5厘米

1946年河北省邯郸柏乡五里村汉墓出土

西汉侯国象氏侯私印。白玉质，印面方形，阴刻篆书"刘安意"两行三字。覆斗钮，钮上部有一穿。汉篆，印文笔势圆转，"刘"字独占印面一半，笔画舒展，有端丽清朗的风韵；"安意"随笔画繁简排列，线条细致匀整，篆法流畅，代表西汉书法水平，为西汉玉印中珍品。此玉印为西汉武帝时期刘姓列侯刘安意之私印。

《汉书·王子侯表》记载：刘安意为象氏侯刘贺之子，赵敬肃王刘彭祖之孙，汉景帝刘启的曾孙。武帝元封三年（前108年）刘安意被封象氏侯，在位二十七年，死于汉昭帝始元六年（前81年）。《汉书·地理志》记载："巨鹿郡有象氏县，为侯国。"象氏侯国于汉高祖元年（前206年）置，属巨鹿郡，故城在今河北隆尧县城北固城镇固城村。汉武帝元朔三年（前126年），封赵敬肃王刘彭祖之子刘贺为象氏节侯，置象氏侯国，在位十八年。东汉建武元年（25年），废象氏县。此墓自从1906年在河北邯郸郎村汉墓中发现刘安意的穿孔玉衣片开始，到1978年为止，相继共发现了玉衣22套以上，其中比较完整的有五套，还出土有玉枕等。此印著录于《中国文物精华大辞典》。（张润平）

129. "王安亲印"铜印

汉

高1.6厘米　长1.7厘米　宽1.7厘米

　　私印。印面方形，阴文篆书"王安亲印"
两行四字，覆瓦钮。此印连同印文一同铸造，汉
篆，满白文印，布局匀正对称，线条遒劲整齐，
笔画粗细一致，书风秀丽，章法严谨，为西汉姓
名印标准器。汉姓名印以印面镌刻姓名为基本特

征，形式多样，多数只刻姓名，此印形式为姓名
下加"印"，这类姓名印也较多见。

　　覆瓦钮是汉代姓名印中最常见的钮式，也
称瓦钮，其状如覆瓦。基本形态是，印背平，钮
面宽孔大，立于印背中部，可穿带。此钮式流行
于西汉中期到魏晋。汉代私印钮式常见龟钮、覆
瓦钮、带钩钮、钱币钮、桥钮、瓦钮和鼻钮等。
（张润平）

130. "王龙渠印" 铜印

汉

高1.3厘米 长1.5厘米 宽1.5厘米

私印。印面方形，篆书"王龙渠印"两行四字。龟钮，龟立于印背，龟体较低，小头，背略鼓，爬行状，腹下有孔可穿带。印文为铸造，采用汉篆。此印布局严整巧妙，文字排列呈逆时针，先上后下，章法有疏密对比变化。

"王"字为阳文篆书，笔画少，字形显得疏朗清晰；"龙渠印"为阴文篆书，笔画繁。文字饱满规整，线条平直。此印白文、朱文相间，使印面富于变化，摆脱了秦印单一的印面布局，体现出汉私印的灵活性和多样性。（张润平）

131. "王霸"带钩形铜印

汉

带钩：高1.5厘米　长6厘米　宽3厘米

带钩钮底部（印面）：长1.4厘米

宽1.4厘米

私印。印体形状呈带钩形，带钩钮部巧作为印章形状，带钩钮为方形，其底部即印面阴刻篆书"王霸"二字，印文为凿刻，汉篆，笔画平整纤细，根据文字的繁简来安排章法，体现出东汉私印制作水平。

王霸（？－59年），今河南许昌人，早年为监狱官，后归附光武帝，随光武帝出征打仗。东汉名将，云台二十八将之一。曾官至功曹令史、乡侯、偏将军、富波侯、讨虏将军、上谷太守、向侯和淮陵侯等。王霸戎马一生，与匈奴、乌桓交战上百次。传世品中见有"王霸"白玉印。

带钩首为兽首，钩腹较宽，上雕兽面纹，与汉代铜质实用带钩形状相同。带钩最早出现于新石器时代，战国是使用带钩的高峰期，汉代使用带钩也相当普遍，出土数量较多，多出于腰间部位，为腰带扣，与钩环配套使用，系于腰间。汉私印是随身佩带的。此印钮式别致，设计巧妙，纹饰精美。汉私印有设计成钱币钮状的，形式多样。（张润平）

132. "宋鼻"铜印

汉

高0.6厘米　直径0.9厘米

　　私印。此印体呈半球形，圆形边栏内阴刻篆书"宋鼻"二字。半球形钮，钮侧有穿。铸刻印文，汉篆，字体随印形篆刻，在不到1厘米的圆形印面上随形刻两字，字体整齐清晰，书风秀雅。此印为汉私印之佳作，汉姓名印的篆法变化万端，设计相当巧妙，有很高的艺术性。

　　宋姓渊源于子姓，以国名为氏。郑樵《通志·氏族略·以国为氏》记载："宋氏，子姓，商之裔也。武王克商，封纣子武庚以绍商。武庚与管、蔡作乱，成王诛之，立纣庶兄微子启为宋公，以备三恪，都商邱。"周建宋国开始有宋氏。周成王时，周公旦平定殷侯武庚和三监叛乱之后，封微子启于商朝发源地商丘，建立宋国，封为公爵。宋襄公时，宋国曾为春秋五霸之一。秦昭襄王灭宋，其后世子孙遂以国名为姓氏。（张润平）

133. "宋千秋" 铜印

汉

高1.2厘米　长1.2厘米　宽1.2厘米

私印。印面方形，阴文篆书"宋千秋"两行三字，瓦钮。这类汉姓名印以印面只镌刻姓名。凿刻印文，汉篆，"宋"字独占印面一半，字形舒展；"千秋"二字占印面另一半，并依笔画繁简来安排章法。印面整体布局略向上移，"千"字和印面下部留有空地，显现出字体之间排列的疏密变化，白文线条有粗细的变化，章法设计精巧。

汉代文、景帝后，汉私印面貌逐渐成熟，至武帝时完全摆脱秦印和秦篆影响，进入成熟阶段。秦汉时期姓名印或私印以青铜质居多，由于锡的含量少，其铜印本质为黄色，由于年久氧化，表面呈绿色，而可透过表层看到黄的本色。

（张润平）

134. "桐终古"铜印

汉

高1.5厘米 长1.1厘米 宽1.1厘米

私印。印面方形,边栏内阴刻篆书"桐终古"两行三字,鼻钮。汉篆。在尺寸较小的印面,留朱布白并非易事,需要娴熟驾驭文字的技巧。"桐"字占印面一多半,近三分之二,采用竖向笔画拉长的篆法,并不显得臃肿;"终古"二字竖排,占印面三分之一,字形小巧别致。印面整体布局采用大小字体对比和疏密结合的章法,文字笔画富于变化,线条平正,印风沉稳。

桐姓是非常稀有的姓氏之一。一说出自黄帝时期,《姓氏考略》记载,黄帝时有桐君作炉,其后世子孙以桐为姓氏。二说源于子姓。据《世本》记载,为殷王支庶之后,商周子姓国,在今河南虞城。三说源自偃姓。《续通志·氏族略·以国为氏》汇引《古今姓氏书辩证》云:"出自春秋桐国之后。其地汉铜乡——宋舒州桐城是也,鲁定二年楚灭桐,子孙以国为氏。"故城在今安徽省桐城北。(张润平)

135. "吕忠印"铜印

汉

高1厘米　长1.1厘米　宽1.1厘米

私印。印面方形，篆书"吕忠印"两行三字，龟钮。龟钮始见于战国，龟钮姓名印主要流行于汉魏时期。西汉早期龟钮，龟体较低，平首,腿部刻铸不清晰,腹下有孔可穿带，此印龟钮属于西汉早期。印文为铸造，汉篆，印面整体布局工稳巧妙，笔画较少的"吕"字为白文，不留底色。笔画较多的"忠印"二字为白文，占印面较多。这类印一般白文饱满，线条之间的空地要与朱文线条粗细一致，达到朱、白和谐的艺术效果。此印朱、白文相互辉映，增添了印面美感。

吕姓，一说源于姜姓，出自帝舜晚年赐伯夷吕氏，属于以帝王赐氏、部族名、国名和居邑名为氏。二说出自姬姓，以封地名为氏。春秋时晋国公子重耳逃亡时，有追随者名魏犨。重耳回晋国当上国君后，封魏犨为大夫，封魏犨的儿子魏锜于吕。魏锜后世子孙以封地名为氏，称吕氏。（张润平）

136. "任尊"铜印

汉

高0.9厘米　长0.9厘米　宽0.9厘米

　　私印。印面方形，边栏内阴刻篆书"任尊"二字，鼻钮。印文为铸造，汉篆，布局匀称紧凑，文字平正规矩，章法严谨，是汉小型私印之代表作。"初学分布，但求平正"，印章中的"平正匀称"，是最基本的章法，为汉私印之佳作。

　　任姓，郑樵《通志·氏族略》记载任氏：

"或云黄帝二十五子，十二人以德为姓，一为任氏，六代至奚仲封薛。又云黄帝之孙颛帝少子阳，封于任，故以为任氏。又任为风姓之国，实太昊之后，主济祀，今济州任城即其地。任姓之任，任国之任子孙，皆以任为氏。"《国语·晋语》记载："黄帝之子二十五宗，其得姓者十四人，为十二姓，姬、酉、祁、己、滕、箴、任、荀、僖、姞、儇、衣是也。"《史记》记载，任姓出自黄帝少子禹阳之后，属于帝王赐姓和以国名为氏。（张润平）

137. "燕时"铜印

汉

高1.8厘米 长1.8厘米 宽1.8厘米

私印。印面方形，边栏内阴刻篆书"燕时"二字，台形鼻钮。此印形制较大，印文为凿刻，汉篆，布局匀称饱满，有整体感，全印呈现出一种静穆的气息。字体笔画有疏密、长短、粗细、正斜的对比，全印线条平直，格调古朴雅致。此印钮式、文字风格均仿战国古玺，字体笔画充满了古意，线条圆中带折，字形瘦长坚劲，字口留

有凿刻痕迹。汉代阴文私印，较战国、秦朝更加精致规范。

燕姓源自姬姓，为黄帝后代，属于以国名为氏。郑樵《通志·氏族略·以国为氏》记载燕氏："北燕也，旧幽州蓟县是也。南燕今滑州胙城是也。召康公奭，周之支族，食邑於召，武王灭纣，封召公于北燕……于姬姓独后亡，岂非召公之烈邪。南燕姞姓，伯爵，黄帝之后，实故国犹存于周者。南燕、北燕皆为燕氏，此异姓而同氏者。"（张润平）

138. **"燕宗印"铜印**

汉

高1.8厘米 长1.7厘米 宽1.7厘米

私印。印面方形，阴铸篆书"燕宗印"两行三字。覆瓦钮，印文为铸造，满白文印，汉篆，"燕"字笔画较多，占印面一半多，字形舒展；

"宗印"二字竖刻，占印面少一半。此印依笔画繁简布局，篆法规整，线条粗细均匀饱满，字体整齐。字口空腔较深。

"燕"字为象形字，最早见于商代甲骨文。燕除作为姓氏外，还是周、春秋、战国时期诸侯国名，位于今河北北部和辽宁西部，旧时河北别称燕。（张润平）

139. "叔孺"铜印

汉

高1.3厘米　长1.5厘米　宽1.3厘米

私印。印面长方形，阴文篆书"叔孺"二字，龟钮。铸造印文，汉篆，篆法仿金文书体，白文线条粗硕，为满白文书体，印面四周留有空地，有疏密对比的变化。据唐代《元和姓纂》记载，叔姓为八凯叔达之后。南宋《路史》记载，颛顼帝后有叔氏，其后以为氏。《姓氏考略》记载，颛顼之后名叔蜀，后以为氏。

龟钮从西汉兴起，除官印外，汉私印也常用龟钮，西汉早期龟作卧伏状，龟身态势低，腹甲贴近印背，四肢曲立，仅露出头部，龟背较高，背刻甲纹明显；西汉末到东汉初，四肢渐起立，趾部镂刻清晰，背部纹饰细致，颈部渐出；东汉末至魏晋南北朝时期，龟钮加高加大，四肢呈站立状，腹部支离印体，颈部长伸，龟背渐平。此印龟钮应属于西汉末到东汉初年。（张润平）

140. "马庸"铜印

汉

高1.1厘米 长1.3厘米 宽1.3厘米

私印。印面横日字形界格内阴刻篆书"马庸"二字,四坡形鼻钮。印文为凿刻,似小篆书体,布局匀称,线条纤细,圆中带折,挺拔匀整,字形瘦长劲健,将全部竖向笔画拉长,有笔画长与短的对比变化,横日字形界格亦整齐。此印十分接近秦私印风格,印风古朴。

西汉初期,所用文字为小篆,与秦印文字风格相近。罗福颐鉴定此印为西汉初期私印。西汉继承了秦印凿刻印文的技法,并发扬光大,制印匠人在铸好的青铜印面上,根据不同需求和用途,用铁刀等制印工具在青铜印面上刻凿印文,越小的印面,字越难凿刻,需要非常娴熟的刻字技艺。(张润平)

141. "张志"铜印

汉

高1.5厘米　长1.4厘米　宽1.4厘米

私印。印面横日字形界格内阴刻篆书"张
志"二字，坛形鼻钮。印文为凿刻，汉篆书体，
印面横日字形界格按字体笔画繁简布局，"张"
字笔画多，占印面一多半，"志"字笔画少，占
印面一少半。采用圆转的笔致，笔画间距匀称，
并有疏密对比之变化，线条细劲流畅，字形瘦长
活泼，篆法秀美，有秦印细白文风格，与秦印文
字风格相近。应为西汉初期私印。

张姓，郑樵《通志·氏族略·以字为氏》记
载张氏："黄帝子少昊青阳氏第五子挥为弓正，
观弧星始制弓矢，主祀弧星，赐姓张氏，此非命
姓氏之义也。按晋有解张，字张侯，自此晋国世
有张氏，则因张侯之字以命氏。"（张润平）

142. "郭万年印" 铜印

汉

高1.4厘米　长1.7厘米　宽1.7厘米

私印。印面方形，阴刻篆书"郭万年印"两行四字，覆瓦钮。凿刻印文，汉篆，文字排列呈逆时针，先上后下，也称回文法排列，以避免笔画繁的"郭""万"两字同在一侧。印面布局合理紧凑，四字印文笔画较多，各占印面四分之一，为对角呼应。篆法繁而不乱，章法严谨。印文中见有刻刀凿刻的刀痕，线条中间粗、两端细，刀法娴熟，富于变化，字体坚劲有力，为汉代私印凿刻印文精品。

郭姓出自任姓，任氏是黄帝氏族之一，禺虢是任氏部族首领，任姓之祖。其后裔在夏朝建立了郭国，子孙遂以国为氏，称郭氏。郑樵《通志·氏族略·以国为氏》记载郭氏："春秋有郭公，遂以为氏。《公羊》曰：'虢谓之郭，声之转也'。或言郭为晋所灭，公子配奔周，遂为郭氏。今虢氏无闻，惟著郭氏。"（张润平）

143. "庞望"铜印

汉

高1.9厘米 长1.5厘米 宽1.5厘米

私印。印面方形，阴刻篆书"庞望"二字，龟钮，铸制精巧，龟背纹清晰，据龟形此印应属西汉晚期至东汉初期。印文为铸造，汉篆，布局饱满紧凑，二字印文各占印面一半，"庞"字顶天立地布局，舒展自如；"望"字为上下结构，布局有疏密对比变化。全印线条流畅隽永，书风端丽大气，章法精致自然，符合书法审美。

庞姓源于姬姓，是非常古老的姓氏之一，出自毕公高之后，属于以封邑名称为氏。据《通志·氏族略》等文献记载，毕公高是周文王姬昌的第十五子，周武王姬发的弟弟。周文王在吞并商朝毕方之后，封毕公高于毕国故地。毕公高赐封其支庶之子于庞乡，后世子孙以封邑为氏，称庞氏，相传至今。庞氏族人尊毕公高为得姓始祖。（张润平）

144. "王威卿" 铜印

汉

高3.8厘米 长1.1厘米 宽0.8厘米

私印。印面长方形，阴刻篆书"王威卿"一行三字。长方梯形钮，钮上部有穿孔，可穿带。钮正面和背面阴刻青龙和白虎纹饰，龙首上昂，龙身盘曲；白虎姿态优美，尾上扬盘绕。钮侧为朱雀和玄武纹饰。汉代四神为青龙、白虎、朱雀和玄武，代表四方之神，是汉代常见纹饰。

印文排列顺序为横排，这与秦汉时期私印三字印文排列顺序不同。汉篆，铸造印文，文字篆法工整，笔画平直。此印无论是印文排序，还是钮式，都非常新颖别致，体现出汉代私印印面姓名文字排列顺序姿态的多样性和不拘一格。印钮形制和纹饰也充满了艺术性。（张润平）

145. "药踦"铜印

汉

高1厘米　长1.6厘米　宽1.6厘米

　　私印。印面方形，篆书"药踦"二字，坛形鼻钮。汉篆，印文为凿刻，形成减地阳文的艺术效果，并以文字的繁简来安排章法。"药"字为阳文篆书，笔画较多，线条纤细秀丽，占印面一多半，篆法工整匀称；"踦"字上部为阴文、下半部为阳文篆书，字形瘦长舒展，白文线条之间的空隙要大于朱文线条，有朱如白、白如朱的艺术效果。全印篆法劲健美观。此印白文、朱文相间，妙趣自然，体现出汉代私印字形之美和形式变化多样。

　　"药"字始见于战国时期。《说文》云："药，治病草也"。药姓，相传为炎帝后代，从炎帝后裔姜姓中分衍出来。（张润平）

146. "魏未央印"铜印

汉

高1.7厘米 长2.1厘米 宽2.1厘米

私印。印面方形,阴文篆书"魏未央印"两行四字,覆斗形钮。印文为铸造,汉篆书体,篆法工整,线条粗肥,两端平齐,字形方中带圆,印面布局饱满,"魏"字占地最多,较为突出,字体安排错落有致,根据文字笔画的多少和繁简来顺其自然地排列,笔画多的则占地多,笔画少的则占地少。印文钤本显白多朱少,称满白文印。这类印文字体在汉印中数量较多、最有代表性,出现于西汉中期,以后逐渐成为汉印文字的主流。

魏姓出于姬姓,郑樵《通志·氏族略·以国为氏》记载魏氏:"始祖毕公高,封于毕,为毕氏。杜预曰:'毕在长安西北。'今长安县西有杜山,又曰毕陌。至毕万事晋。封子魏……陕州治有魏城。后虽迁徙不常,自封魏之后皆号魏……毕公高,周文王第十五子,盖庶子也,故云姬姓之别族。"(张润平)

147. "顿安居"铜印

汉

高1.4厘米　长1.4厘米　宽1.4厘米

私印。印面方形，阴刻篆书"顿安居"两行三字。龟钮，龟背纹饰清新自然。汉篆，印文为铸造，布局匀满，采用方折的笔致，线条端正流畅，篆法挺拔劲健。"顿"字占印面一半，字形舒展优美；"安居"二字竖刻，占印面一半，章法匀称精致，印风干净洗练。

顿姓出于姬姓，郑樵《通志·氏族略·以国为氏》记载顿氏："子爵，顿子牂之国也。今陈州南顿即其地。定十四年，楚灭之，子孙以国为氏。"秦代在顿国故地设置南顿郡，西汉初年将其改置为南顿县。其后世子孙多有以故国名称为姓氏者，称顿氏。《说文》云："顿，下首也。"《周礼·六祝》记载："二曰顿首，拜头叩地也。""顿安居"也可能为汉代吉语印或通信时用。（张润平）

148. "董定国"铜印

汉

高1.2厘米 长1.5厘米 宽1.5厘米

私印。印面方形，阳文篆书"董定国"两行三字。此印印体较薄，覆瓦钮。印文为铸造，汉篆，满白文印。印面布局严谨饱满，线条粗细均匀，工稳宽放，字体方正平整，印风沉稳端正。根据字体的繁简来安排章法。

"董"字笔画多，占印面多一半，字形疏阔；"定国"二字竖刻,占印面一少半，章法自然，为西汉晚期私印之代表作。

董姓来源于己姓，是非常古老的姓氏之一。一说出自帝舜赐予颛顼后裔飂之子，属于帝王赐姓为氏，其后代世代相传至今，史称董氏正宗。二说出自颛顼帝之孙子吴回的后裔，属于以居邑名为氏。其后裔子孙以邑名为氏，称董氏。（张润平）

149. "寿通平印"铜印

汉

高1.3厘米 长1.6厘米 宽1.6厘米

　　私印。印面方形，阴刻篆书"寿通平印"两行四字，覆瓦钮。印文为铸造，采用汉篆。印面布局紧凑，字体排列顺序先上后下，又称回文排列法，呈逆时针，将笔画较多的"寿""通"放在上部，占印面一多半；"平""印"二字笔画较少，居下部，占印面一少半。线条坚劲，有粗细变化，章法精整，并有疏密对比的变化，篆法精深整齐，细致熟练，体现出汉私印书法水平。

　　寿姓来源于吴王寿梦的后代，寿梦是寿姓的最早起源。据《风俗通》记载，吴王寿梦是周朝初年吴国之主周章的十四世孙，是春秋晚期曾经称霸诸侯的吴国之祖，寿氏后人尊寿梦为寿姓始祖，以寿作为姓，称为寿氏。（张润平）

150. "丁倗私印"铜套印

汉

高1.7厘米　长1.8厘米　宽1.8厘米

私印。印面方形，阴文篆书"丁倗私印"两行四字，龟钮。此印为铜套印，子印已失。印文为铸造，汉篆，印面布局新颖，线条圆转整齐。"丁"为异体字，篆法别致，像一把打开的伞，下部留有空地，有疏密对比变化，朱白相间，充满意趣，符合书法审美，使得整个印面变得活泼灵动。

丁姓源于子姓，属于以先祖谥号为氏。《姓氏考略》记载，周武王伐商纣之时，殷商诸侯之丁侯被武王所灭，其后裔子孙以丁为姓氏。另说源自姜姓，属于以先祖谥号为氏。据《元和姓纂》记载，出于姜太公之子姜伋的谥号，姜伋谥号为丁公伋，其后世子孙以其谥号为姓氏，称丁氏。（张润平）

151. "马常私印"铜印

汉

高1.4厘米 长1.5厘米 宽1.5厘米

私印。印面方形，边栏内阴刻篆书"马常
私印"两行四字。龟钮，龟背较高，穿孔较大，
印体较厚。印文为铸造，汉篆，印面布局对称均
匀，四字排列各占印面四分之一，字体平正规
矩，线条方中带圆，字形扁方，隶味较浓。笔画

端正工整，章法平稳自然，笔画平直宽放，颇具
隶书风貌，为汉后期私印之佳作。

汉姓名印以印面镌刻姓名为基本特征，形
式多样，此印形式为姓名下加"私印"二字。汉
代兽钮印中还见有套印，而套印中的子印，有一
个的，也有两个的。有的兽钮套印的母印无兽
首，而子印钮部则有兽头，套入后，子印的兽首
与母印的兽身相合，正好组成完整的兽形。（张
润平）

152. "左护私印"铜印

汉

高1.7厘米 长1.7厘米 宽1.7厘米

私印。印面方形,阴刻方形边栏内篆书"左护私印"两行四字,覆瓦钮。汉篆,印文为铸造。此印根据字体笔画的多少来安排章法。"左护"二字占印面一半,但"护"字笔画多,故占印面一半多,"左"字笔画较少;"私印"二字占印面另一半,各占二分之一。印面布局紧凑,篆法细致严谨,线条平直匀称。

左姓出于官名,属于以国名为氏。据《姓考》记载:"古有左国,以国为氏,黄帝臣左彻为其后。"其后裔子孙就以先祖国名为姓氏,故其后人多以左彻为得姓始祖。另有出于左史官之说,属于以官职称谓为氏。《元和姓纂》记载,出于春秋时期各诸侯国的左史官,其后裔子孙有以先祖官职称谓为姓氏,称左氏。(张润平)

153. "陈临私印"铜印

汉

高1.5厘米 长1.5厘米 宽1.5厘米

私印。印面方形,阴刻方形边栏内篆书"陈临私印"两行四字,覆瓦钮。汉篆,印文为凿刻,方形边栏稍有不整。全印章法自然,按笔画繁简排列。"陈临"二字笔画较多,占地超过印

面一半,"临"字笔画最多,故占印面右侧多一半;"私印"二字笔画少,占印面一少半。布局合理紧凑,采用方折的笔意,线条流畅自然,刻凿技法精熟。

秦以后姓氏合一,反映在印章上,战国古玺中复杂的氏,已变成后世所习见的姓了,从秦朝开始才有名副其实的姓名印,汉袭秦制,姓名印在汉代大为流行。(张润平)

154. "李伦私印"铜印

汉

高2厘米 长2.1厘米 宽2.1厘米

私印。印面方形,阴文篆书"李伦私印"两行四字,覆瓦钮。印文为铸造,汉篆,满白文。印文字口较深无刀刻痕,印面布局匀整饱满,平正匀称,两端平齐,白文线条粗细均匀,字体宽肥圆转。印风大气流畅,印体较大,故字体篆法较为舒展宽放自然,体现出汉代字体结体姿态的多样性,是西汉中期私印中比较成熟的汉篆。

李姓出自嬴姓,先祖为皋陶,皋陶曾被任命为舜的大理(掌管刑法的官),遂以官命族为理氏,属于以官职名为氏。"理""李"古字相通,先为理氏,后为李氏。商纣王时,大臣理征因直谏触怒纣王被杀,其子理利贞逃难,因沿途食李子得以生存,为报答"李子"救命之恩,并且理、李同音,改"理"为"李",其后世子孙以先祖官名为姓氏,称李氏。(张润平)

155. "寇相私印"铜印

汉

高1.4厘米 长1.3厘米 宽1.3厘米

私印。印面方形，阴刻篆书"寇相私印"两行四字，印体较厚。龟钮，龟钮铸刻精致。汉篆，细白文，印文为凿刻，字体比例适中，章法自然，布局匀称，四字各占印面四分之一，即采用四等分的手法，笔画细腻秀丽，流畅清新，线条圆中带折，篆法质朴规范，是汉私印代表作之一。汉龟钮私印多凿刻印文，印文多为细白文。

寇姓出自以官名为氏。《世本》记载，春秋时卫灵公之子郢的子孙，担任卫司寇一职，其后人便以官为氏。司寇官职，设于夏殷，专门负责掌管刑狱方面的事务，相当于司法官。周朝时，昆吾人的后人苏忿生为周武王司寇，其子孙以官名为姓。另说出自姬姓，以官名为氏。《姓氏考略》和《姓谱》记载，周朝初年时，卫康叔为周司寇，子孙则以官名为姓。（张润平）

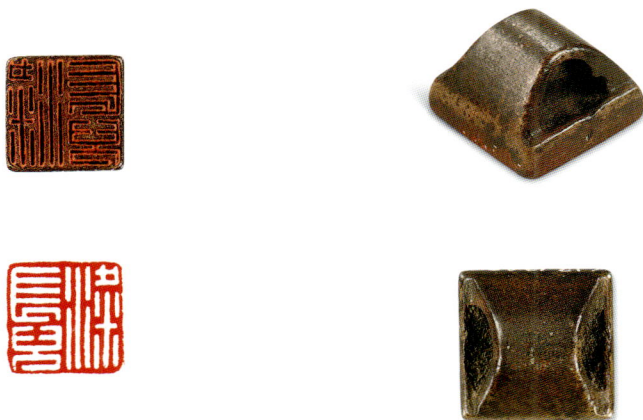

156. "梁长儿"铜印

汉

高1.2厘米 长1.6厘米 宽1.6厘米

私印。印面方形，阴刻篆书"梁长儿"两行三字，桥钮。汉篆，印文为铸造。三字印文，"梁"字笔画较多，占印面一多半，字形舒展宽放；"长儿"二字竖刻，占印面一少半。字体布局饱满紧凑，篆法平整端丽，整个印面有线条粗细对比的变化，白文、朱文相间，体现出汉私印

的灵活性。此印桥钮两端置于印背边沿，呈拱桥状，被称为桥钮。而瓦钮两端则是立于印背中央，两者有别，形态与瓦钮相近。

梁姓出于嬴姓，郑樵《通志·氏族略·以国为氏》记载梁氏："伯爵，伯益之后。秦仲有功，周平王封其少子康于夏阳梁山。夏阳今为同州县，犹有新里城。"属于以国名为氏。伯益之后裔秦仲的小儿子被封在梁，建立了梁国，称梁康伯。后秦穆公灭了梁国，梁国后世子孙以国名为姓，称梁氏。（张润平）

157. "曲女恩"铜印

汉

高1.6厘米 长1.5厘米 宽1.5厘米

私印。印面方形，阴刻篆书"曲女恩"两行三字，覆瓦钮。印文铸造，汉篆。印面布局严整，协调匀称，字形圆转规范，舒展优美，篆法工整精妙。"曲女"二字占印面一半，根据印面整体需要，将"女"字部分笔画盘曲是很好的处理手法；"恩"字笔画较多，占印面另一半。全印章法上有疏密对比感，字形舒阔大气，显现出书法之美。此印字口铸刻精深，线条宽窄均匀，从文字的缝隙处可见平整的底部，为西汉铸印代表作，体现出汉代私印书法铸刻水平之高。

史料记载，曲姓源自姜姓，出自远古帝王炎帝后裔，属于以先祖名号为氏。另源于姒姓，出自夏王桀的大臣曲逆，属于以先祖名字为氏。商汤灭夏桀之后，曲逆的后裔子孙以先祖名字为姓，称曲氏。（张润平）

158. "田嫖之印"铜印

汉

高1.1厘米 长1.4厘米 宽1.4厘米

私印。印面方形边栏内阴刻篆书"田嫖之印"两行四字。龟钮，龟钮铸刻精致，龟背花纹清晰。铸造印文，汉篆，笔势圆转。"田嫖"二字竖刻，占印面一半，"田"字为阳文篆书，"嫖"字为阴刻篆书，上下以阳线隔开；"之印"二字竖刻占印面另一半，均为阳文篆书。线条细腻匀整，篆法熟练工稳。白文、朱文相间，体现出汉私印的灵活性，为汉代私印中的代表作之一。

田姓，郑樵《通志·氏族略·以国为氏》记载田氏："即陈氏，陈厉公子完，字敬仲。陈宣公杀其太子御寇，敬仲惧祸奔齐，遂匿其氏为'田'，陈、田声近故也。"《史记·田完世家》记载，齐桓公封妫完于田地，其后世子孙以封地称谓为氏，称田氏。另说源于官位，出自西周时期官吏田仆，属于以官职称谓为氏。（张润平）

159. "段毋畏印"铜印

汉

高1.3厘米　长1.5厘米　宽1.5厘米

私印。印面方形，阴刻篆书"段毋畏印"两行四字。桥钮，桥钮两端置于印背边沿，呈拱桥状。凿刻印文，汉篆，根据文字的繁简、笔画的多少来安排章法，"段""畏"笔画较多，占印面上部一多半；"毋""印"笔画较少，占印面下部一少半；"段""毋"两字之间留有空地，

使印面有疏密对比的变化。布局饱满严整，采用方折的笔致，字体平正，笔画坚劲，线条自然，有粗细对比变化，章法工稳。是西汉后期较为成熟的汉篆。

段姓源于姬姓，黄帝的后代。汉族段姓受姓始祖是共叔段，共叔段的子孙始称"公孙段氏"，共叔段的后代将段作为自己的姓氏。另来于鲜卑，属于以部族名为氏。鲜卑段部或者段国，是东晋前期活跃于北亚的部族。因其族属为鲜卑，称其为鲜卑部落。（张润平）

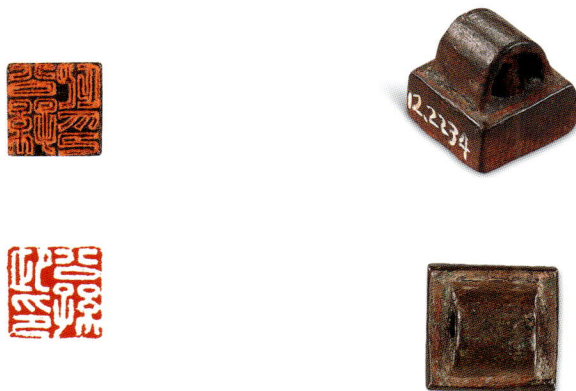

160. "公孙此印"铜印

汉

高1.3厘米　长1.3厘米　宽1.3厘米

私印。印面方形，阴刻篆书"公孙此印"两行四字，覆瓦钮。汉篆，印面据文字的繁简、笔画的多少来安排章法，因"孙"字笔画较繁，占地较多，故"公孙"二字占印面一多半，"此印"两字笔画少，则占地较少。印面布局错落有致，字体篆法紧凑，线条平整，章法精巧。

公孙为复姓，先秦贵族男子称氏，诸侯国君之子称公子，孙称公孙，公孙之后以公孙为氏。渊源有二，一源于身份，出自两周时期各诸侯国王族的后裔，属于以贵胄身份称谓为氏。二出自姬姓，黄帝轩辕后裔有公孙氏，最早出现的公孙氏是在上古时期。《路史》记载："神农同母弟勖，嗣少典国君，世为诸侯，后以公孙为姓。轩辕帝初名公孙，后改姬。"其后代有部分姓公孙，称公孙氏。（张润平）

161. "杨依齐印"铜印

汉

高1.6厘米 长1.7厘米 宽1.7厘米

私印。印面方形，阴刻篆书"杨依齐印"两行四字，覆瓦钮。印面边角处较圆。汉篆，铸造印文，印文字口较深。文字排列呈逆时针，先上后下，也称回文排列法，以避免笔画繁且左右结构的"杨""依"两字同在一侧，而造成重心不稳的局面，将"杨""依"两字平放在此印的上部，是章法上的需要。字体篆法采用圆转的笔意，线条宽放自如，布局饱满匀称，印风平稳精致，颇具美感。此印应为武帝时期私印代表。

杨姓源自姬姓，出自西周王族，郑樵《通志·氏族略·以邑为氏》记载杨氏："姬姓。周宣王子尚父，幽王时封扬侯，为晋所灭，其后为氏焉。或曰周景王之后，一云唐叔虞之后，至晋出公，孙子齐，生伯侨，归周，天子封杨侯。"

（张润平）

162. "石蔚增印"铜印

汉

高1.6厘米 长1.7厘米 宽1.7厘米

私印。印面方形，阴刻篆书"石蔚增印"两行四字，覆瓦钮。此印连同印文一同铸造，汉篆，印文字口精深平整。印文布局采用四等分的手法，四字各占印面四分之一，为了突出印面疏密关系，将笔画繁的"蔚""增"两字与笔画少的"石""印"两字占地一样多，"石"字笔画少，留有空地较多，使全印有强烈的疏密对比感，却又十分和谐。字体排列平正，布局饱满。线条有粗细变化，增添了书法艺术美感，是汉铸造姓名印中精湛之作。

石姓源于姬姓，出自春秋时期康叔六世孙卫靖伯之孙公石碏，属于以先祖名字为氏。还有来自子姓说，出自春秋时期宋国的公子段，属于以先祖名字为氏。源于嬴姓说，出自春秋时期秦国石作氏。（张润平）

163. "眭国信印" 铜印

汉

高1.3厘米 长1.4厘米 宽1.4厘米

私印。印面方形，阴刻篆书"眭国信印"两行四字，龟钮。印文为凿刻，汉篆，印面布局紧凑，"眭国"二字占印面一半，"国"字笔画较多，占印面二分之一多；"信印"二字占印面另一半。印文篆法整齐，线条有粗细对比变化，书风和谐自然。汉姓名印以印面镌刻姓名为主，形式多样，多数只刻姓名，此印形式为姓名下加"信印"二字，也有姓名下加"印信"二字的。

眭姓，《广韵·支韵》记载："眭，姓也，出赵郡。"出自姜姓，源于春秋白狄古肥子国君主隗绵皋之后，属于避难改字为氏。诸多姓氏史籍记载，战国时期，赵国大夫食采于原肥子国故地眭邑（今山西昔阳东冶头镇，一说浙江淳安），因以为姓氏，称眭氏。据《元和姓纂》记载："眭，赵大夫食采眭邑，因以为氏。"在姓氏史籍中，均将"眭"字误写为"睦"字或"雎"字，后以讹传讹，产生出两个字形相似的"睦"和"眭"。另有一说，战国时，肥子国（今山西太原以东）国君姓圭，其后世子孙改作眭姓。（张润平）

164. "田毋隆　臣憙"穿带铜印

汉

高0.5厘米　长1厘米　宽1厘米

私印。印面方形，印一面为横日字形界格边栏内阴刻篆书"田毋隆"两行三字；另一面阴线方形边栏内阴刻篆书"臣憙"二字。印文汉篆，细白文，依文字笔画多少来安排章法。"田"字笔画少，占印面少一半，字形瘦长；"毋隆"两字笔画多，竖刻占印面多一半。印文

字体篆法整齐，线条细腻，书风优美。"臣憙"是姓名印中在名或字前加"臣"字。汉魏时期，两面印多一面刻姓名，一面刻"臣某"，"臣"并不只限于有官职者，也为男子之称谓。这类两面印较为多见。

此印称双面印，无钮。多呈扁方体，印侧中部有圆形穿孔，可系绶带，故又称穿带印。穿带印起源于战国。汉穿带印一般一面刻姓名，另一面刻字号、吉语或肖形图案等。（张润平）

223

165. "燕奴　日利"穿带铜印

汉

高0.6厘米　长1.8厘米　宽1.6厘米

私印。印面方形，一面铸阳文篆书"燕奴"二字，另一面阴刻篆书"日利"二字。此印为两面印，汉篆，印侧中部有扁方穿孔，可系绶带。

燕奴之"燕"字为象形字，采用方折的笔致，章法严谨整齐，书风劲健。日利之"日"字，中间横笔画似曲体虫形，"利"字则由两只不同姿态的鸟组成，是汉许慎《说文解字》中所谓的"鸟虫篆"书体。这种书体始见于春秋时期的吴越地区，入印始于汉，并主要见于西汉印，以笔画盘曲并端部作虫鸟头状为基本特征，是一种美术字体。武帝时期，汉印文篆书进入成熟阶段，姓名印等私印字体开始出现鸟虫书、缪篆和摹印篆等，它们的出现，是汉印成熟的标志。汉篆这种雅丽劲健的文字，与印面宽满严谨的布局相结合，形成汉印独有的篆刻艺术风格，与汉官印一起，成为中国篆刻艺术之典范，为后世制印篆刻流派所尊崇。（张润平）

166. **"梁求　梁丹"穿带铜印**

汉

高0.5厘米　长1.3厘米　宽1.3厘米

私印。印面方形，一面阴线边栏内阴文篆书
"梁求"二字，另一面阴线方形边栏内阴文篆书
"梁丹"二字。此印为两面印，印侧中部有扁方
穿孔，可系绶带。汉篆，满白文，印文为铸造，
字口较深无刻痕，随文字繁简安排章法，布局紧
凑饱满，两端平齐，线条粗细均匀，字形瘦长，
文字篆法工整，线条平直。

穿带印起源于战国，流行于秦汉、魏晋，
有方形穿带和圆形穿带两种。方形穿带印又有正
方、长方之分。战国、秦代穿带印，穿多为圆
形，置于印侧；汉代穿带印穿有扁方形和圆形两
种，以扁方形居多。（张润平）

167. "司马勒　司马亥"穿带铜印

汉

高0.6厘米　长1.8厘米　宽1.8厘米

私印。印面方形，一面阴文篆书"司马勒"两行三字，另一面阴文篆书"司马亥"两行三字。此印为两面印，印侧中部有扁方穿孔，可穿

系绶带。"司马"为复姓。

汉篆，印文为铸造，字口精深无刀刻痕迹，线条粗细均匀，布局严整饱满，两端平齐，字体遒劲中又带柔婉风范。"亥"字篆法较为别致，下半部似鸟虫篆书体，书法艺术性强，有较强的书法审美，为汉穿带印中精品。（张润平）

168. "郭笃印信　郭笃言事"穿带铜印

汉

高1.2厘米　长2.4厘米　宽2.4厘米

私印。印面方形,一面阴文篆书"郭笃印
信"两行四字,另一面阴文篆书"郭笃言事"两
行四字。印侧中部有圆形穿孔,可穿系绶带,此
印为两面印。汉代穿带印,中部穿孔有扁方形和
圆形等,以扁方形居多。

印体较大,汉篆,满白文,字体工整,线条
粗深,印面布局饱满,采用四等分手法,每字占
地四分之一,笔画宽满粗肥,两端平齐,字体平
正遒劲,方中略圆。钤本显白多朱少,这种书体
又称满白文,流行于西汉晚期和东汉时期。(张
润平)

169. "许齐　许季"穿带铜印

汉

高0.5厘米　长1.2厘米　宽0.8厘米

　　私印。印面为长方形，一面阴线长方形边栏内阴文篆书"许齐"二字，另一面阴线长方形边栏内阴文篆书"许季"二字。此印为两面印，印侧中部有扁方形穿孔，可穿系绶带。汉篆，印文为铸造，穿带印呈长方形，字口较深，布局匀满

紧凑，笔画粗细适中，字体圆转工整，文字篆法有西汉早期风格。

　　许姓出自姜姓，郑樵《通志·氏族略·以国为氏》记载许氏："与齐同祖，炎帝之后，尧四岳伯夷之子也。周武王封其苗裔文叔于许，以为太岳后，今许州是也。"许国正是被周分封的姜姓诸侯国之一，其始祖为文叔，也称许文叔。后世子孙以国为氏，称许氏。（张润平）

170. "李广德 白虎纹"穿带铜印

汉

高0.6厘米 长1.7厘米 宽1.7厘米

私印。印面方形,一面篆书"李广德"两行三字,另一面为虎纹。此印为两面印,印侧中部有扁方穿孔,可穿系绶带。此印为姓名和肖形相结合,印一面为姓名,另一面为鸟兽纹,这种形式在汉代非常流行。

汉篆,印文为铸造,"李"字为阳文篆书,占印面一半,字形方折舒展,笔画平正;"广德"二字为阴文篆书,占印面另一半,字体紧凑,整体布局匀称。虎纹昂首张口行走状,一爪上举,尾上扬,体态优美,动感十足;虎背上方白形方框内阴刻似鸟纹形状。肖形印也称为图形印,汉代肖形印发展达到了高峰,不仅数量多,而且内容也十分广泛,动物纹多表现奇禽异兽,或神话传说中的四灵青龙、白虎、朱雀、玄武等,有吉祥辟邪之意。还有人物纹多表现车马出行、骑射战斗、农家生活、舞乐杂技等百戏,把生活中的场景浓缩到小小的印面上,反映出汉代人们的物质生活场景和片段。(张润平)

171. "蔡就私印　蔡君游印" 子母铜套印

汉

母印：高1.5厘米　长1.7厘米　宽1.7厘米

子印：高1.1厘米　长1.2厘米　宽1.2厘米

私印，此印为铜套印。母印印面方形，阴刻篆书"蔡就私印"四字，兽钮。母印印体一侧中空，子印套于母印空处。子印印面方形，阴刻篆书"蔡君游印"四字，瓦钮。子母印均采用汉篆，印文为铸造，布局严谨，母印采用四等分法，使笔画繁的字和笔画简的字占地一样多，突出疏密对比关系；子印采用回文排列法，文字排列呈逆时针，先上后下，应是避免把笔画多的"蔡""游"二字平放在此印上部，造成头重脚轻，这就是对角疏密呼应章法。全印字体宽放，圆转俊秀，篆法流畅自然，应为西汉中期铜套印代表作。

子母印是"套印"的一种，由大小数个印套合而成。邓散木《篆刻学》记载子母套印："兴于汉，盛于六朝。制印而空其中，纳小印其内如屉。外者为母，内者为子……传世者，有双套印（即一母一子）、三套印（即一母二子）、四套印（即一母三子）。四套印不多见。"母印多刻姓名，子印刻字号、吉语或鸟兽图案等。

蔡姓出于姬姓，为周文王姬昌的后裔，属于以国为氏。郑樵《通志·氏族略·以国为氏》记载蔡氏："文王第五子蔡叔度之国也，或言第十四子。同母兄弟十人，唯发、旦贤，故文王舍伯邑考而立武王，周公辅之。武王平天下，封功臣兄弟，乃封叔鲜于管，叔度于蔡。"楚灭蔡后，其后裔子孙以国为氏，称蔡氏。（张润平）

172. *"公旬可字少青"铜印*
汉
高1.5厘米 长1.4厘米 宽1.4厘米

私印。印面方形，阴刻篆书"公旬可字少青"两行六字，龟钮。汉篆，印文为铸造，印面布局匀称平正，笔画有粗细对比变化。字体排列紧凑，按文字繁简安排章法，"公旬可"三字竖

刻占印面一半；"字少青"三字竖刻占印面另一半，篆法自然。

此印为六字私印，刻名和字号，较为少见；名前加"公"，此处应指男性长者。汉代私印还有在字号前加"臣"字，如"臣寅""臣熹""臣充国"等。在历朝姓名印中，汉代姓名印附加之字最为多样。（张润平）

173. "长毋伤"铜印

汉

高1.厘米 直径1.5厘米

吉语印。印面呈圆形，阴文篆书"长毋伤"两行三字。兽钮，钮与印背有一穿。采用汉篆，印文为铸造，由于印面为圆形，故三字印文随印面形状篆刻，布局匀正严谨，字形排列紧凑秀美，书体线条规整，三字形盘曲，有汉"缪篆"书体的韵味，印风古朴雅丽，有较高书法水平。"缪篆"，《广雅·释诂》记载："缪，缠也。"缪篆文印仅见于汉代，以笔画盘曲、结体

紧密为基本特征。"长"字，字形舒展，占印面少一半。"毋伤"两字竖刻占印面另一半多。

汉代有一些多字吉语印，如"建明德子千亿保万年治无极"为12字吉语。"大富贵昌宜为侯王千秋万岁长乐未央"为16字吉语。"绥统承祖子孙慈仁永保二亲福禄未央万岁无疆"和"绥统承祖子孙慈仁永保二亲福禄未央万岁无疆"为20字吉语。"赵谪子产印信福禄进曰以前乘浮云上华山飮玉英饮礼泉服名药就神仙"为30字吉语，是目前汉代字数最多的吉语印。这些吉语印多在2.2厘米见方的印面上刻制，尤显功力，且刻文规整，均为汉篆典范之作。（张润平）

233

174. "长富"铜印
汉
高1.1厘米 长2厘米 宽0.9厘米

吉语印。印呈长方形，边栏内阳文篆书"长富"二字，瓦钮。印文为减地阳文，汉篆，布局匀称平正，采用方折的笔意，线条细致工稳，章法协调自然。

汉代吉语印常见有"日利""闻喜""寿乐""福寿""万岁""长乐""行毋咎""宜子孙""今日利行""君坐受禄""宜官内财""长富贵乐毋事""宜官秩长乐吉贵有日""瘈疾除永康休万寿宁"等。这些吉语内容与战国吉语玺相近，多数是当时人们佩带之物，吉语印功用则用以辟邪，祈求吉祥如意、大富大贵、长命百岁的美好愿望。（张润平）

175. **"平东将军章"金印**

三国 魏

高2.3厘米 长2.5厘米 宽2.5厘米

官印。阴刻篆书"平东将军章"三行五字，龟钮金印。印文錾刻，布局巧妙，文字篆法工整。

"平东将军"，官名。东汉献帝建安初置，吕布曾任此职。三国魏时平东将军多与平西、平南、平北将军合称"四平将军"，权任颇重。多为持节都督或监某一地区的军事，有时亦作为刺史等地方官员兼理军务的加官。两晋沿置，魏晋皆三品。十六国前凉、前秦、西秦亦置。南朝宋三品。梁天监七年(508年)定为武职二十四班中的二十班。陈拟三品，比秩中二千石。北魏太和十七年(493年)定为从二品上，二十三年改为三品。北齐为褒赏军功勋臣的闲职，三品。北周正七命。隋初列为散号将军，从六品上，大业三年(607年)罢。（秦多可）

176. "都乡亭侯"鎏金铜印

三国 魏

高2.5厘米 长2.3厘米 宽2.3厘米

官印。印面方形，阴刻篆书"都乡亭侯"两行四字，龟钮。该印鎏金，印文錾刻，书风疏朗大气，线条挺拔细劲。

"亭侯"，爵位名，东汉置，指列侯食邑于亭者。封爵不世袭，秩二千石。《续汉书·百官志》载："列侯功大者食县，小者食乡、亭。"

如关羽曾被封为汉寿亭侯。《汉旧仪》有"十里一亭，亭长、亭侯"的记载。"都乡"，地名，《汉书·地理志》载："都乡侯国属常山郡国。"《汉书·王子侯表》载："都乡孝侯景，赵顷王子，甘露二年（257）七月封。"东汉末三国时，因之前大量封侯，分封的土地不够，县侯逐渐变少，封侯多封乡侯和亭侯。乡侯和亭侯常为虚领，没有名符其实的封地实领，故封侯多为封乡侯和亭侯。（秦多可）

177. **"都亭侯印"鎏金铜印**

三国 魏

高2.3厘米　长2.5厘米　宽2.5厘米

官印。印面方形，阴刻篆书"都亭侯印"四字。龟钮，铸工精细。该印鎏金，凿刻印文，文字篆法浑厚饱满，线条秀丽圆转。

"都亭侯"，爵位名，属于亭侯的一种，汉置。是汉魏封爵中以一乡之亭为侯邑者称之，次于乡侯。郡县治所则置都亭。《史记·司马相如列传》载："于是相如往，舍都亭。"《后汉书·光武帝纪》载："筑亭侯，修烽燧。""亭侯"亦作"亭堠"，古代边境用以瞭望与监视敌情的岗楼。（秦多可）

178. "关中侯印"鎏金铜印

三国 魏

高2.6厘米　长2.5厘米　宽2.5厘米

官印。印面方形，白文篆书"关中侯印"四字，龟钮。该印鎏金。凿刻印文，文字中规中矩，有东汉遗风，布局匀满，篆法整齐。疏朗规整，笔画纤细。

"关中侯"，爵位名。三国时封爵之一，位在名号侯下，关外侯上。东汉建安二十年(215)十月封曹操始置，分十七级，以赏军功，金印紫绶，无封邑，不食租。《三国志》引《魏书》曰："置名号侯爵十八级，关中侯爵十七级，皆金印紫绶；又置关内外侯爵十六级，铜印龟纽墨绶；五大夫十五级，铜印环纽，亦墨绶，皆不食租，与旧列侯关内侯凡六等。"（秦多可）

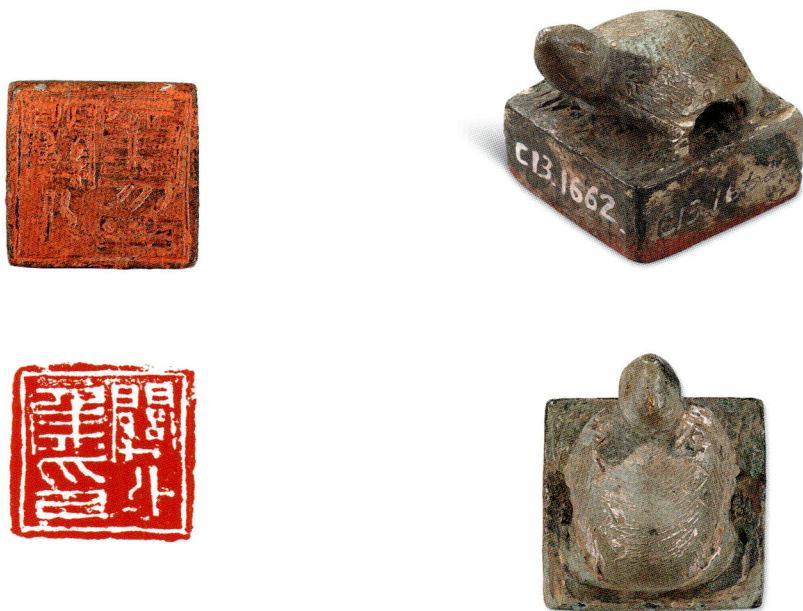

179. "关外侯印"铜印

三国 魏

高2.9厘米 长2.5厘米 宽2.5厘米

官印。印面方形,阴刻篆书"关外侯印"两行四字,带边栏。龟钮。文字体线条纤细,沉着稳健。

"关外侯"为侯爵的一种。汉制,列侯皆有封邑。这是汉代继承夏、商、周三代宗法等级"采邑"制度的余荫。其中"关外侯"与"关内侯"都属两汉时继承的秦代爵制。《后汉书·百官志》载:汉代"承秦赐爵十九等,为关内侯,无土寄食所在县民"。《后汉书·百官志》注云:"秦(汉)都山西,以关内为王畿,故曰关内侯也。"《三国志·魏书》本注:"置名号侯爵十七级,皆金印紫绶,又置关内外侯十六级,铜印龟钮墨绶,皆不食租,与旧列侯关内侯凡六等。臣松之以为今之虚封盖自此始。此印与记载相符,应是东汉末或曹魏遗物。(秦多可)

180. "军曲候印"铜印

三国 魏

高2厘米 长2.4厘米 宽2.4厘米

官印。印面方形,阴刻篆书"军曲候印"两行四字。瓦钮。印面刻工精巧,劲健俊美。

"军曲候",为大将军营五部以下校尉所属的军司马以下的属官,统领部曲军士的"军候"之印,官秩六百石。《后汉书·百官志》载:"将军……其领军皆有部曲。大将军营五部,部校尉一人,比二千石;军司马一人,比千石。部下有曲,曲有军候一人,比六百石。曲下有屯,屯长一人,比二百石。"可知五部之下有军、部、曲、屯,曲之下设有军曲候和军假候,军曲候在部之下,位低于军司马。此印当为大将军营部下的军曲候之官印。(秦多可)

181. **"军假候印"铜印**

三国 魏

高2厘米 长2.4厘米 宽2.4厘米

官印。印面方形，阴文篆书"军假候印"两行四字。瓦钮。文字布局平衡，结构匀称，章法安排合理，篆法雄浑，笔画粗放。

"军假候"，军事职官名称，为军候的副职。《后汉书·百官志》载："大将军营五部，部校尉一人，比二千石；军司马一人，比千石。部下有曲，曲有军候一人，比六百石。曲下有屯，屯长一人，比二百石。其不置校尉部，但军司马一人。又有军假司马、假候，皆为副贰。"由此可知，大将军之下有五部，五部之下有军、部、曲、屯。曲之下设军曲侯和军假候，军假候为军曲侯之副官。（秦多可）

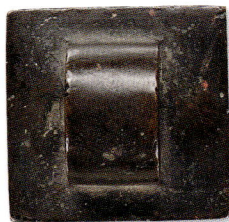

182. "军司马印"铜印

三国 魏

高1.8厘米 长2.4厘米 宽2.4厘米

官印。印面方形，阴刻篆书"军假司马"两行四字。瓦钮。篆刻工整，笔画平齐，字体舒展，采用方折的笔致，有东汉遗风。

"军司马"，武官名，东汉末置，流行于三国魏时期。《后汉书·百官志》载："其领军皆有部曲。大将军营五部，部校尉一人，比二千石；军司马一人，比千石。部下有曲，曲有军侯一人，比六百石。曲下有屯，屯长一人，比二百石。"大将军营，设五部，各部由校尉掌管，秩二千石。不设校尉的部，由军司马一人掌管，秩千石。其隶属关系为领军者为部曲，下设大将军，大将军下设有部，有校尉、军司马等职官，部下设曲，有军侯职官，曲下设屯，有屯长职官。故知"军司马"军阶低于校尉，为校尉的助手。（秦多可）

183. "军假司马"铜印

三国 魏

高1.9厘米 长2.4厘米 宽2.4厘米

官印。印面方形，阴文篆书"军假司马"两行四字。瓦钮。此印文字清晰，粗放有力，制作正齐精良。该印文与1972年河南洛阳孟津县窖藏曹魏时期的"军假司马"铜印印文篆法相同。

"军假司马"，官名，东汉置，流行于三国魏时期，武职，也简称假司马，辅佐军司马来管理军务。军司马加假字，有代理、试用的意思。《后汉书·百官志》载：将军营下"其不置校尉部，但军司马一人。又有军假司马、假候，皆为副贰"，说明军假司马为军司马之副职，为军司马的助手。《后汉书·班超传》记载，班超、徐干曾任过"军假司马"一职。（秦多可）

184. "别部司马"铜印

三国　魏

高2厘米　长2.4厘米　宽2.4厘米

官印。印面方形，阴文篆书"别部司马"两行四字。瓦钮。印文篆法线条浑圆而劲健，笔画粗放自如。

"别部司马"，官名，东汉置，掌领兵征伐。《后汉书·百官志》记载：大将军领兵五部（营），每部置校尉一人，不置校尉的部，设军司马一人。其中别营领属为别部司马，其所率兵士数目多少各随时宜，不固定。"别部司马"三国时沿置，《三国志·魏书·夏侯渊传》载："太祖起兵，以别部司马、骑都尉从。"《三国志·吴书·孙坚传》载："儁具以状闻上，拜坚别部司马。"夏侯渊和孙坚都做过"别部司马"。（秦多可）

185. "部曲将印"铜印

三国 魏

高2.1厘米 长2.4厘米 宽2.4厘米

官印。印面方形，阴文篆书"部曲将印"两行四字。瓦钮。凿刻印文。线条苍劲，格调清刚俊美，布局工整。

"部曲将"，官名，东汉、三国及魏晋时期是部将之总称。其设置有两种：一、为将军营下的属官；二、是在东汉、三国及魏晋时期一种地方割据势力，各地军阀皆有部曲。"部曲"原为汉军编制名称。"部曲将"这一官职设置在东汉末年，流行于魏晋时期，统领部曲的将领为"部曲将"。《三国志·魏书·邓艾传》载："艾言景王曰：孙权已殁，大臣未附，吴名宗大族，皆有部曲，阻兵仗势，足以建命。"瞿中溶在《集古官印考证》卷四部考证此系部将之总名，即所谓将军领军皆有部曲。著录于陈介祺《十钟山房印举》。（秦多可）

186. "魏率善胡佰长"铜印

三国 魏

高2.5厘米 长2.4厘米 宽2.4厘米

曹魏政权颁发给少数民族官印。印面方形，阴文篆书"魏率善胡佰长"三行六字。驼钮。形制规矩，印文布局工整，笔画粗细结合，章法独特精致。

驼钮为曹魏中央政权专门用于给少数民族部族首领的颁赐印钮式。曹魏时期颁给少数民族首领的官印中，官职有"仟长""佰长""邑长""左长"等，并以"率善"二字嘉其志。印文首刻颁发国名称，故这类官印是鉴定时代的标准器。著录于明万历时期《顾氏集古印谱》。

（秦多可）

187. "魏率善氏仟长"铜印

三国 魏

高2.5厘米 长2.4厘米 宽2.4厘米

曹魏政权颁发给少数民族官印。印面方形，阴文篆书"魏率善氏仟长"两行六字。驼钮。形制规矩，制作精良，印文布局合理，字体篆法婉转流畅。

"率善"是魏、晋中央王朝在五服观念指导下授予周边归附氏族部落酋长的美号，并形成了十分规范的体系。这些颁给少数民族首领的官印，由于在印文中即标明了朝代，因此，对辨识和鉴定两汉、新莽、三国、两晋及南北朝时期官印的文字、章法、刻工、制作等特点，起到标准器的作用。（秦多可）

188. "魏率善羌佰长"铜印

三国 魏

高2.5厘米 长2.4厘米 宽2.4厘米

曹魏政权颁发给少数民族官印。印面方形，阴文篆书"魏率善羌佰长"三行六字。羊钮。

"羌"，即羌人，居住于陕北、甘南一带。

"佰长"，为百人之长。此官印印文工整，布局排列严谨，笔画粗细相得益彰。羊钮造型生动，雕刻细致。魏晋南北朝时期印章的形式基本承袭汉制，样式差异不大。赐赠少数民族的官印都标以朝代名，如"魏率善氏佰长""晋率善羌佰长""晋匈奴率善佰长"等。（秦多可）

189. "魏屠各率善佰长"铜印

三国 魏

高2.5厘米 长2.4厘米 宽2.4厘米

曹魏政权颁发给少数民族官印。印面方形，阴文篆书"魏屠各率善佰长"三行七字。驼钮。印文布局巧妙，字体细致挺拔，驼钮雕刻细致。

《西北民族词典》记载："屠各，又称休屠各、休著各，为南匈奴各部落中最高贵的部落。""休屠各"当为"休屠"与"各"的合成词汇，意为"休屠部落人"。《新疆百科知识辞典》记载："东汉时匈奴昆邪王率本部及休屠王所属部落投汉。被安置在长城内外的休屠部后裔，游牧于今山西、陕西的北部。南北朝时期，融合于汉族之中。"（秦多可）

190. "关内侯印"铜印

三国

高2.3厘米 长2.4厘米 宽2.4厘米

官印。印面方形,阴文篆书"关内侯印"两行四字。龟钮。印面、龟钮稍有磨损。印面书体工整,布局饱满规范。

关内侯,爵位名。战国时期秦置,爵第十九级,位次于列侯。有其号,无国邑。三国魏定为第十等,多系虚封,无食邑,以赏军功,晋沿置之。秦汉时期,侯分两等:列侯(彻侯,通

侯),相当于春秋战国的诸侯;关内侯,地位相当于春秋战国的附庸。《后汉书·百官志》记载:汉代"承秦赐爵十九等,为关内侯,无土寄食所在县民"。注云:"秦(汉)都山西,以关内为王畿,故曰关内侯也。"《三国志·魏书》本注:"又置关内外侯十六级,铜印龟钮墨绶,皆不食租,与旧列侯关内侯凡六等。"此印与记载相符。曹魏时期三代元老刘晔于黄初元年(220年),被封为关内侯。曹睿、苏则等都做过关内侯。吴将张梁等也曾赐爵关内侯。(秦多可)

191. "骑部曲督"铜印

三国

高2厘米 长2.5厘米 宽2.5厘米

东汉末至西晋官印。印面方形,阴文篆书
"骑部曲督"两行四字。瓦钮。印文严谨细致,
印面保存完好。

"骑部曲督"与"部曲督"同为部曲武官。
"部曲"是汉代军队编制单位。《后汉书·百官
志》载:"其领军皆有部曲。大将军营五部,部
校尉一人,比二千石。……部下有曲,曲有军候
一人,比六百石。曲下有屯,屯长一人,比二百
石。"亦泛指士卒部伍。魏晋之后,变为私兵之
称。《三国志·魏志·卫觊传》载:"时四方大
有还民,关中诸将多引为部曲。"(秦多可)

192. "部曲督印"铜印

三国

高2.2厘米 长2.4厘米 宽2.4厘米

东汉末至西晋官印。印面方形，阴文篆书"部曲督印"两行四字。瓦钮。文字风格朴实有力，字口清晰。

"部曲督"为部曲武官，亦属大将军营下武官。部曲督与部将不同，除有总领部曲之职外，并有协理、督办之职责，东汉、三国及魏晋时期常设此官。《中国历代职官大辞典》载："官名，三国魏、吴皆置，为州郡主将，统兵，位在部曲将之上。《三国志·魏书·三少帝纪》载："（甘露二年八月）诸葛诞创造凶乱，主簿宣隆、部曲督秦洁秉节守义，临事固争，为诞所杀。"《三国志·吴书·孙皓传》记载："（天纪）三年夏，郭马反。马本含浦太守修允部曲督。"其后，两晋、南朝宋、十六国前凉等皆置。（秦多可）

193. "木工司马"铜印

三国

高2.1厘米　长2.5厘米　宽2.5厘米

官印。印面方形，阴文篆书"木工司马"两行四字。龟钮。印文书风工整，丰厚质朴。

"木工司马"是工匠类职官。曹魏正始年间的摩崖题记《石门铭》记载："都匠木工司马陈留成有。"《汉书·王莽传》载："封都匠仇延为邯淡里附城。"颜师古注："都匠，大匠也。"结合铭文所记职衔"木工司马"，可知"都匠"即负责此次工程的木工之首。《石门铭》提到的栈道修治必然需要耗费大量木材，这正是材官校尉的职掌所系。因而这里的木工司马很可能就是材官校尉的属官。（秦多可）

194. "宣威将军"铜印

三国

高2.5厘米　长2.4厘米　宽2.4厘米

官印。印面方形，阴文篆书"宣威将军"两行四字。龟钮。印文每字都采用外疏中密的结构，中心攒聚，外围舒展，线条苍劲峻拔，直折劲键。

"宣威将军"，武官名。《资治通鉴大辞典》载："官名。三国魏置，为四十号将军之第二号。两晋及南北朝沿置，晋、南朝宋为第八品，北魏六品上，北周为正四品。南朝时期，此官或置或省。隋初为散号将军，正八品上，炀帝大业三年（607年）废。唐高祖武德七年（624年）复置，为武散官之从四品上。"宋同，金仿照宋、辽官制，正五品中，元亦为武散官，元、明时正四品，清废。（秦多可）

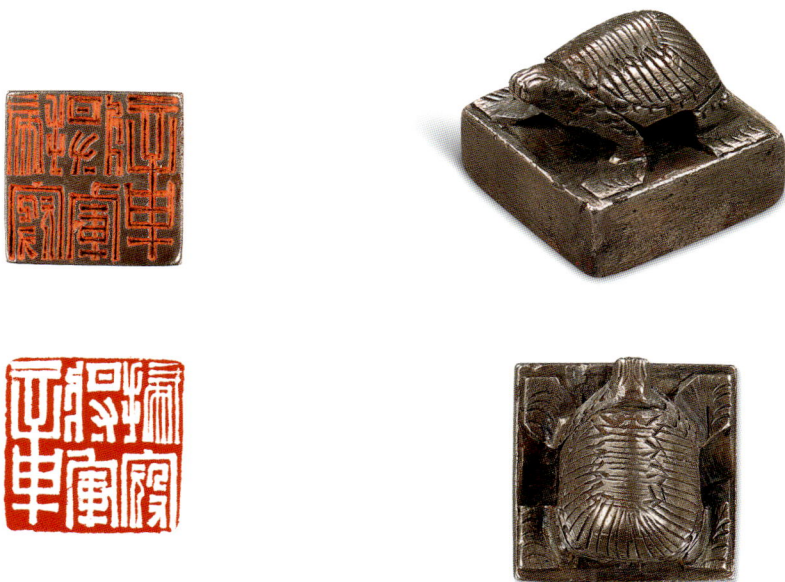

195. "扫寇将军章"银印

西晋

高2厘米 长2.4厘米 宽2.4厘米

官印。印面方形，阴文篆书"扫寇将军章"
三行五字。龟钮。该印为银质。印面刻制精巧，
印文篆刻整齐，疏朗秀逸，章法布局虚实相应，
和谐自然。

"扫寇将军"，武官官阶名，等级第八品。
三国魏始置，流行于魏晋时期，历代沿置，最高
一品，最低九品，又有正从之分，官阶十八等。
《宋书·百官志》载："凌江将军"，魏置，自
"凌江"以下，则有宣威、明威、骧威、万成、
威万、威寇……扫寇……凡四十号。"扫寇将
军"，列为第二十九号。（秦多可）

196. "建威将军章"铜印

晋

高2.9厘米 长2.3厘米 宽2.3厘米

官印。印面方形,阴文篆书"建威将军章"三行五字。龟钮。印文疏密斜正有微妙的变化,篆法、章法安排匀称和谐。

"建威将军",军事职官名称,将军名号之一,始见于西汉,西汉韩次君、东汉邓禹曾担任此职。新莽时期亦设,为领兵之官。《汉书·王莽传》载:"骑都尉王晏为建威将军,屯城北。"战时临时任命的将领,掌统兵征伐,事毕即罢。三国沿置,为第四品,三国魏用作刺史的加官。《三国志·吴书》载:"权破羽还,都武昌,拜范建威将军。"晋、南北朝沿置,或为统兵将领,或为加官。(秦多可)

197. "折卫将军章"铜印

晋

高2.2厘米 长2.5厘米 宽2.5厘米

官印。印面方形，阴文篆书"折卫将军章"
三行五字。龟钮。印面上部边沿略残，印文线条
朴中有巧，笔画较为端正，印文布局整齐。

东汉时期，将军是中央政府的重要组成部

分，设有大将军、骠骑将军、车骑将军、卫将
军、前将军、后将军、左将军、右将军，位在九
卿下，不常置。"折卫将军"为杂号将军之一，
又称列将军，为中国古代武职官衔的一种统称。
杂号将军流行于三国魏、晋时期。清代倪涛《六
艺之一录》一书对"折卫将军章"有著录。（秦
多可）

198. "广武将军章"铜印

晋

高2.3厘米　长2.4厘米　宽2.4厘米

官印。印面方形，阴文篆书"广武将军章"三行五字。龟钮。印面线条粗细变化分明，稳中见巧。

"广武将军"，军事职官名称，杂号将军之一。三国魏始置，为刺史、太守的加衔，所属有长史、司马、正行参军和主簿等。西晋、东晋、十六国前燕、前秦、西秦及南朝宋、北魏皆沿置。"广武将军"为名号将军中地位较高者。南朝宋时为五武将军之一。三国魏、晋、南朝宋四品。北魏韩秀任职时，为皇帝所钦命，随侍左右，并掌机密。孝文帝太和十七年（493）定为四品下，二十三年改从四品。（秦多可）

199. "晋率善叟仟长"铜印

晋

高2.4厘米 长2.3厘米 宽2.3厘米

晋政权颁发给少数民族官印。印面方形，阴文篆书"晋率善叟仟长"三行六字。驼钮。凿刻印文。

此印为归附于晋朝的叟族仟长的官印。"叟"是我国古代西南夷国名，出自氐羌族系，中国西南古代民族，又作"叟""氐叟""青叟"等名。最早见于汉末，而盛于西晋。据《华阳国志》记载，北达天水，南至南中，都有叟人分布。《后汉书·刘焉传》李贤注说：汉代称蜀为叟。《尚书·牧誓》孔颖达《正义》说叟是蜀夷的别名。《华阳国志·南中志》云："夷人大种曰昆，小种曰叟。"蜀汉时，汉中郡有"叟"，南中有"叟"。晋元康八年（298）氐人李特等和氐叟、青叟数万家自略阳、天水等郡流入蜀，于晋太安二年（303）建立成汉政权。叟人有姓氏，较汉化。东晋后叟人即不见于记载。（秦多可）

200. "晋率善胡佰长"铜印

晋

高2.5厘米　长2.3厘米　宽2.3厘米

　　晋政权颁发给少数民族官印。印面方形，阴文篆书"晋率善胡佰长"三行六字。驼钮。凿刻印文。

　　胡，是对游牧民族的一种称谓，后来则变成对居住在中国古代北方和西方的外族或外国人的一种泛称。江统《徙戎论》载："《春秋》之义，内诸夏而外夷狄。"诸夏即是中原。胡人的概念也是基于中原的视角提出的，其中并没有掺杂感情色彩。"胡"出现很早，《战国策》载，赵武灵王"胡服骑射以教百姓"。既有胡服，那么穿胡服的定是胡人了。西汉贾谊《过秦论》中也有"胡人不敢南下而牧马，士不敢弯弓而报怨"的句子。这里的胡人，指的是匈奴人，或者说主要是指匈奴人，也包括其他游牧民族，比如东胡，它因居于匈奴人之东而得名。也有专家认为东胡其实是"通古斯"的转音。东胡后来演变为鲜卑、契丹、蒙古等民族。（秦多可）

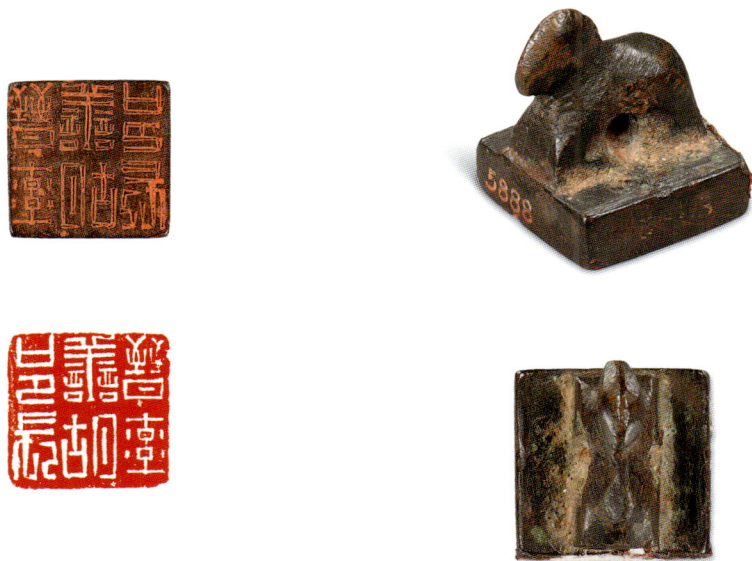

201. "晋率善胡邑长"铜印

晋

高2.5厘米　长2.2厘米　宽2.2厘米

晋政权颁发给少数民族官印。印面方形，阴文篆书"晋率善胡邑长"三行六字。驼钮。凿刻印文，布局工整平齐，篆法端正精细，笔画工整。

两晋时颁给少数民族首领的官印，如魏制，印文首字标明"晋"朝。从西汉建国起，朝廷就相当重视对少数民族部落的安抚工作。这些部落的酋长们得到朝廷的承认，并接受了朝廷颁给的官印。这种官印的文字、尺寸、印材、章法等一如当时的官印，只是印钮用羊钮与骆驼钮，与当时官印印钮有所区别。颁给少数民族首领的官印中，印面刻工较精，章法布局亦精巧。驼钮或羊钮为晋中央政权专门用于给少数民族各部族首领的颁赐印钮式。（秦多可）

202. "晋率善羌邑长"铜印

晋

高2.6厘米 长2.3厘米 宽2.3厘米

晋政权颁发给少数民族官印。印面方形，阴文篆书"晋率善羌邑长"三行六字。驼钮。凿刻印文，布局工整平齐，篆法端正精细，笔画有粗细变化之妙。

"羌"，原是古代对居住在西部游牧部落的泛称。今甘肃、青海的黄河、湟水、洮河、大通河和四川岷江上游一带是古羌人的活动中心。史书记载，殷商时期，羌为其"方国"之一，有首领担任朝中官职。他们有的过着居无定处的游牧生活，有的从事农业生产。《诗经·商颂》所载："昔有成汤，自彼氐羌，莫敢不来享，莫敢不来王……"，反映了古羌与殷商密切的关系。甲骨卜辞中有关于"羌"的诸多记载。春秋战国时期，羌人所建的义渠国，领域包括今甘肃东部、陕西北部、宁夏及河套以南地区，是中原诸国合纵连横的重要力量。在与秦国进行了170多年的战争后，以羌人为主的诸戎逐渐被秦国所融合；而居住在甘肃、青海黄河上游和湟水流域的羌人仍处于"少五谷，多禽畜，以射猎为事"的状态。（秦多可）

203. "晋匈奴率善佰长"铜印

晋

高2.6厘米　长2.3厘米　宽2.3厘米

晋政权颁发给少数民族官印。印面方形，阴文篆书"晋匈奴率善佰长"三行七字。驼钮。凿刻印文。

秦末汉初，匈奴强大起来，对西汉政权造成了极大的威胁，并控制了西域。公元前36年，西汉灭北匈奴郅支单于。在东汉时，匈奴再次分裂为南、北匈奴。公元48年，南匈奴首领醢落尸逐鞮率众投降光武帝刘秀，被安置在河套地区，

而北匈奴还是叛服不定。公元87年，鲜卑大破北匈奴，漠北又发生蝗灾，北匈奴开始"大乱"。公元89年，窦宪大破北匈奴，迫使北匈奴西迁，班固在燕然山（今蒙古杭爱山）南麓勒石，铭刻《封燕然山铭》纪功。南匈奴在五胡十六国时期建立了前赵政权。匈奴铁弗部赫连勃勃建立了胡夏政权。两晋时颁给匈奴首领的官印中，"率善"亦书为"率众""帅善"，是指汉魏以来用来封归附于汉中央王朝的周边部族首领的称谓。"率善"是"率众从善"或"率众守善"的省语。（秦多可）

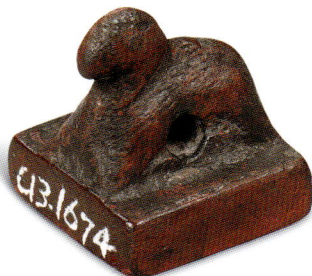

204. "晋支胡率善佰长"铜印

晋

高2.6厘米　长2.3厘米　宽2.3厘米

晋政权颁发给少数民族官印。印面方形，白文篆书"晋支胡率善佰长"三行七字。驼钮。凿刻印文。形制规矩，印文书风劲健俊美，线条有力。

"支胡"，古代月氏人的别称。《通典》卷一七四记载："鄯州，今理湟水县……湟水，后魏置西都县，隋改焉。湟中，月支胡所居即在此。"可见，"支胡"也称"月支胡"，是当时归附晋中央的少数民族之一。三国时期，各方征战不断，晋以武力统一，但社会经济已遭到巨大的破坏，政权的社会基础薄弱，五胡十六国相继而起。出于政治考虑，晋沿用曹魏的政策，对各部族首领多行册封。存世的汉、魏、晋颁发给少数民族的官印以晋所颁者数量最多，内容几乎涉及当时此类官印的各部族与称号。（秦多可）

205. "晋鲜卑率善佰长"铜印

晋

高2.8厘米　长2.2厘米　宽2.2厘米

　　晋政权颁发给少数民族官印。印面方形，阴文篆书"晋鲜卑率善佰长"三行七字。驼钮。凿刻印文。

　　鲜卑，源于东胡是最广泛的说法。《后汉书》《三国志》《晋书》和《十六国春秋》等史籍均说鲜卑就是东胡的余部。晋代王沈编纂的《魏书》与司马彪的《续汉书》等史籍也提到，

鲜卑与东胡有密切的渊源关系。《史记索隐》引东汉胡广云"鲜卑，东胡别种"，更证明鲜卑来源于东胡一支。《后汉书·鲜卑传》记载："鲜卑者，亦东胡之支也，别依鲜卑山，故因号焉。"东汉桓帝时，首领檀石槐建庭立制，组成军事行政联合体，分为东、中、西三部，各置大人率领。其后联合体瓦解，步度根、轲比能等首领各拥其众，附属汉魏。两晋南北朝时，慕容、乞伏、秃发、宇文、拓跋等部先后在今华北及西北地区建立政权，内迁的鲜卑人渐与汉人及其他族人相融合。（秦多可）

206. "晋乌丸率善邑长"铜印

晋

高2.5厘米 长2.3厘米 宽2.3厘米

晋政权颁发给少数民族官印。印面方形，阴文篆书"晋乌丸率善邑长"三行七字。驼钮。凿刻印文。

乌桓的先世，据《后汉书·乌桓传》云："乌桓者，本东胡也。"王沈《魏书》同，认为乌桓与鲜卑同出自东胡。乌桓，亦作"乌丸""古丸""乌延"等，古代少数民族，属于东胡民族一支。其语言与鲜卑同，为东胡语言的分支。东胡盛时，与鲜卑同为其重要成员。秦汉之际，活动于饶乐水，今西拉木伦河一带。西汉高祖元年（前206年），东胡被匈奴冒顿单于击破，部众离散，乌丸这一支退居乌桓山辽河上游西喇木伦河以北，今内蒙古自治区阿鲁科尔沁旗以北，即大兴安岭山脉南端，"因以为号"。

（秦多可）

207. "晋高句骊率善佰长"铜印

晋

高2.8厘米 长2.3厘米 宽2.3厘米

晋政权颁发给高句骊官印。印面方形，阴文
篆书"晋高句骊率善佰长"三行八字。马钮。凿
刻印文，布局紧凑，线条端正，章法平稳工整，
细致严谨，有汉印庄重严谨风格。

高句骊前冠以晋字，说明当时高句骊隶属
于晋。"高句骊"，古国名，亦作高勾丽、高
丽、高骊。《魏书》等作高句丽。相传汉元帝初
元二年（前37年）朱蒙创立，辖境在今鸭绿江及
其支流浑江流域一带。《后汉书·光武纪》记
载："建武八年（32年）十二月，高句骊王遣使
奉贡，则高句骊在汉时久已内附，并设立为县
矣。"公元560年北齐废帝封其王为高丽王，自
此亦称高丽。佰长当佰人之长，具有军政合一的
特色，是东晋王朝制造并授予。（秦多可）

208. "晋归义王"鎏金铜印

晋

高3厘米　长2.2厘米　宽2.2厘米

晋政权颁发给少数民族官印。印面方形，阴文篆书"晋归义王"两行四字。马钮。该印鎏金，凿刻印文，线条瘦硬工整，符合书法审美规范。

"归义王"，官爵名，三国魏置，多用于封归降的北方少数民族。《三国志·魏书·鲜卑传》记载："帝遣骁骑将军秦朗征之，归泥叛比能，将其部众降，拜归义王。"那么晋归义王应是晋代为安抚部落首领，褒扬其归顺的行为，颁给归降民族的官印。归义，即归化、降顺。晋代用"归义"和"率善"来区别身份爵秩，用"归义"的均为王或候，用"率善"的均为某长印。

（秦多可）

209. "亲晋胡王" 鎏金铜印

晋

高2.6厘米 长2.4厘米 宽2.4厘米

晋政权颁发给少数民族官印。印面方形，阴文篆书"亲晋胡王"两行四字。驼钮。该印鎏金，凿刻印文，书风圆浑朴厚，线条劲健。

"胡"，中国古代北方和西方各族的泛称。原为匈奴人自称，意为"天之骄子"。后推广到别的少数民族，如在匈奴东部活动的民族被称为"东胡"。汉通西域后，西域各族也被称作"胡"。于是把匈奴称为北胡；称乌桓、鲜卑为东胡；处于匈奴以西、葱岭以东的各族则被称为西胡。其首领被称为胡王。从上述各地传入的器物也被加上胡字，如胡服、胡笛、胡琴、胡桃等等。魏晋以后"胡"所包含的范围更为广泛，活动于中原的少数民族大多数也被称作"胡"。这方印是晋颁赐给胡王的官印。（秦多可）

210. "亲晋羌王"鎏金铜印

晋

高2.5厘米 长2.2厘米 宽2.2厘米

晋政权颁发给少数民族官印。印面方形，阴文篆书"亲晋羌王"两行四字。驼钮。该印鎏金，凿刻印文，线条丰厚苍劲，挺拔劲健。

"羌"，古民族名。羌是分布在中国西部的一个古老民族，最早见于商代的甲骨卜辞。羌族源于古羌。古羌人以牧羊著称于世，不仅是华夏族的重要组成部分，而且对中国历史发展和中华民族的形成都有着广泛而深远的影响。"羌"，原是古代人们对居住在祖国西部游牧部落的一个泛称。东周时期，西北的羌人迫于秦国的压力，进行了大规模、远距离的迁徙。其中居住在今青海、甘肃一带的羌人，汉代时被称为"西羌"。《说文》释"羌"字曰："西羌牧羊人也，从人从羊。"早期的羌人，除畜牧业外，还以射猎为业。这方印是晋颁赐给羌王的官印。（秦多可）

中国国家博物馆 编

中国国家博物馆馆藏文物研究丛书

玺印卷
（下册）

上海古籍出版社

211. "冠军将军印"铜印

北魏

高3.5厘米 长3厘米 宽3厘米

1948年河北景县封魔奴墓出土

官印。印面方形，阴文篆书"冠军将军印"
两行五字。龟钮。凿刻印文，篆法挺拔流畅，刀
法锋利峻峭。

"冠军将军"，杂号将军名，东汉末年始
置，三国魏、吴沿置，掌领兵征伐。此印是北魏

封魔奴的官印，河北景县封魔奴墓出土有"魏
故使持节平东将军冀州刺史渤海定公封使君墓志
序"。该墓志序记载墓主封魔奴，渤海条人，北
魏太和七年（483年）十一月九日卒于代京，年
68岁。太和八年（484年）二月葬于代京平城，
正光二年（521年）十月三十日改葬于本邑。封
魔奴为封虔之子，生前先为建威将军，赐爵"富
城子"。后官至"冠军将军""怀州刺史"进
爵"高城候"，死后赠"平东将军""冀州刺
史""渤海郡公"。（秦多可）

212. "怀州刺史印"铜印

北魏

高3.5厘米 长3厘米 宽3厘米

1948年河北景县封魔奴墓出土

官印。印面方形，其上阴文篆书"怀州刺史印"两行五字。环钮。凿刻印文，章法布局满密，线条坚劲有力。此印是北魏封魔奴的官印。封氏家族墓地在今河北省景县县城东，1948年发掘时，共出土文物三百多件。封魔奴，在《魏书》卷三二《封懿传》中有附传。国博藏有北魏正光二年（521年）《封魔奴墓志》、东魏兴和三年（541年）《封延之墓志》、北齐河清四年（565年）《封子绘墓志》、隋开皇三年（583年）《封子绘妻王楚英墓志》，对研究北朝政治史，以及渤海封氏家族史有较高的史料价值。（秦多可）

213. "高城候印"铜印

北魏

高3.5厘米 长3厘米 宽3厘米

1948年河北景县封魔奴墓出土

官印。印面方形，其上阴文篆书"高城候印"两行四字。龟钮。凿刻印文，线条细致，简率粗犷，字体时有歪斜，刀法锋利，是南北朝时期官印普遍特点。此印是北魏封魔奴的官印。南北朝时期，官印边长开始增大到3厘米左右。龟钮较三国魏、晋时期增大，龟呈站立状，四肢粗壮，头部增大并向前伸，龟背纹饰清晰。

（秦多可）

214. "扫逆将军司马"铜印

南北朝

高2.2厘米　长2.5厘米　宽2.5厘米

官印。印面方形，阴文篆书"扫逆将军司马"三行六字。瓦钮。凿刻印文，篆法方整平正，折中带圆，刻工较细，字体优美。

"扫逆将军"，武官名，北魏置。北魏孝文帝元宏太和十七年（493年）定为八品中，二十三年（499年）复次职令，改为从八品上，用以褒赏勋庸。司马为"扫逆将军"的属官，南朝宋亦置，为加官、散官性质的将军。清代瞿中溶《集古官印考》中对此印有记录。（秦多可）

215. "击东将军章" 铜印

南北朝

高4厘米　长3厘米　宽3厘米

官印。印面方形，阴文篆书"击东将军章"三行五字。龟钮。凿刻印文。此印印面较大，布局疏密得当，线条凿刻有歪斜，字体粗犷整齐，刀法坚劲有力。

"击东将军"，将军武官号名，为南北朝时期杂号将军之一，秩级低于四征、四镇、四安和四平将军。南北朝官印印式仍属汉印系统，整体上较前朝增大，但有与汉魏晋印不同的特征，主要是：北朝官印印体突破了汉以来官印方寸大小的程式，边长多约寸半，有的印体还略呈长方状；南朝官印印体有的亦逾方寸。（秦多可）

216. **"骠骑将军章"鎏金铜印**

南北朝

高3.5厘米 长3厘米 宽3厘米

官印。印面方形，阴文篆书"骠骑将军章"
三行五字。龟钮，钮头部失。该印鎏金，凿刻印
文。线条丰厚质朴，笔画圆转自如，字体粗犷，
风格质朴。

秦、汉初至汉武帝，武职将军名号只有大将
军、车骑将军、骠骑将军、卫将军、前将军、后
将军、左将军、右将军、偏将军、裨将军。总的
来说，是汉定以为官名，特别是大将军这样的官
名就是在汉武帝时固定下来的。汉武帝元狩二年
（前121年）始以霍去病为骠骑将军，定令骠骑
将军禄秩与大将军相等。东汉光武帝又置骠骑大
将军，位在三公之下。魏、晋、南北朝均有骠骑
将军或骠骑大将军之号。（秦多可）

217. "安定太守章"鎏金铜印

南北朝

高4.7厘米 长3厘米 宽3厘米

官印。印面方形，阴文篆书"安定太守章"三行五字。龟钮。该印鎏金，凿刻印文。此印字体粗放简率，风格独具，是这一时期印章的特点。南北朝官印龟钮上的龟呈立状，龟首长，并多平伸，甲沿宽阔，体态雄健，通体饰纹，做工精细，形态与传统龟钮异。南北朝除使用龟钮、鼻钮印外，后期还使用兽钮。南北朝官印印文草率。此时行用数百年的秦汉官印印式已开始走向衰落。

"安定"，古地名。《汉书·地理志》记载："安定郡，武帝元鼎三年置。"在今平凉府城西四十里。太守，官名，原为战国时期郡守的尊称，西汉景帝时期，郡守改称太守，为一郡最高行政长官。（秦多可）

218. "宣惠将军章"鎏金铜印

南北朝

高2.7厘米 长2.6厘米 宽2.3厘米

官印。印面长方形，阴文篆书"宣惠将军章"三行五字。兽钮。该印为铜鎏金，凿刻印文。线条遒劲，笔画锐利，章法布局规整，字体粗犷坚劲，是这一时期将军印章的特点。北朝官印文字多粗率，直刀刻出，不加修饰，字划刚劲，字体粗犷。南朝官印文字有的类北朝风格，但多数笔画较细，草率。

"宣惠将军"，武官名。南朝梁置，为加官、散官性质的将军，秩十七班，以代旧南中郎将。若加"大"字，如"宣惠大将军"可进位一阶。《梁书》卷三载："普通元年春正月乙亥朔，改元，大赦天下。赐文武劳位，……冬十月辛亥，以宣惠将军长沙王深业为护军将军。"南朝时期官印标准品有传世的"庐陵太守章""永新令印"和"郫县令印"等。（秦多可）

219. "孙让印信" 子母铜印

南北朝

高3.5厘米　长2.3厘米　宽2.3厘米

私印。此印为子母印，子印失。母印印面方形，阳文篆书"孙让印信"两行四字。辟邪钮。印文为铸造，文字笔画流畅优美，线条沉着，刻工精致。

"印信"或作"信印"，古代印章名称之一。刻于姓名之后，作"某某印信"或"某某信印"。最早见于西汉晚期至新莽时期，后世遂以此作为印章的统称。唐元稹《酬乐天东南行诗一百韵》有"敛缗偷印信，传箭作符缡"的诗句。（秦多可）

220. "赵长生印"铜印

南北朝

高1.4厘米　长1.7厘米　宽1.7厘米

私印。印面方形，篆书"赵长生印"两行四字。瓦钮。印文为铸造，"赵""印"为阳文，"长""生"为阴文，文字平正。

印面文字钤压后，朱白相间，是印章布局形式的一种，在同一印面中同时出现朱文和白文，汉代私印中多见，源于古玺印。朱、白相间的文字组合形式很有特色：有一朱一白、一朱二白、一朱三白、二朱一白、二朱二白、三朱一白等，其中又有左朱右白、右朱左白、对角朱文或对角白文，还有上下分朱白等形式，一般是将笔画少的刻成朱文，笔画多的制成白文，使朱白相间，和谐而有妙趣。（秦多可）

221. "赵津印信" 子母铜印

南北朝

高3.2厘米 长2.3厘米 宽2.3厘米

　　私印。此印为子母印，子印失。母印印面方形，阳文篆书"赵津印信"两行四字。辟邪钮。印文为铸造，印面风格平正工整，线条有圆有折，有粗细对比变化。（秦多可）

222. "行山高"铜印

南北朝

高1.7厘米　长1.1厘米　宽1.1厘米

私印。印面方形，阳文篆书"行山高"两行三字，带栏。兽钮。兽首向右扭转，双耳外撇，张口露齿。四肢站立，身上可见清晰的毛发纹。

印文"行"字大，单放一列，独占其右，"山高"占其左。印文沿袭魏晋遗风，线条灵活圆转，章法安排自然，刚柔相济，呈现出清朗和穆、婉转端丽的面貌。（张米）

223. "刘颢白记"子母铜印

南北朝

高1.5厘米 长1.3厘米 宽1.3厘米

　　私印。印面方形，阴文篆书"刘颢白记"两行四字。龟钮，头微抬，伸出到印章之外，龟纹清晰。篆刻工整，布局紧凑。

　　此印为子母印，子印失。南北朝时期，"白记""白事""启事""言疏""白疏""白笺"等名称常出现在私印上面，同属言事印。（张米）

224. "薛寿　臣寿"穿带铜印

南北朝
高0.9厘米　长2.4厘米　宽2.4厘米

私印。印面方形，两面分别刻有阴文篆书"薛寿""臣寿"。侧有一穿銎，为穿带印。

"薛寿"带方栏，字体为悬针篆。悬针篆是三国至南北朝时期流行的一种新书体，文字上密下疏，重心居高处，长划垂脚，尖锋出笔，犹如悬针，故名。除见于印章，还见于碑刻，三国时魏国的《正始三体石经》和吴国的《天发神谶碑》中的篆书即为典范之作。"臣寿"中间有方形孔，文字线条平直劲挺。两面印，常在一面刻姓名，另一面刻"臣某"以示男子，刻"妾某"以示女子，这种印文风格在晋南北朝时期较为流行，如南京老虎山晋颜琳墓出土的六面印，其中两面刻有"颜琳""臣琳"印文。（张米）

225. "程齐印　程齐"穿带铜印

南北朝

高0.7厘米　长2.1厘米　宽2.1厘米

私印。印面方形，一面阳文篆书"程齐"二字，一面阴文篆书"程齐印"三字。铸造印文。

两面印，中间有穿鋬，亦称穿带印。清朱象贤《印典》卷三中有载："两面者，其厚一二，分而无钮，上下刻文，中空一窍，以缩组也。"该两面印为朱白文相间印，多为私印，未见于官印。该印朱文笔道细劲，骨力内含；白文用笔方中带圆，随意所适，妙不可言。（张米）

226. "陈道福"六面铜印

南北朝

高2.7厘米 长1.8厘米 宽1.8厘米

私印。六面印，六面皆刻阴文篆书，分别为"陈福道""道福启事""道福白疏""道福言疏""陈道福白笺""良"，带栏。形状较特殊，上为印鼻，有孔可穿带，鼻端又刻一小印。

传世六面印实物较少，多为魏晋南北朝时期遗物。明甘旸在《印章集说》中云："秦汉书束间，止用名印。后有用'某人言事''某人启事''某人白事''某人白笺''某人言疏'等字者，极当。近用'某人顿首''某人再拜''某人敬缄''某人谨封''某人护封'者，俱时之所尚，决不可从。大约书束中及封固处，止用一名印足矣。"可知六面印曾作书简印使用，是便于携用的私印形式。（张米）

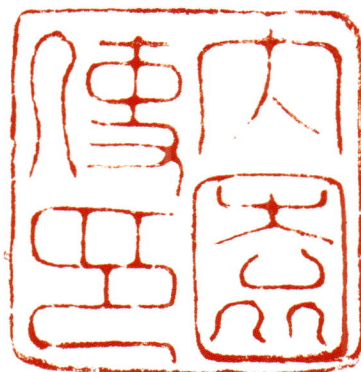

227. "内园使印"铜印

唐

高4.3厘米 长4.8厘米 宽4.8厘米

官印。印面方形，上有阳文篆书"内园使印"两行四字，带栏。背为坛式，柄钮。印文结构匀称，屈曲自然，婉转流丽，线条与边栏粗细相仿，自由占地，字大则多占空间，字小则少占，有挤而不乱之感。

据《中国历代官制大辞典》载："内园使，官名。唐朝始置，为内诸司使之一。亦称内苑使。"该印为职官印，王献唐在《官名官署印制之变迁》中分析设置职官印的原因，约有二端："一则职司卑小，事简员少，不烦设置；一则随时派遣，不为常秩，日常移动，莫定行所，无从设置。"隋唐以后，官印以官署印为主，唐代官印尺寸上摆脱了秦汉"方寸玺"的束缚，印面变大，印文空腔较深。（张米）

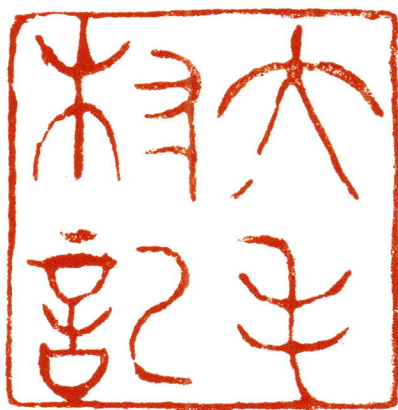

228. "大毛村记"铜印

唐

高2.5厘米 长5.3厘米 宽5.3厘米

官印。印面方形，阳文篆书"大毛村记"
两行四字。带栏。弧形把钮。印文四字作均匀布
局，线条舒展流动，意密实疏，展现篆书的书法
线条美和空疏灵动之感。唐代古代官印处大变革
之初，这种清雅流动的印风，更接近于先秦古玺
的自由活泼。

"记"为古代印章名称之一，也有称为
"朱记"的，说明用朱红色盖，以别于墨印。
"记""朱记"印文起于唐代，但用法较为少
见，至宋被广泛应用于低级机构和官吏的官印
中，《宋史·舆服志》载："监习、州县长官曰
印，僚属曰记。""大毛村记"铜印曾见录于罗
振玉《唐宋以来官印集存》和罗福颐《古玺印考
略》等著作。（张米）

229. "中官府印"玉印

唐

高3.2厘米 长3.1厘米 宽2.9厘米

1986年河北宁晋县出土

官印。印面近方形，阴刻篆书"中官府印"两行四字，刻痕较浅。玉为深绿色，有赭色沁。印钮浮雕蟠螭纹，钮部有穿。

"中官府印"印文最早见于秦、西汉时期的封泥和官印铜印上。关于中官，主要有三种记载：一是宦官的一种称呼，在唐朝时为内侍省官。玄宗时，中官稍称旨者，即授三品左右监门将军。德宗时，掌左、右神策军、天威军等，亲军之权全归之；二是相对春、夏、秋、冬官而言，贾公彦《周礼正义疏》载："春官为木正，夏官为火正，秋官为金正，冬官为水正，中官为土正。高辛氏因之。"唐朝以来，司天官有中官，设正一人，与春、夏、秋、冬诸官正掌习四时，各司其方之变；三指京官或朝中之官的泛称。中官府为官署名。（张米）

230. 云亭纹铜印

唐

高3.6厘米 长4.4厘米 宽4.4厘米

道教印。印面方形，铸刻云亭纹，环形柄钮。采用范铸和焊接工艺，印面空腔很深，颇具唐代印章风格。印面上仙亭简约清朗，祥云曲折缭绕，一刚一柔，相互依存，呈现出浓厚的道教色彩。

道教自东汉创立后，经魏晋南北朝发展，至唐代进入兴盛时期。唐朝自开国后即尊崇道教，王室自称为太上老君后裔。唐初，道教被列为三教之首，社会地位显著提高。道教题材纹饰入印，反映出唐代尊奉道教的社会风气。（张米）

231. "天水法华私记"鎏金铜印

五代

高4厘米 长4.2厘米 宽4.2厘米

私印。印面方形，阳文叠篆"天水法华私记"两行六字，带栏。柄钮。印背左上角刻阴文楷书"上"字。印体鎏金，多有剥失。

"天水"是中国历史上使用时间较长的地名。汉武帝元鼎三年（前114年），分陇西郡置天水郡，始得名。隋唐时期，实行州县二级制，秦州地域缩小，地域和今辖区大体相当。北宋时属秦凤路秦州，治所在今甘肃天水市秦州区。

"法华"指《妙法莲华经》，亦称《白莲花大乘经》，是佛经译著，主要弘扬"三乘归一"，一切众生皆能成佛。唐五代时期，佛教盛行，尤其是玄奘等从印度取经回国后，各地佛教大兴，抄写经卷成风，钤印在经卷上的印章也较多。（张米）

232. **"神卫左第四军第二指挥第五都记"铜印**

北宋 太平兴国

高4.2厘米 长5.4厘米 宽5.3厘米

内蒙古宁城县大名城出土

官印。印面方形，阳文叠篆"神卫左第四军第二指挥第五都记"三行十四字，带栏。背刻楷书"太平兴国六年八月铸"。柄钮，钮顶端刻"上"字。

"神卫"是侍卫亲军步军司神卫左、右厢省称，为北宋中央禁军之一，与"捧日""天武""龙卫"并称为上四军。左右厢设都指挥使以统之，下设军、指挥、都。按宋军制，"都"是禁军基层编制，百人为都，五都为指挥，五指挥为军，十军为厢，厢分左、右厢。该印为神卫左厢辖第四军第二指挥第五都的印信。太平兴国六年（981年），为宋太宗赵炅年号。宋太祖、宋太宗时期官印背款一般仅刻制印时间。印文为九叠篆，文字圆转弯曲，满布印面，曲折叠绕，字口较深。由于铸造工艺的变化，线条比较粗朴，交笔处常有粘连，这种印文风格与印面构图，与隋唐印面的疏朗格调大不相同，具有独特的面貌。（张米）

233. "拱圣下七都虞候朱记"铜印

北宋 端拱

高5.8厘米 长5.4厘米 宽5.4厘米

官印。印面方形，阳文叠篆"拱圣下七都虞候朱记"三行九字，带栏。背刻楷书"端拱二年""四月铸"。当铸造于宋太宗端拱二年（989年）。文字形态规整，笔画秀美，重重叠合，更显威严神秘。柄钮，钮顶端刻"上"字。

北宋初年，宋太祖为防止武将专权，将禁军统领权一分为三：殿前司、侍卫马军司、侍卫步军司，共同构成"三衙"。三衙各有编制，相互独立，不设最高军职，直接受控于皇帝。"拱圣"属禁军殿前司马军所辖部队之一，拥有二十一个指挥（每个指挥编制为五百人），驻守京城。"下"为属下之意。都虞候，是副长官，此外还有将虞候、院虞候等低级武职。"朱记"是宋下级官吏印章的专称，作为官印，构成官署与僚属的界限。《文献通考》对宋代官印记载："又有朱记，已给京城及外处职司及诸军校等。"（张米）

234. "教阅忠节第二十三指挥第三都朱记" 铜印

北宋 元祐

高5.3厘米 长5.1厘米 宽5.1厘米

官印。印面方形，阳文叠篆"教阅忠节第二十三指挥第三都朱记"三行十五字，带栏。背刻"元祐三年""少府监铸"。柄钮，钮顶部刻"上"字。印文笔画相连，圆转盘曲。具有北宋官印的典型特征。

"教阅忠节"，为宋代禁军。禁军为天子之卫军，主要用于守京师、备征战。该词常见于文献资料中，如《宋史·兵志》记载："江、淮、荆湖置教阅忠节，州一营，大州五百人，小州三百人。"此印作为教阅忠节第二十三指挥第三都用印，具有重要的历史价值。此印铸造时间为北宋哲宗元祐三年（1088年），制印机构为少府监。《宋史·职官志》记载："凡车辇、伤器、印记之造，则少府监、文思院隶焉。"可知少府监和文思院是当时专门的制印机构。此印著录于罗福颐《古玺印考略》。（张米）

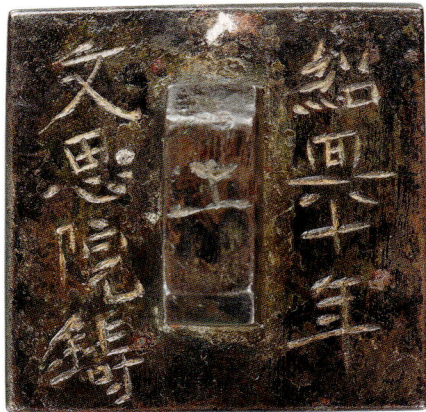

235. **"单州团练使印"铜印**

南宋 绍兴

高4.9厘米 长5.6厘米 宽5.6厘米

官印。印面方形,阳文叠篆"单州团练使印"两行六字,带栏。背部右刻"绍兴十年",左刻"文思院铸"。柄钮,顶部刻"上"字。

单州,五代后唐同光二年(924年)改辉州置,此后历代沿置。《宋史·地理志》载:"单州,上,砀郡,建隆元年,升为团练",辖境相

当今山东单县、成武、鱼台及安徽砀山等县地。团练使,掌本地区军事。宋代团练使为虚职,由武将兼衔,官阶高于刺史,低于防御使。此印是单州团练使之官印,制印时间是宋高宗赵构绍兴十年(1140年),制印机购为文思院。《宋史·职官》载文思院:"隶工部。提辖官一员,监门官一员。"马端临《文献通考·职官考》载:宋高宗"绍兴三年,诏少府监并归文思院",文思院继少府监成为南宋时期专门的制印机构。(张米)

236. "壹贯背合同"铜印

南宋

高4.2厘米 长6.4厘米 宽2.6-4厘米

官印。印面竖刻阳文楷书"壹贯背合同"单行五字。柄钮。

"壹贯背合同"是钤盖于南宋纸币"会子"的背面，可称会子印，亦称合同印。印章钤盖纸币，以保证纸币的信用度，也起到防伪的作用。

据《宋史·舆服志》载："成都府钱引，每界以铜朱记给之。行在都茶场会子库，每界给印二十五：……合同印十二钮，内一贯文二钮，各以'会子库一贯文合同印'为文。"官印用于钤盖纸币始于宋代，为以后各朝所沿袭。印文为楷书，字体随着印面形状而变化。宋楷书印字体皆有较浓厚的隶书意味。此印著录于罗福颐《古玺印考略》和王国维《观堂集林》等。（张米）

237. "滨沧贰州都巡检司记"铜印

宋

高5.8厘米 长5.5厘米 宽5.5厘米

官印。印面方形，阳文叠篆"滨沧贰州都巡检司记"三行九字，带栏。柄钮。印文布局匀整，字体方正。

滨州，五代周显德三年（956年）置，治所在渤海县（今山东滨州市北滨城镇），北宋辖境相当于今山东滨州、沾化、博兴、利津等市县地。沧州，为南北朝时期北魏设置的行政区，此后历代沿置，辖境相当于今天津市海河以南、静海县及河北青县、泊头市以东、东光及山东宁津、乐陵、无棣以北地区。都巡检司，官署名，宋代始置，为掌管地方治安机构。此印为滨州、沧州的地方机构官印。（张米）

238. **"宁州军资库记"铜印**

宋

高3.3厘米 长5.1厘米 宽5.1厘米

官印。印面为方形,上有朱文叠篆"宁州军资库记"两行六字,带栏。把钮,印钮顶端刻"上"字。

宁州,西魏废帝三年(554年)置,取抚宁戎狄之意。隋代易名,唐初复为宁州,辖境相当于今甘肃宁县、正宁两县地。宋属永兴军路庆阳府。军资库,宋朝置于各州。宋王明清《挥麈录》载:"一州税赋民财出纳之所,独曰军资库者,盖税赋本以赡军。"清徐松《宋会要辑稿》记:"诸路州钱物,并合隶军资库。"可知军资库实为本州钱物的总库,负责一州钱物的出入,可供军兵衣赐等之用。军资库在管理上由通判提举,录事参军监领。该印为见证宋代军事管理制度的重要实物。(张米)

239. "安定郡记" 铜印

宋

高1.8厘米　长3.5厘米　宽3.5厘米

官印。印面方形，阳文叠篆"安定郡记"两行四字，带栏。鼻钮。印文线条圆中见方，曲折规整。

安定郡，西汉元鼎三年（前114年）置，治高平（今宁夏固原）。几经易名，宋改为泾州安定郡，后废。"记"源起于唐，但用法较为少见，宋代被广泛应用于较低机构的官吏所用官印中。《宋史·舆服志》载："监司、州县长官曰印，僚属曰记。又下无记者，止令本道给木朱记，文大方寸。"（张米）

240. "兵马使印" 铜印

辽 大同
高5.3厘米 长6.8厘米 宽6.8厘

官印。印面方形，阳文叠篆"兵马使印"两行四字，带栏。背部右刻"大同二年五月日"，左刻"少府监造"，侧刻"兵马使印"。柄钮，印钮顶部刻"上"字。印文笔画清晰饱满，印面设置均匀，文字笔形趋于平直，展现出严谨整饬的艺术风格。

兵马使，唐中后期所置，在节度使之下，统率兵马，总兵权，任甚重，有都知兵马使、左右厢兵马使、前中后军兵马使、宅内兵马使等名目。辽制仿唐，官印印文字较腔。该印制印时间为辽太宗耶律德光大同二年（948年），制印机构为少府监。辽代官印同时使用本族文字与汉字两种规范并存，反映了辽代"以国制治契丹，以汉制待汉人"的方针。（张米）

241. "铁鹞军佐第二指挥记"铜印

辽

高3.6厘米 长5厘米 宽5厘米

官印。印面方形,阳文叠篆"铁鹞军佐第二指挥记"三行九字,带栏。柄钮。印文笔画舒朗,曲叠不明显,具有辽代早期官印文字特征。

铁鹞军是鹰军的又一名称,辽太宗时有铁鹞军,而不见鹰军名。《辽史·国语解》曰:"鹰军,鹰,鸷鸟,以之名军,取捷速之义。后记龙军、虎军、铁鹞军者,仿此。"内蒙古敖汉旗博物馆藏有一具残木棺,木棺右侧壁画上绘有辽代鹰军兵马军阵图,生动呈现精锐骑兵头戴盔、腰挎箭囊、身披铠甲的写实形象。元胡三省注《资治通鉴》云:"契丹谓精骑为铁鹞,谓其身被铁甲,而驰突轻疾,如鹞之搏鸟雀也。"以上皆表明铁鹞军为辽代精锐铁骑,属王中之王的军队。根据辽代军制,厢军下设指挥,由指挥使及副指挥使统率,指挥下为都。"铁鹞军佐第二指挥"为番号名。(张米)

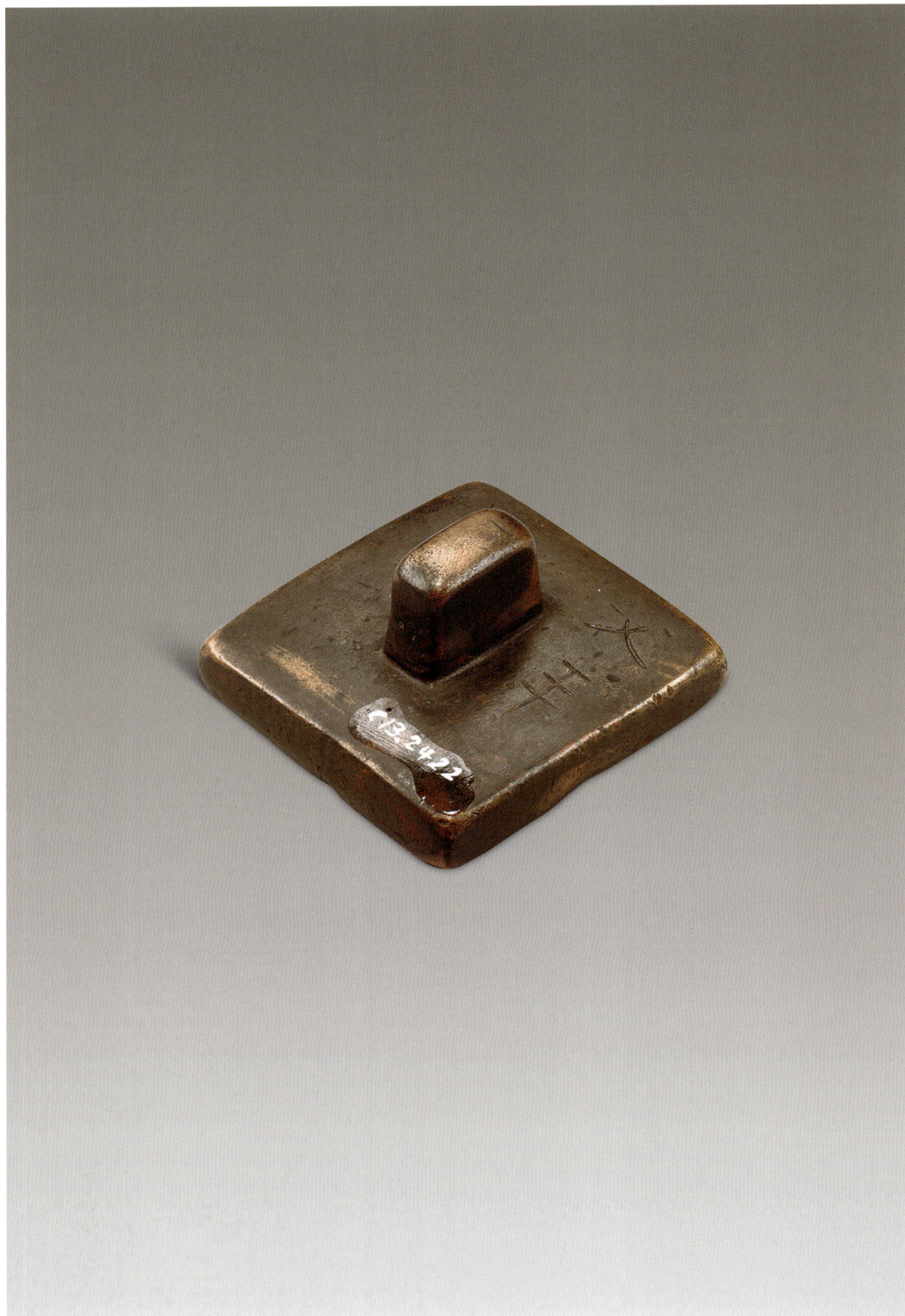

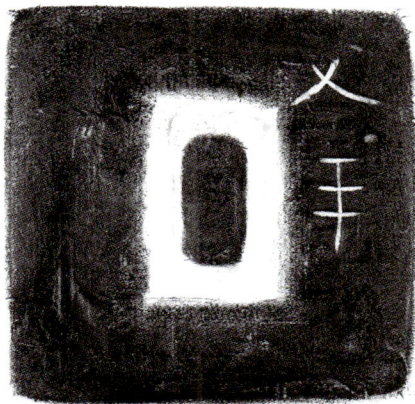

242. 契丹文大字铜印

辽

高3.1厘米　长5.6厘米　宽5.6厘米

官印。印面方形，上有阳文篆书契丹大字。背刻字符"人""年"。柄钮。

契丹立国后，由于社会发展，在神册五年（920年）由耶律阿保机的从侄耶律突吕不和耶律鲁不古及汉族知识分子创制了契丹大字，即《新五代史·四夷附录》中所说的"至阿保机，稍并服旁诸小国，而多用汉人，汉人教之以隶书之半增损之，作文字数千，以代刻木之约"。历史上少数民族建立的政权常采用自创的文字入印，契丹大字亦是辽代官印的常用字体。（张米）

243. 契丹文小字铜印

辽

高2.7厘米 长3.8厘米 宽3.8厘米

　　官印。印面方形，上有阳文契丹小字，带栏。柄钮。

　　由于契丹语久佚，今天无活语言参证，加上契丹文字和契丹语言资料较少，从而构成契丹文解读的困难。该印印文字腔较深，笔画平直盘折，仿照汉字"九叠篆"体势入印，这是辽代官印以宋官印为模式的鲜明体现。（张米）

244. 契丹文铜印

辽

高4.1厘米　直径3厘米

　　私印。圆形印面，铸阳文契丹文字，双圈栏。人形钮。押钮为辽契丹人形象，大眼圆睁，阔嘴张开，双手抱膝，屈蹲于地。颈部饰有一圈波浪圆圈组合纹，毛发明显。上身双臂与后背中空，形成一个圆形穿孔，下身双腿和臀部形成又一个方形孔。印文为契丹文，随形而变，章法自然。

　　人形钮是古代印钮的一种，始建于战国时期，传世战国玺中偶有此式，以后各朝皆有出现，尤其多见于元代。（张米）

245. **契丹文铜印**

辽

高2.8厘米　直径2.8厘米

私印。圆形印面，铸阳文契丹文字，单圈
栏。人形钮，人呈抱膝蹲坐状，圆眼阔嘴，背部
弧弓，双腿弯曲，与臀部形成穿孔。辽私印使用
人形钮，是崇尚赏玩趣味的表现。（张米）

246. **西夏文"首领"铜印**

西夏

高2.8厘米　长5.4厘米　宽5.4厘米

官印。印面方形倭角，阴文西夏文篆体"首领"二字，带栏。印背有西夏文行书刻款。柄钮有孔，印钮宽厚，顶部刻西夏文"上"字。

"首领"是西夏各级军事将领及地方行政长官的通称，官品有高有低。"首领"印在西夏官印中占大多数。国内各大博物馆如北京故宫博物院、天津历史博物馆、陕西历史博物馆以及国外各大博物馆等均有收藏。西夏官印印文皆为西夏文，这是仿照汉字创制的一种文字，笔画排置匀落，较易区别。西夏存世的官印以白文为基本形式，外加边栏，布局充盈印面，所铸字腔很深。曾著录于罗福颐《西夏官印汇考》。（张米）

247. 西夏文"首领"铜印

西夏

高3.1厘米　长5.7厘米　宽5.7厘米

官印。印面方形，阴文西夏文篆体"首领"二字，带栏。印背有西夏文行书刻款，左刻"天盛乙酉十七年"。柄钮带孔。铸造规致，庄重古拙。

天盛乙酉十七年是公元1165年。西夏《天盛改旧新定律令》规定："诸人请官印者，为威臣、帽主等官可请封印，当用于簿册及诸司告状中。比其官小者不许请官印。诸寺僧监司者可请印，变道中不得请印。若违律时，有官罚马一，庶人十三杖"。该法典对官印的颁发和使用进行了严格的界定。首领印是西夏权力凭证和官吏身份的重要体现。与本品相近钤本曾见于《西夏官印汇考》《隋唐以来官印集存》《中国藏西夏文献》（为观古阁旧藏）等著录。　（张米）

248. 西夏文四字铜印

西夏

高3.3厘米　长6.1厘米　宽6.1厘米

官印。印面方形倭角，阴文篆书西夏文四字，带栏，柄钮，顶部阴刻西夏文"上"字。

西夏官印可分为二字印、四字印和六字印三种类型，其中二字"首领"印最多，四字印较少。印面多为椭圆形，基本形态与同时期的宋印相同。印背多刻有西夏文年款和用印人的名字，基本格式是：右行年号，左行受印人姓名，钮顶刻"上"字。背款仿宋制，采用西夏文正体，不加篆化。（张米）

249. 西夏文"工监专印"铜印

西夏

高3厘米　长7.5厘米　宽7.5厘米

官印。印面方形倭角，阴文西夏文篆体"工监专印"四字，带栏。柄钮，上宽下窄，带孔，顶部刻西夏文"上"字。

"监"属通用性官署印记。"工监"指监督金、土、木、石、织、供等工匠的总管。隋代置百工监，管理舟车制作等，西夏工监继承和发展了中原官制。《西夏官印汇考》《中国玺印篆刻大全》录有两方工监专印，分别藏于故宫博物院和上海博物馆。此外宁夏固原博物馆藏有一方工监专印，出土于固原原州区黄铎堡古城遗址。此印印文钤本与上述三者相近，文字镌刻娴熟流畅，但形制更大，为西夏官印佳品，亦为研究西夏典章制度和古玺印文化发展的重要资料。（张米）

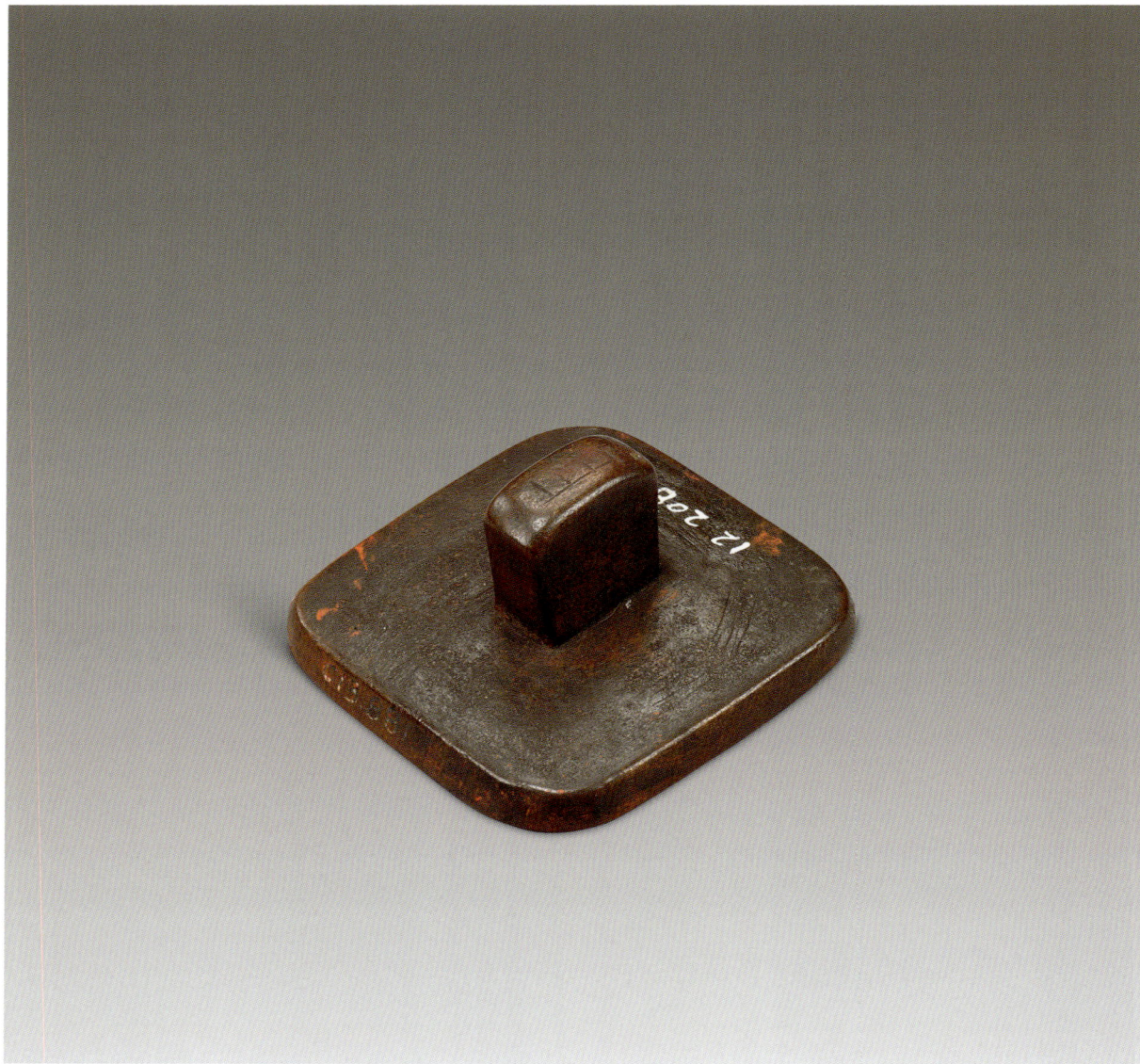

250. 西夏文六字铜印

西夏

高2.4厘米　长5.9厘米　宽5.9厘米

官印。印面方形倭角，六字阴文西夏文篆体，带栏。最后两字释为"专印"。柄钮，钮顶刻有西夏文"上"字。

西夏文字体结构仿照汉字，由点、横、竖、撇、捺、折、折钩等组成，约6 000多字，以会意、形声为主。西夏文构成上可分为单纯字和合体字，笔画比较繁冗。西夏官印仿宋九叠篆规则将文字点画加以平直化由篆，成为篆化的形态。该印为六字印。六字专印在西夏官印中较为少见，是珍贵的西夏文文物，对研究西夏的历史、政治、文化具有重要参考作用。（张米）

251. 西夏文"元德二年"铜印

西夏

高2.4厘米 长4厘米 宽4厘米

官印。印面方形,阳文西夏文楷书"元德二年"四字,带栏。方柄钮,有孔。

"元德"是西夏崇宗赵乾顺(1120年)年号。陈炳应先生在《西夏文物研究》中考证,西夏纪年印有两种类型,一类是年号和时间,另一类仅有年号。西夏印文偶见西夏文楷书形式,入印字体的多样化,成为这个阶段印章风格丰富多彩的一个主要因素。边栏方俊阔厚,印文细劲秀丽,形成较大反差,显示出西夏印章的独特风格。迄今为止,西夏纪年印发现绝少,弥足珍贵,目前所知,甘肃省张掖市艾黎博物馆也藏有一方"元德二年"西夏文字铜印。(张米)

252. 西夏文"乾祐"铜印

西夏

高1.8厘米 长3.7厘米 宽2厘米

官印。印面长方形，阳文西夏文楷书"乾
祐"二字，带栏。鼻钮，有孔。

1985年《乐氏藏古玺印选集》释相近印文
为"乾祐"。乾祐是西夏仁宗皇帝的年号。仁宗
在位期间，西夏政治、经济、文化等皆发展至本
朝最高峰，是西夏昌盛时期。该印钤本与罗福颐
在《西夏官印汇考》中收录的两枚印章相同，皆
属西夏文楷书，在西夏印章中少见，实为难得。

（张米）

253. "天浑津西津巡检记"铜印

金 正隆

高4.6厘米 长4.9厘米 宽4.9厘米

官印。印面方形，上有阳文篆书"天浑津西津巡检记"两行八字。背部右刻"正隆二年五月"，左刻"内少府监造"，侧刻"天浑津西津巡检记"，刻文皆为楷书。柄钮。

天浑津，属河东路保德军，辖有南路十八铺、北路十三铺。西津指西部关津。巡检，是官名，始于宋代，金朝因之。主要设置于沿边或关隘要地，或兼管数州数县，或管一州一县，均以武官任之，以镇压人民反抗为其专职，受州县指挥。金于中都及各州分置都巡检使、都巡检、散巡检等。巡检职权多限于一县之境，官阶为九品。该印制印时间为正隆二年（1157年），是金海陵王完颜亮年号，制印机构为内少府监。（张米）

254. **"恤品河窝母艾谋克印"铜印**
金 大定
高5.3厘米 长6厘米 宽6厘米

官印。印面方形，阳文叠篆"恤品河窝母艾谋克印"三行九字。背部右刻"大定十年六月"，左刻"少府监造"，侧刻"恤品河窝艾谋克印""系重吉猛安下"，刻文皆为楷书。柄钮，印钮顶部刻"上"字。

恤品河，在金朝又叫苏滨水，即今绥芬河，《金史》常写作"苏滨""苏濒""速频""率宾"。金朝恤品路因恤品河而得名，辖区包括今绥芬河、乌苏里江上游，东抵日本海，治所在绥芬河下游的双城子（今苏联乌苏里斯克）。"窝母艾"是谋克的名称，归重吉猛安统领，隶属恤品路。大定二年是金世宗完颜雍的年号，此印铸于公元1170年，由少府监铸制。金代中期以前，金朝制印机构主要是少府监和尚书礼部。（张米）

255. "武卫军都指挥使印"铜印

金 承安

高5厘米　长7厘米　宽7厘米

官印。印面方形，阳文叠篆"武卫军都指挥使印"两行八字，带栏。背部楷书右刻"承安二年三月"，侧刻"武卫军都指挥使印"。柄钮，印钮顶部刻"上"字。

武卫军，原称京师防城军，大定十七年（1177年）三月改为此名，隶属兵部，专事京城戍卫、巡捕盗贼等项。领导机关为都指挥使司，设官职都指挥使一员，从三品。金代官印的一大特征为印面大小与官品成正比，官越大，印就越大。在印文用字方面，字体均属方折型之九叠篆，与宋印圆转篆法不同。承安二年（1197年）为金章宗完颜璟年号。金代官印开创了印侧刻款的形式，边款内容一般是印文的楷书对译。（张米）

256. "库普里根必剌谋克之印" 铜印

金 承安

高5厘米 长6.1厘米 宽6.1厘米

官印。印面方形，阳文叠篆"库普里根必剌谋克之印"两行十字，带栏。背部楷书右刻"承安五年闰二月"，左刻"礼部造"，侧刻"库普里根必剌谋克之印"。柄钮，印钮顶部刻"上"字。

金代地方组织常以所在地附近的山川地名命名，库普里根必剌为山川名称。《金史·百官志》载："至正隆元年（1156年），以内外官印新旧名称及阶品大小不一，有用辽、宋旧印及契丹字者，遂定制，今礼部更铸焉。"至此，海陵王统一了金代官印制度。承安五年，即公元1200年，此时官印从新制，为礼部铸造。猛安谋克制，是金代重要的政治、社会和军事组织，猛安谋克印为金代典型官印，存世量不少。谋克品级从五品，据《金史·百官制》载"五品印，方一寸四分"，该印成为印证金代尺度的物证之一。

（张米）

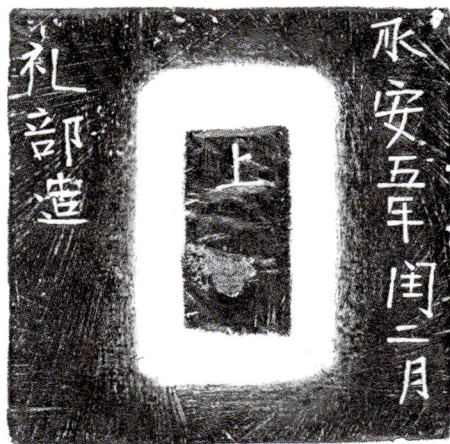

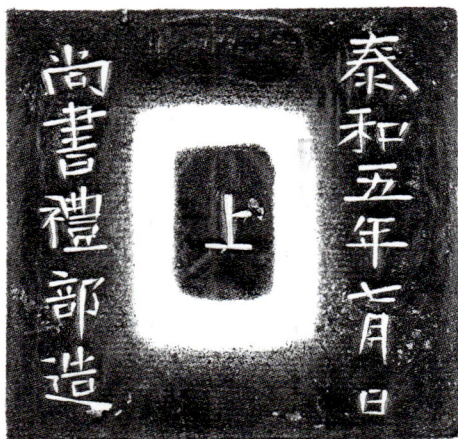

257. "尚书礼部之印"铜印

金 泰和

高5.1厘米 长6.1厘米 宽6.1厘米

官印。印面近方形，阳文叠篆"尚书礼部之印"两行六字。背部右刻"泰和五年七月日"，左刻"尚书礼部造"，刻文皆为楷书。柄钮，印纽顶部刻"上"字。

在金代中期之前，金代官印制作机构主要是少府监和尚书礼部。海陵改制，确立了金代官印由礼部更铸的制度。礼部，隶尚书省，掌管礼乐、祭祀等事宜。泰和五年（1205年），处金代中期，此时金代国力强盛，所制官印精美且规整。该印印背刻有制印机构和制印时间，为金代官印标准式样之一。金代官印印文依字之多少，分两行或三行排列，没有宋印那种密不透风的布局。该印制作于金章宗完颜璟泰和五年（1205年），印文刻凿较浅，为金代官印采用凿刻工艺所致。（张米）

258. "印造钞库之印"铜印

金 大安

高5.6厘米 长5.5厘米 宽5.5厘米

官印。印面方形,阳文叠篆"印造钞库之印"两行六字,带栏。背部右刻"大安二年八月"、左刻"印造钞库之印",刻文皆为楷书。柄钮,印纽顶部刻"上"字。

金朝初行纸币,便非常注重防伪,设交钞库、印造钞引库,置吏分别管理印造发行纸币和辨伪等事。金朝的"交钞",由中央政府统一印制,分路管辖发行,通行长达六十年之久。为加强纸币印制与发行的管理,中央政府设置了"印造钞引库"和"交钞库"。同时还设有"钞纸坊",生产钞引专用纸,由印造钞引库兼管。该印印背刻有制印时间和楷体对译的印文。制印时间为金卫绍王完颜永济大安二年,即公元1210年。(张米)

259. "行尚书六部印"铜印

金 至宁

高5.1厘米 长6.1厘米 宽6.1厘米

官印。印面方形，阳文叠篆"行尚书六部印"两行六字，带栏。背部右刻"至宁元年九月"，左刻"礼部造"，侧刻"行尚书六部印"，刻痕浅，皆为楷书。柄钮，印钮顶部刻"上"字。印文字体波折盘曲，笔画颇见锋芒，繁而不密。

《宋史·职官志》载："尚书省……曰吏部、曰户部、曰礼部、曰兵部、曰刑部、曰工部，皆隶焉。"为尚书六部。行尚书六部是设在代行尚书六部管理地方军民事宜的行政机构，即行部。金代逐步推行汉制，建立更加适应专制主义中央集权制度的需要。该印制印时间为是金朝完颜永济至宁元年（1213年），制印机构为礼部。（张米）

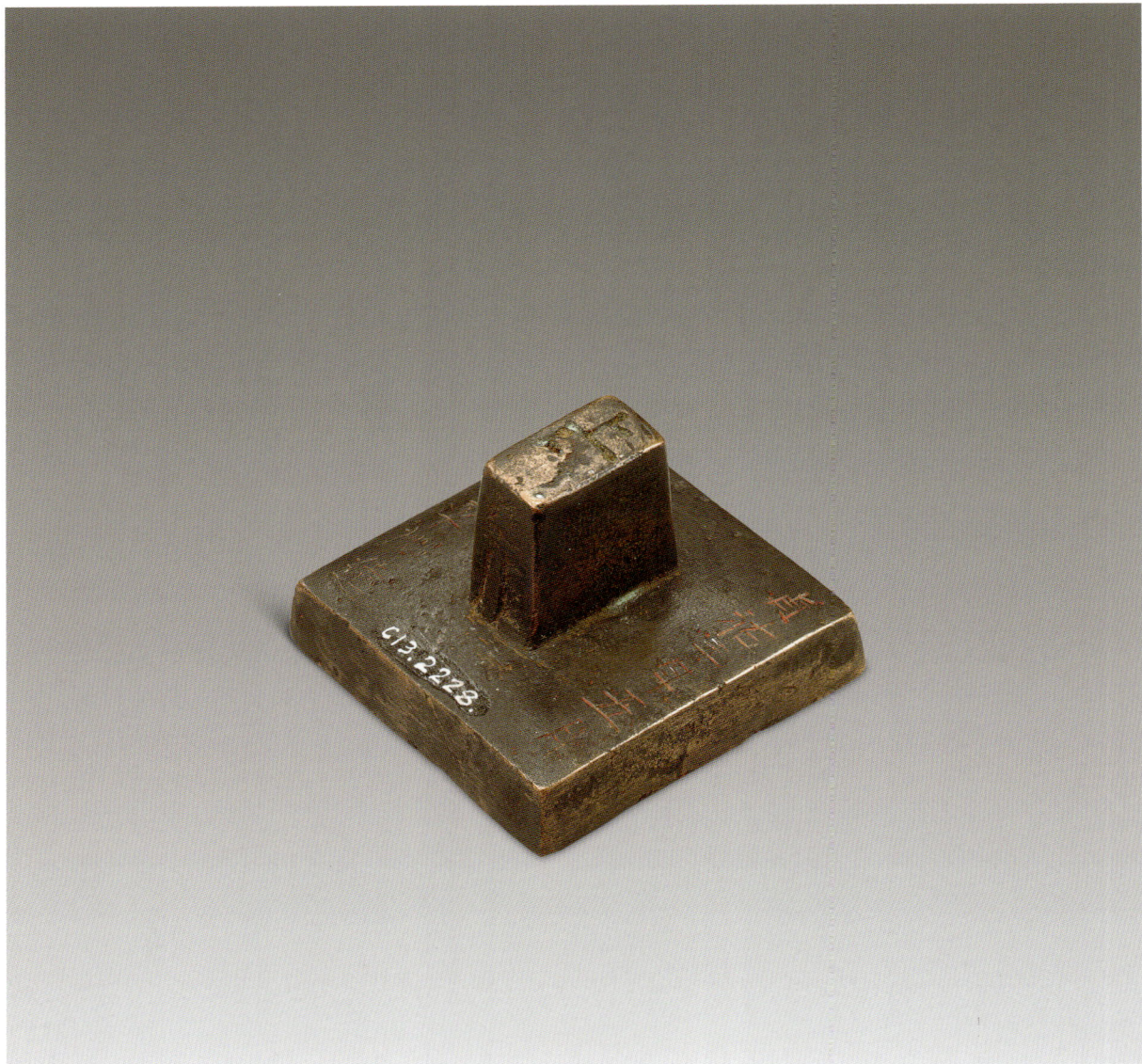

260. "行军万户所印"铜印

金 贞祐
高4.5厘米 长6.2厘米 宽6.2厘米
辽宁喀喇沁旗美林镇旺业甸村出土

官印。印面方形,阳文叠篆"行军万户所印"三行六字,带栏。印背右刻"贞祐三年五月",左刻"初三日平州造",侧刻"驹字号""万户所印",皆为楷书。柄钮,印钮顶部刻"上"字。印文字体属方折型九叠篆,笔画平直曲叠,排列对称。

"行军"表示用兵之意,是战时的领兵武官。军职官称冠以"行军"二字始于三国时期,《三国志·刘晔传》载:"大军遂还,晔自汉中还,为行军长史,兼领军。"万户所是万户的治所,是"副统所""都提控所"的下级机构。"行军万户所"官阶为品。贞祐三年(1215年)是金宣宗完颜珣年号。制印机构为平州,属地方政权。金代为防止滥制官印,官印一般以千字文和五行为序列编号。千字文编印和地方政府制印,反映出金末中央权力衰微,官印制作混乱的局面。(张米)

261. "都统府印" 铜印

金 贞祐
高5.6厘米 长7.4厘米 宽7.4厘米
传辽宁凌源县河坎子公社出土

官印。印面方形，阳文叠篆"都统府印"四字。背刻右刻"行六部造"，左刻"都统府印"，侧刻"丁丑年二月"，皆为楷书。柄钮，印纽顶部刻"上"字。

"都统"，设于金代，为总领万户、军帅和猛安的高级军职。《金史·兵制》载："凡猛安之上置军帅，军帅之上置万户，万户之上置都统。"金末又改定军制："三十人为一谋克，五谋克为一千户，四千户为一万户，四万户为一副统，两副统为一都统。"该印为金代统领万户之上的都统官署印，官阶为正三品。印背和印侧刻款，与金代官印常规样式不同。丁丑年在金代出现两次，一为金海陵王完颜亮正隆二年（1157年），二为金宣宗完颜珣贞祐五年（1217年），而"行六部"为贞祐二年宣宗南迁后所设，因此"丁丑年"应为"贞祐五年（1217年）"。贞祐二年（1214年）七月，金迁都南京（今河南开封），史称"宣宗南迁"，南迁后南京被称为行宫，六部称为行六部。（张米）

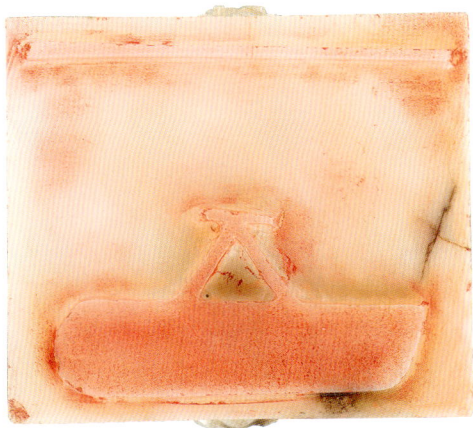

262. 玉押

元

高4.8厘米　长6.2厘米　宽5.7厘米

官押。押面长方形，剔地阳文图押。白玉质，钮为镂雕龙形，呈昂首蹲卧状。头顶双角，角后长发过肩，与上扬的火焰尾相接，身体拱立，四肢强健粗壮，具有元代龙纹特征。

押印，又称花押、署押印、元戳、戳子等，是古代在契约或文书上代替签字的一种符号或图记。押的源起，不晚于五代后周。元代图押大盛，承袭宋朝押式，艺术气息浓郁。根据陶宗仪的解说，蒙古色目人是游牧民族，善持刀枪而不通汉字，用图像来作为凭信，导发押印盛行的风气。元押涉猎范围广，图形内容极为丰富。部分元押以文字和图像结合，并根据不同的姓和名来组成图形花押，深得蒙古人意愿。龙钮玉押使用者身份高。（张米）

263. 梵文玉押

元

高4.4厘米　长4.2厘米　宽4.2厘米

官押。押面方形，减地阳文梵文，带双边栏。青白玉，玉质佳，有皮色。押钮为龙形，雕工精湛。

押，是元代印章有别于其他时代的重要标志，故有"元押"之称。元押材质以青铜为主，另有玉、象牙、木、陶瓷、玛瑙和角等多种。元代陶宗仪在《南村辍耕录》中载："今蒙古色目人之为官者，多不能执笔花押，例以象牙或木刻而印之，宰辅及近侍官至一品者，得旨则用玉图书押字，非特赐不敢用。"由此可知玉押最低为一品官员所用之物。元代玉押有龙钮和虎钮玉押等。钮式与使用者身份有关，龙钮玉押使用者身份更高，应为帝王一族。（张米）

264. "伍" 玉押

元

高3.3厘米　长6.5厘米　宽5.4厘米

官押。押面长方形，剔地朱文行书"伍"字。青白玉，玉质洁净。钮为镂雕龙形，呈拱身蹲卧状，形象生动，造型精美。身体拱立，四肢圆润强健，身上饰有火焰纹、毛发纹和卷云纹等。

元押中的文字押，包括姓名押、闲文押、斋馆押等。姓名押以楷书、行书居多。该押押文为行书,丰富了元朝押印的内涵。（张米）

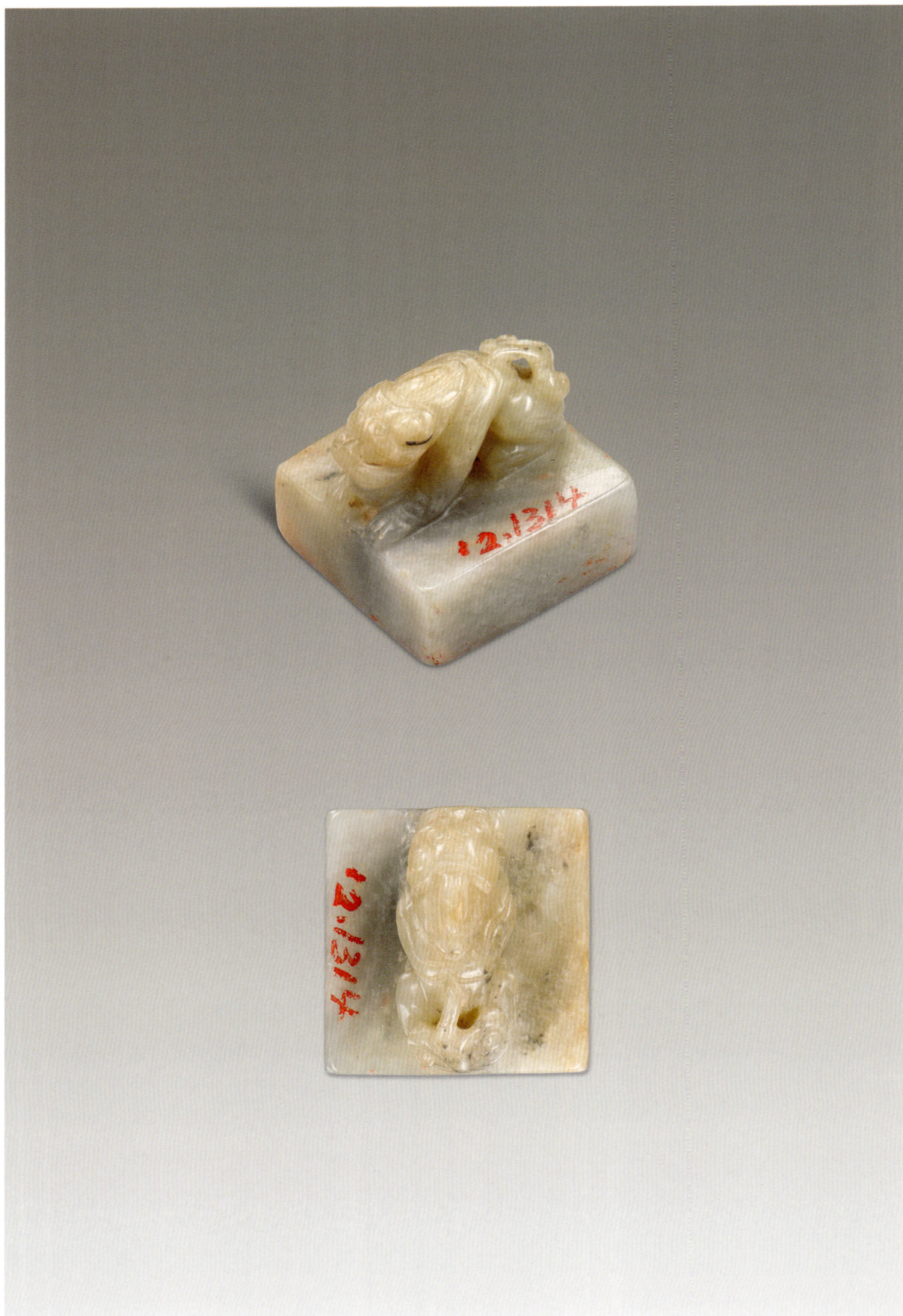

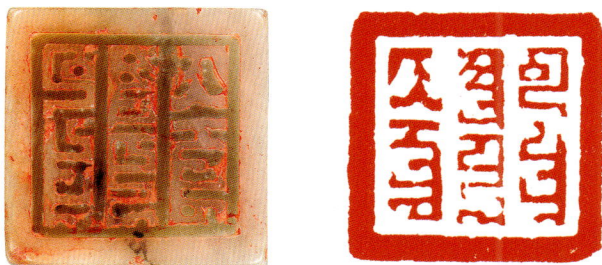

265. 八思巴文玉印

元

高3.7厘米　长3.5厘米　宽3.5厘米

传1932年山西大同出土

官印。印面方形，阳文八思巴文篆书三行，有边栏。青玉质，局部有褐色沁，背部镂雕兽钮，呈蹲卧状，头顶双角，披束发，四足伏于印背，形成钮部穿孔。

八思巴被元蒙皇室封为第一国师，于1269年创制蒙古新文字"八思巴文"，被元统治者定为国书。元始祖忽必烈命令各少数民族用八思巴文拼写一切语言，同时规定官方文件和印件必须使用八思巴文。在朝廷强力推行下，作为权利象征的各级官印，大都用八思巴字铸刻。（张章）

266. "宣差陕西都总管之印"铜印

元

高5.3厘米 长7.4厘米 宽7.4厘米

官印。印面方形，阳文叠篆"宣差陕西都总管之印"三行九字，边栏较宽。把钮。印背左刻"塔海都元帅府降"，右刻"丁酉八月"，印台刻"宣差陕西都总管之印"。印钮顶部刻"上"字。

"宣差"一词见于宋金元三朝，系对官职官阶的特别说明，而非机构名称，一般指帝王派遣的使者。元代对行政区划进行了较大的调整和改革，将全国划分成11个"行中书省"，代行中央王室政权，总一省行政、钱粮、兵甲、屯种、漕运等军政大事，成为元代地方最高一级行政机构。其中"陕西等处行中书省"即今陕西省的肇始。元代中央和地方有各种名目的都总管府或总管府，如管理全国工匠的诸色人匠都总管府；管理地区财赋的江、淮等处财赋都总管府；负责守护行宫及皇帝游猎事务的尚供总管府，都设有达鲁花赤和总管。（张章）

267. 汉文八思巴文"宁远务关防课税条印"铜印

元

高6.1厘米 长21.1厘米 宽7.2厘米

1983年湖南省宁远古城出土

官印。印面长方形，印正中阳文巴思八文"关防课税条印"六字；上刻汉文楷书"宁远务"三字；边栏两侧上面竖刻汉文楷书"如无此印""便同匿税"。把钮。

宁远，元属湖广省岭北湖南道道州路。"务"是元朝政府商务管理机构，官员称为"务官"，宁远务即设于宁远县的关防课税官司。"关防"一词，原有核查、查验之义，以防诈伪。关防义为核查防范，用为动词，与后世用作名词者不同。元代文书习用于核查商务和税务。徐元瑞《吏学指南》把元代官方印章分四类："一为御宝，二为印信，三为长条印，四为木朱印。"此印是典型的元代官印中的长条课税印。

（张章）

268. 八思巴文"宣忠斡罗思扈卫亲军都指挥使司屯田百户之印"铜印

元 至顺

高7厘米 长6.6厘米 宽6.6厘米

官印。印面方形，阳文叠篆八思巴文"宣忠斡罗思扈卫亲军都指挥使司屯田百户印"五行二十字，边栏较宽。印背刻字模糊不清，右刻汉字楷书，与八思巴印文相同，二十字。左刻汉字楷书"中书礼部造""至顺二年四月日"，钮顶部刻"上"字。把钮。

文宗至顺元年（1330年），元廷收聚分散内地的一万斡罗思人，设置宣忠扈卫亲军都指挥使司，屯田于大都（今北京）以北地区。《新元史·百官志》卷二十三记载：宣忠斡罗思扈卫亲军都指挥使司，秩正三品。至顺元年置宣忠扈卫亲军都万户府，总斡罗思军士，隶枢密院。至顺二年（1331年），改今名。置营于大都北，衙司在大都丽正门内。置都指挥使、副使等职。

斡罗思，元人也称为斡罗斯、兀罗思、兀鲁思、阿罗思和斡鲁速惕等，即今俄罗斯人。13世纪时，斡罗思分为几个公国，以基辅公国为核心。元太祖十八年（1223年），蒙古哲别军北出高加索，进击南俄草原，初败其军于伏尔加河，攻入南俄一带。到太宗年间长子西征，斡罗思诸国臣服于拔都的金帐汗国，一部分人被掳至蒙古和中原地区从军或为奴。（张章）

269. 八思巴文"六安等处志勇义兵百户印"
铜印

元 至正

高6.1厘米 长6.3厘米 宽6.3厘米

官印。印面方形，阳文叠篆八思巴文"六安
等处志勇义兵百户印"三行十一字，边栏较宽。
印背左刻汉字楷书"至正十七年（1357年）八
月""中书礼部造"，右刻汉字楷书"六安等处

志勇义兵百户印"。把钮。

"六安"为河南行省庐州路属州，唐以霍山
县置霍州，后州废，仍为霍山县。宋改六安军，
至元十二年（1291年）降为县，隶属庐州路，后
升为州。"义兵"是元朝末年统治者为镇压农民
起义而组建的军队，它的前身是一种叫"毛胡
卢"的专以起义农民为敌的地方武装。元义兵多
名号，志勇即其中一种，此外见有八思巴字印的
还有忠勇、忠智等。（张章）

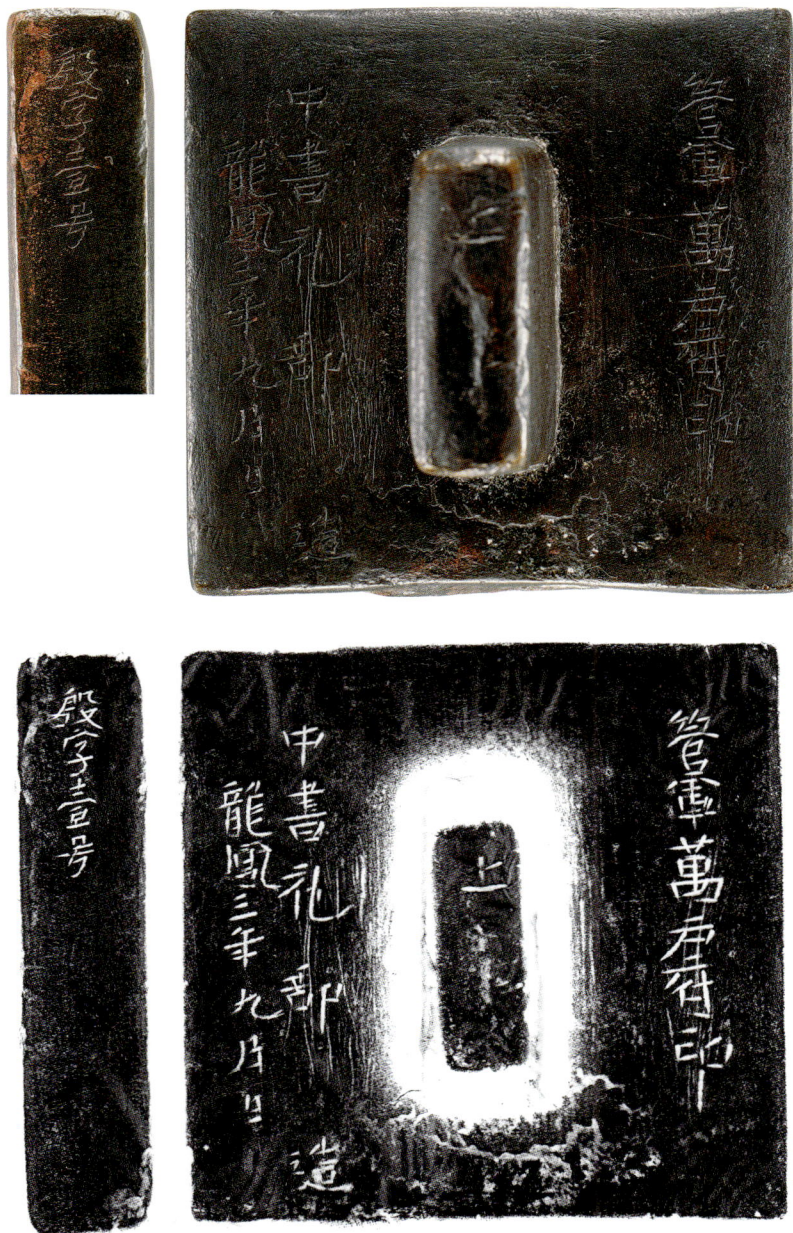

270. "管军万户府印"铜印

元 宋龙凤三年

高8.6厘米 长8.1厘米 宽8.1厘米

元朝韩林儿起义军宋政权官印。印面方形，阳文九叠篆书"管军万户府印"两行六字，边栏较宽。印背右刻"管军万户府印"，左刻"中书礼部造""龙凤三年九月日"，印台刻"殷字壹号"，钮顶部刻"上"字，均阴刻楷书。把钮。

"龙凤"为元朝时期起义者韩宋小明王韩林儿的年号，1355年2月至1366年12月使用，前后共12年。元代地方政府机构设行省，行省下又有道、路、府、州、县。其中万户府是一级行政机构，主管军政、民政事务。宋政权的机构与称谓仿效元朝，中央设中书省，下分吏、户、礼、兵、刑、工六部（可能未设全）；军职则分别称为元帅、总管、万户、千户、百户等。此印是宋政权龙凤三年（1357年）中书省礼部铸造的官印。（张章）

271. "押"铜押

元

高2厘米　长5.3厘米　宽3厘米

官押。押面长方形，上铸阳文楷书"押"字，下为花押，有边栏。"工"字钮。

元押多为长方形，汉字元押一般上刻汉文楷书姓氏，下刻八思巴文或花押。花押就是现代的个人签名。押在早期只限于王宫、官府、达官贵人，元朝后期则大大普及化，上至天子下至平民，各行各业的种种合同、票据、凭条、信简、符契，乃至钞汇上，无不需要加钤押印、戳记以互认或公认。元押是元印中最富特色的一类印章。（张章）

272 "清微天宝道宗之印" 玉印

元末明初

高7.9厘米 长8厘米 宽8厘米

道教印。印面方形，朱文篆书道教字符两行，"清微天宝道宗之印"两行八字，边栏较宽。印背阳文篆书"清微天宝道宗之印"八字。印台四周也刻阳文道符，与印文同。青玉质，交龙钮。龙呈蹲卧状，头顶双角，披束发。突睛张嘴，胡须飘于颌下。拱身，三分叉尾，龙纹雕刻优美挺健。

道教法印，又称"神印""印篆"，是象征天界、神仙权威的印章，系模仿古代帝王玉玺和官府印章而成，通常以金属、玉和木镌成。《道法会元卷之二十三》载："魂神澄正，性质灵明，皈依三宝，顿悟真宗。乘此良因，超生道岸。章到，主者施行。一如清微天宝道宗玉宸经法律令。""清微天宝道宗之印"是清微派道教法事活动中应用最普遍的一种法印，也是重要的法器。此类印章款式一般有篆书式、符图式、符篆式。（张章）

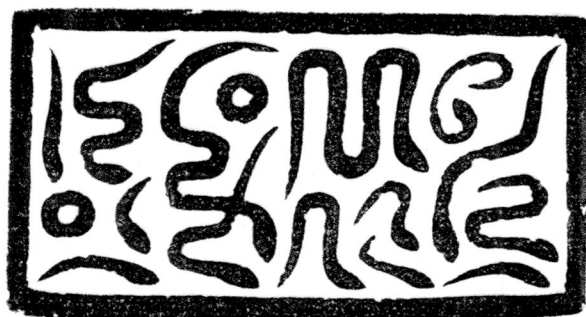

273. 道教狮钮铜印

元末明初

高6.5厘米　长7.8厘米　宽7.8厘米

　　道教印。印面方形，阳文叠篆汉字二行，最
后两字为"之印"，边栏较宽。狮兽钮。瑞兽造
型生动，圆眼，嘴微张，神态张扬，栩栩如生，
不怒而威。

　　道教法印用于斋醮科仪，象征天界和神仙权
威的印章，又称"神印""印篆"，系模仿古代
帝王玉玺和官府印章而成，通常以金属、玉和木
镌成。在道教教团形成前，方士和巫师已经模仿
官府、军队、朝廷使者用印的方式创为印章，施
用于治病，祈福祛灾等活动中。元末明初道教符
篆派影响极大，道符印多见于此期。（张章）

274. "赣州卫左千户所百户印"铜印

明 洪武

高8.8厘米 长7.1厘米 宽7.1厘米

官印。印面方形，铸阳文叠篆"赣州卫左千户所百户印"三行十字，边栏较宽。印背左阴刻"洪武五年（1372年）五月日""礼部造"，右刻"赣州卫左千户所百户印"均楷书，印台刻"□字十号"。长把钮。

赣州府，元代为赣州路，属江西行省。赣州卫，明洪武初年（1368年）建，洪武二十三年（1390年）为府，领县十二。明初定兵制，采用卫所制度。"卫所"是按照明朝政治制度设置的地方军事行政机构，除了军事职能外，还要管理地方的行政事务，所谓"抚绥属部""看守地方"。在明代，各"卫""所"的官员均由明政府正式发给授职书，由礼部统一铸造颁发印信，卫所的军士就是各地的驻军。采取"因其部族……官其酋长为都督、都指挥、指挥、千百户、镇抚等职，给与印信，俾仍旧俗，各统其属"的政策，他们官职是世袭的，父死子继。一般五千六百人称卫，一千一百二十人称千户所，一百一十二人称百户所。（张章）

 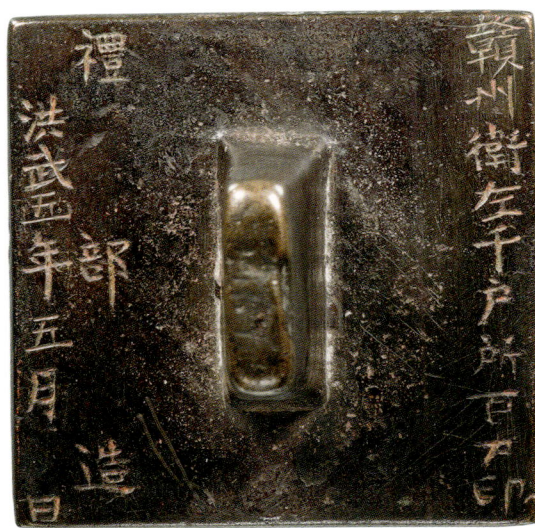

 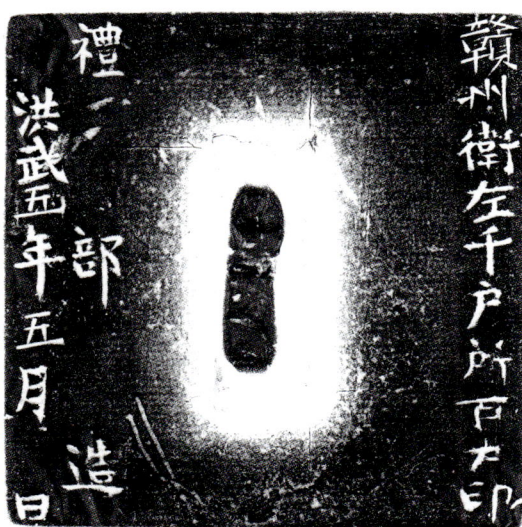

275. "西安右护卫后千户所百户印"铜印
明 洪武
高8厘米 长7.2厘米 宽7.2厘米

官印。印面方形，铸阳文叠篆"西安右护卫后千户所百户印"四行十二字，边栏较宽。印背左刻"洪武十一年（1378年）十月日""礼部造"，右刻"西安右护卫后千户所百户印"，印台侧刻"公字三十七号"。均为楷书。椭圆形长把钮。

洪武二年（1369年），奉元路改置西安府。西安右护卫为明初置泰山卫，属山东都司，后更名西安左护卫，属王府。元朝军队按十进制编制，分为万户府、千户所、百户所等。明代继承了元代的世兵制，独创卫所制度，即在全国各地设立卫所，实行屯田，卫所兵丁世代相继，遇有战事，即任命领兵官，发给印信，率领从卫所调发的军队出征。战事结束，领兵官缴印于朝，兵丁各回卫所。（张章）

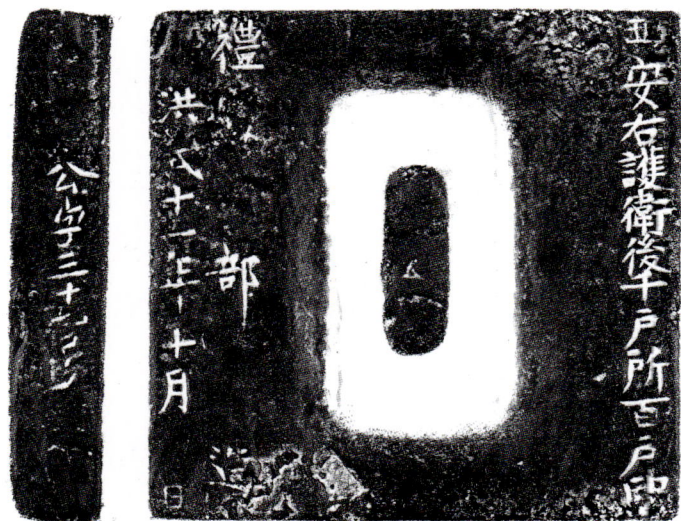

276. "木答里山卫指挥使司印"铜印

明 永乐

高4.9厘米 长9厘米 宽9厘米

1958年内蒙古乌兰浩特出土

官印。印面方形，阳文叠篆"木答里山卫指挥使司印"三行十字，边栏较宽。印背左刻"永乐四年（1406年）十月日""礼部造"，右刻"木答里山卫指挥使司印"，印台侧刻"慈字五十五号"皆为楷书。椭圆形长把钮。

明朝为加强对东北等地少数民族地区的管辖，设立都司、卫所。木答里山卫所是明初永乐皇帝在东北黑龙江流域和地区所设的奴尔干都司所属卫所之一，木答里山在龙江城南六十里。奴尔干相当于当时省的行政机构。奴尔干都司设在黑龙江入海口特林地方（今俄罗斯尼古拉夫斯克）。这方铜印说明了明朝在黑龙江流域设立政权机构奴尔干都司的史实。明朝于都指挥使司之下设卫指挥使司，长官为指挥使一人，正三品，副长官为指挥同知二人，从三品官署名。该印是明朝在东北地区设置地方行政机构，是对该地区进行有效行政管理的最好物证。（张章）

木岔里山衛指揮使司印

禮部
永樂四年十月
日 造

慈字五十五號

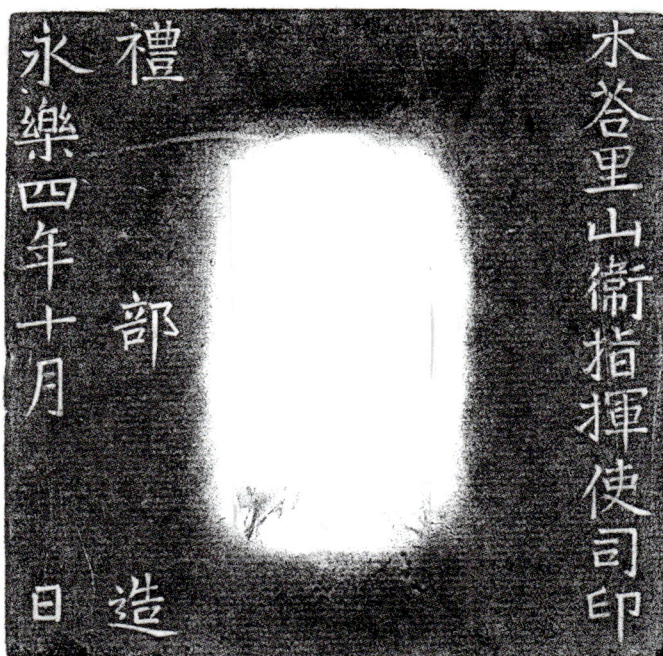

277. "锦衣卫印"木印

明 成化

高4.9厘米 长11.5厘米 宽11.5厘米

官印。印身覆斗形，印面方形，阴文篆书"锦衣卫印"两行四字，边栏较宽。背面右刻"成化十四年（1478年）"，左刻"三法司置"，皆为楷书。木质，有部分裂纹，钮失。

洪武十五年（1382年），裁撤亲军都尉府与仪鸾司，改置锦衣卫。作为皇帝侍卫的军事机构，锦衣卫主要职能为"掌直驾侍卫、巡查缉捕"，其首领称为锦衣卫指挥使，一般由皇帝的亲信武将担任，直接向皇帝负责。可以逮捕任何人，包括皇亲国戚，并进行不公开的审讯。明初朱元璋为加强中央集权，以刑部、都察院、大理寺分典刑狱，称三法司，让其互相制约，如遇重大要案由三法司会审结案。这枚木印是三法司会同刻置,成为明代皇帝极权统治的重要工具。（张章）

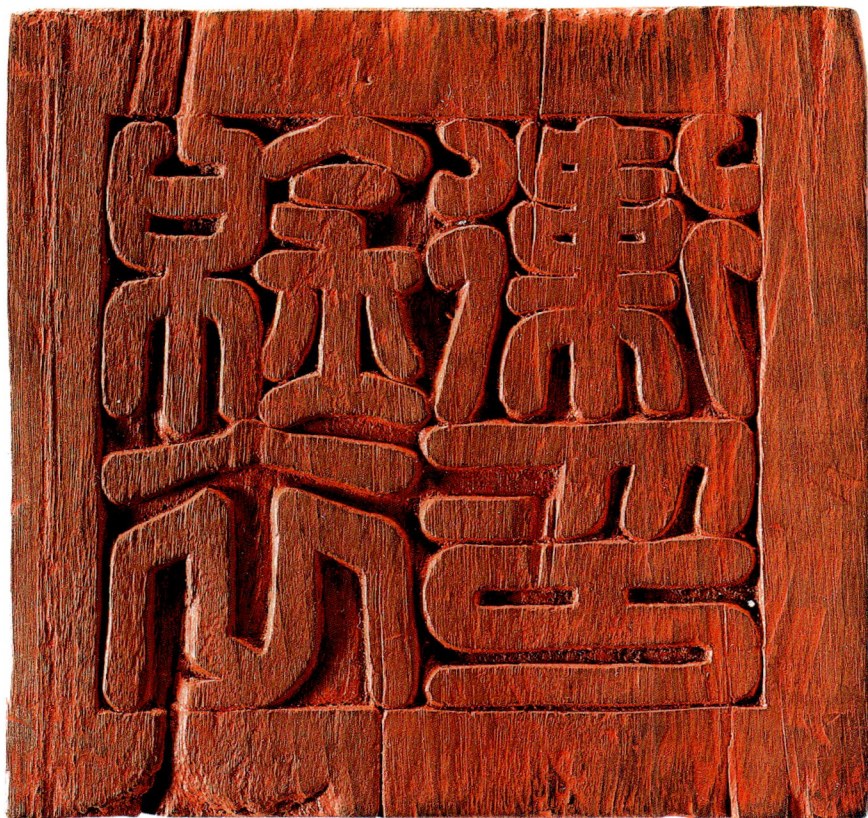

278. "汝州卫左千户所之印"铜印

明 嘉靖

高8.6厘米 长7.4厘米 宽7.4厘米

官印。印面方形，铸阳文叠篆"汝州卫左千户所之印"三行九字，边栏较宽。印背左阴刻"嘉靖四十二年（1563年）四月日""礼部造"，右刻"汝州卫左千户所之印"，印背上端正中刻"上"字。均楷书。印台刻"嘉字三千九百二十一号"。椭圆形长把钮，钮顶部刻"上"字。

汝州，元属南阳府。洪武初，以州治梁县省入。成化十二年（1476年）九月直隶布政司。汝州卫包括汝、鲁、郏、叶、宝边境地区，最远至叶县褚庄、瓦店营一带，距州城一百八十华里。明代卫所制度为军队的基层组织，为明代特殊制度之一。（张章）

279. "仪陇县契"铜印

明 大顺永昌

高4.9厘米 长7厘米 宽7厘米

李自成农民军政权官印。印面方形，阳文篆书"仪陇县契"两行四字，边栏较宽。印背右刻"仪陇县契"，左刻"礼政府造""永昌元年九月日"，印台刻"天字五百六十四号"，皆阴刻楷书。椭圆形长把钮。

大顺永昌元年（1644年）四月三十日，李自成率领的农民军在满汉地主阶级的联合进攻下放弃北京向陕西撤退。此印铸于永昌元年九月，制自西安，编号为"天字五百六十四号"。李自成军于九月已攻占仪陇，铸此印，但十一月仪陇又被张献忠军所攻占。仪陇县属于四川顺庆府，《明史·张献忠传》载："（崇祯十七年）冬十一月庚寅，即伪位，以蜀王府为宫，名成都曰西京。用汪兆麟为左丞相，严锡命为右丞相。设六部五军都督府等官，王国麟、江鼎镇、龚完敬等为尚书。养子孙可望、艾能奇、刘文秀、李定国等皆为将军，赐姓张氏，分徇诸府州县，悉陷之。保宁、顺庆先已降自成，置官吏，献忠悉逐去。"（张章）

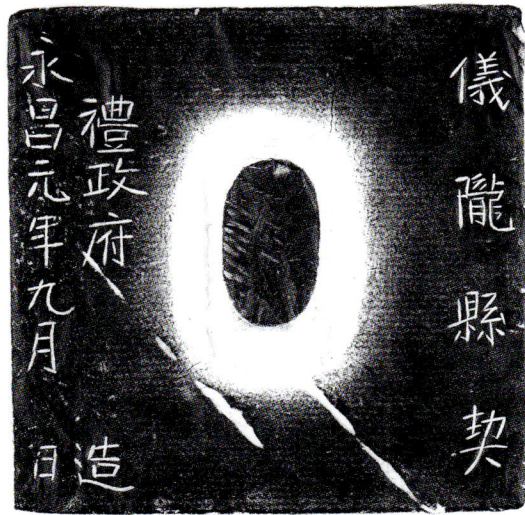

280. "临县学正之记" 铜印

明 大顺永昌

高9.4厘米 长7.7厘米 宽4.1厘米

李自成农民军政权官印。印面长方形，印面竖刻阳文篆书"临县学正之记"两行六字，有边栏。印背左边刻"永昌元年三月日造"，右边刻"临县学正之记"。印台刻"宇字四百伍十号"。椭圆形长把钮。

明洪武二年（1369年），临州降为县，属太原府。临县之称由此而定。学正为中国古代文官官职名，明除国子监外，礼部及行省、宣卫司任命的路、州、县学官亦称学正，明学正秩正九品。此印铸于永昌元年（1644年）三月，是大顺政权掌管文教事物的重要物证，是大顺农民政权县级以下印章目前存世的唯一一枚。（张章）

281 "夒州防御使符"铜印

明 大顺永昌
高10.6厘米 长10.3厘米 宽6厘米镌
传山东恩县出土

李自成农民军政权官印。印面长方形，镌刻阳文篆书"夒州防御使符"两行六字，有边栏。印背右刻"夒州防御使符"，左刻"永昌元年四月日"，侧刻"字字六百四号"，均为楷书。椭圆形长把钮。

据《明史·李自成传》载，崇祯十六年（1643年），自成据襄阳，牛金星教以创官

爵名称，置大行署，要地设防御使。十七年正月，自成称王于西安，僭国号曰大顺，改元永昌。三月十九日，入据京都，尽改官制，以兵备为防御使。印镌永昌元年四月，为改兵备时所置，先在襄阳，已有防御使名，此殆沿用旧号耳。李自成进占北京后，规定改印为符、券、契、章凡四等。《甲申传信录》记载："李闯既入，五日，建设伪官，改印曰符、券、契、章，凡四等，令职方司收缴前印，悉更铸之，更官名。""夒州防御使符"铜印用"符"字入印，正可与文献互证。1959年王献唐捐。（张章）

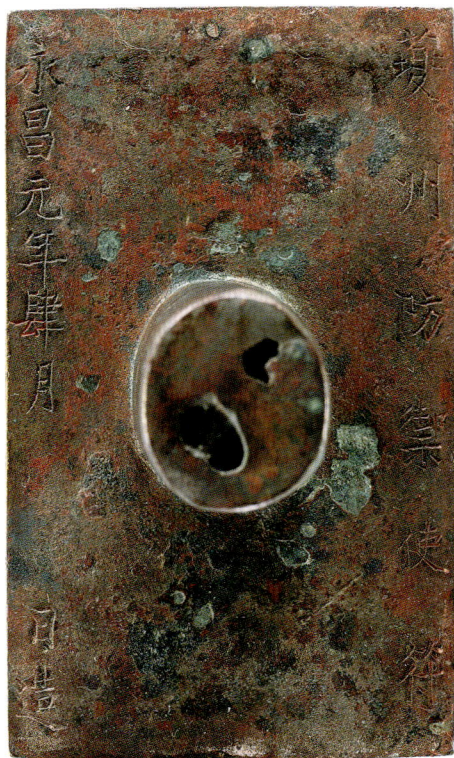

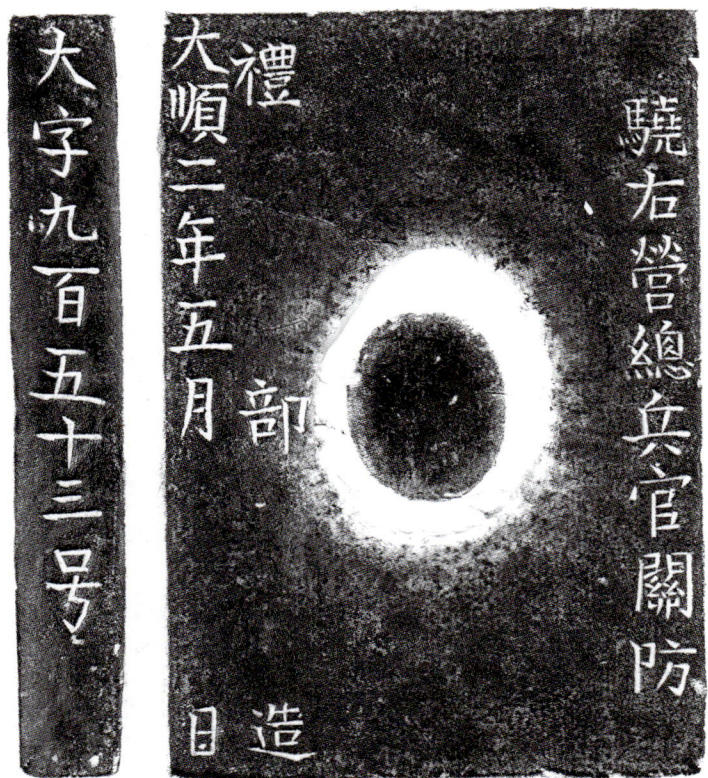

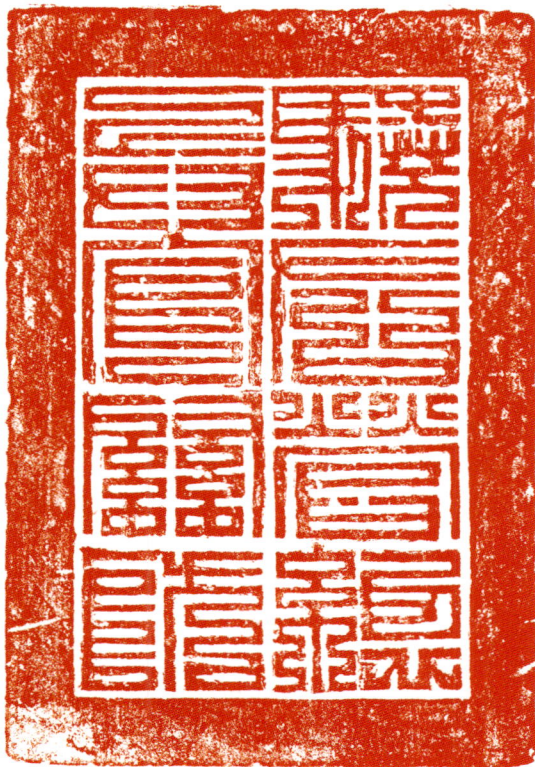

282. "骁右营总兵官关防"铜印

明 大西大顺
高10.6厘米 长10.7厘米 宽7.2厘米

张献忠农民军政权官印。印面长方形，铸阳文九叠篆字书"骁右营总兵官关防"两行八字，边栏较宽。印背左阴刻"大顺二年五月日""礼部造"，右刻"骁右营总兵官关防"，印台阴刻"大字九百五十三号"，均为楷书。椭圆形长把钮。

崇祯十七年（1644年）十一月庚寅，张献忠建号大西于成都。此印是张献忠大西政权在成都铸造颁发的铜印。大西军分一百二十营，按一定政治或军事含义命名，如振武营、骁右营、援剿营、驳骑营等。每营设总兵官统领，颁给关防印信，编号立字，通行全军。（张章）

283. "潞国秘笈之宝"铜印

明

高5.2厘米 长5厘米 宽5厘米

私印。印面方形，阳文篆书"潞国秘笈之宝"三行六字，有边栏。印背阴刻篆书"大明潞国敬一主人中和甫制"共十二字，印台刻龟背纹。宝珠钮。

潞国指明朝晚期潞王朱常淓的封国，位于河南卫辉府。朱常淓（1607—1646年），字中和，号敬一主人，又号敬一道人，明太祖朱元璋十世孙，明朝第二代潞王，为第一代潞王朱翊镠三子，世称小潞王。明崇祯帝崩后，朱常淓流落杭州，后被明朝遗老推为监国，清军至杭州时降清，条件是不可伤害杭州居民，并由此被杭州人称为"潞佛子"，第二年，在北京遇害。此印应是朱常淓的藏书之印。（张章）

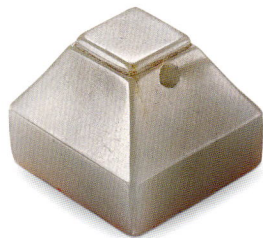

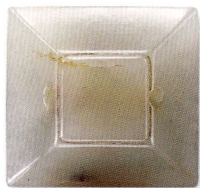

284. **"侯峒曾印"玉印**

明

高1.9厘米　长2.1厘米　宽2.1厘米

　　私印。印面方形，减地阳文篆书"侯峒曾印"两行四字，有边栏。覆斗形钮，坡面有对穿孔。白玉质，玉质温润。印文模仿汉篆，未用九叠篆，字体篆法整齐，无论印形还是印文，都仿制西汉玉印制法，布局饱满匀齐，采用四等分手法，章法平稳，篆法整齐，笔画匀称。体现出明代上层复古风尚。

　　侯峒曾（1591-1645年），明末抗清将领。字豫瞻，号广成，明苏州嘉定（今上海）人，震旸子。天启五年（1625年）进士，1628年赴明南都（南京）任职。崇祯间历江西提学参议，刚正不挠。清顺治二年（1645年），嘉定爆发十多万人起义，义军推举侯峒曾、黄淳耀为首领。侯峒曾率二子玄演、玄洁百计设守乡里。清兵至，支撑半月有余，固守援绝，城陷，侯氏父子投湖殉难。以嘉定反剃发起义为代表的清初江南抗争运动，反映出江南地区宗族文化与势力的强大。此玉印为侯峒曾私印。（张润平）

285. "夏允彝印"紫水晶印

明

高5.2厘米　长2.2厘米　宽2.2厘米

1955年上海松江出土

私印。印面方形，刻阴文篆书"夏允彝印"两行四字。兽钮，材质为紫水晶，色呈紫色，浅淡匀净。印文模仿汉篆，布局对称，依字体笔画的繁简来布局，线条苍劲古朴，章法自然流畅。因水晶硬度较高，不易镌刻。

夏允彝（1596-1645年），松江华亭人，字彝仲，明崇祯十年（1637年）举进士。明末结社风气甚盛，诗社遍布东南。夏允彝与同乡陈子龙结为"几社"，人称"陈夏"。后并入张溥领导的"复社"。好古博学，文名甚著，为复社健将。明亡后，走谒尚书史可法谋兴复。闻福王立，乃还。南都失，福王弘光朝廷覆灭。夏允彝与陈子龙共举义旗抗清，闻友人侯峒曾、黄淳耀等皆死，赋绝命辞，兵败携子夏完淳投水殉国。此紫水晶印为夏允彝私印。（张润平）

286. "卢象升印"玉印

明

高4.5厘米　长5厘米　宽5厘米

　　私印。印面方形，减地阳文篆书"卢象升印"两行四字，兽钮，兽纹雕刻精美，具有明代工艺特征。青白玉质，有褐色沁。印文字体模仿汉篆，未用九叠篆，字体有汉代篆书之风韵，采用四等分手法，文字笔画工整秀美，代表了明代私印篆刻水平。

　　据《明史·卢像升传》记载，卢象升

（1600-1639年），明末抗清将领。字建斗，江苏宜兴人，明天启二年（1622年），举进士，授户部主事，历员外郎，稍迁大名知府。崇祯三年（1630年），任右参政兼副使。四年进按察使。七年以右检都御史抚治郧阳。八年升为右副使兼湖广巡抚。巡解巡抚任，进兵部侍郎。十年升为兵部尚书。卢象升手握兵权，曾领兵镇压高迎祥、李自成等农民起义军。清军入关，率兵抵抗后兵败殉国，战死沙场。卢象升以文臣典兵，才略虽非一流，却足保大明半壁。此玉印为卢象升私印。（张润平）

287. "东渌渔人"玉印

明

高3.7厘米 长2.6厘米 宽2.6厘米

私印。印面方形,阴刻篆书"东渌渔人"两行四字,蟠螭钮,螭纹雕刻精美。阴刻方形边栏,篆书,布局采用四等分法,笔画圆转流畅,线条尖端见峰,字体柔美。

青白玉质,螭钮圆眼、张嘴露齿、双耳,四肢连接处刻卷云纹,螭身曲卷盘绕印背上,螭纹雕刻有明代风格。螭是中国古代神话传说中一种没有角的龙,螭纹是玉器上常见装饰纹样,始见于春秋时期,盛于战国汉代,并一直延续到清代。在中国古建筑、器物、工艺品上也常用作装饰,螭龙被中国民间认为寓意美好吉祥。明代中期以后,篆刻艺术及流派开始形成,私印以石质印章开始增多。玉质印章在明代中上阶层使用较多。此玉印为明代文人斋馆别号印,为明代玉质私印代表。(张章)

288 "笃恭殿宝"玉宝

清初

高3.1厘米　长5.6厘米　宽5.6厘米

皇帝宫殿御宝。印面方形，阴刻篆书"笃恭殿宝"两行四字，有边栏。印背浅刻云龙纹，龙为穿云正面龙，四周刻祥云纹，龙头顶两侧有双角，双目圆瞪。青白玉，覆斗钮。

笃恭殿，《清太宗实录》记载崇德元年四月丁亥定"定宫殿名"："中宫为清宁宫，东宫为关雎宫，西宫为麟趾宫，次东宫为衍庆宫，次西宫为永福宫，台东楼为翔凤楼，台西楼为飞龙阁，正殿为崇政殿，大门为大清门，东门为东翼门，西门为西翼门，大殿为笃恭殿。"这是清太宗皇帝皇太极于崇德元年（1636年）改国号大金为大清的隆重庆典上公布的一批宫殿名，笃恭殿为其一。根据《清太宗实录》记载，笃恭殿于1637年建成。按清制，皇帝之印称"宝"。此印是清早期的作品。（张章）

289 "大政殿宝"玉宝

清 康熙

高4.9厘米 长9.6厘米 宽9.6厘米

皇帝宫殿御宝。印面方形，印面阴刻阳文篆书"大政殿宝"两行四字，边栏宽。覆斗形钮，钮四坡面各凸雕一兽面纹，顶部有褐色沁。

青玉质。

大政殿，原称"大殿""八角殿"等，崇德元年（1636年）宫殿被命名为"笃恭殿"。笃恭殿，清太祖努尔哈赤建于盛京（今沈阳市），康熙时将"笃恭殿"改称"大政殿"，笃恭殿是清入关前举行重大活动和综理朝政的场所。康熙时敕令改为今名。（张章）

290. "皇帝之宝"玉宝

清 乾隆

高15.5厘米 长16.2厘米 宽16.2厘米

1959年故宫博物院拨交

清朝乾隆皇帝二十五宝之一。印面方形，阴刻阳文篆书满、汉两种文字，汉文篆书为"皇帝之宝"四字，满文为满文本字，内容相同。宽边栏。蹲龙钮，龙首轩昂，体态矫健。印背有穿，系黄色丝绶。汉文使用玉箸篆，印文结体圆转劲瘦，笔画隽永流畅，篆法工整精致，采用减地使阳文凸起的技法，娴熟流畅。此宝由一整块新疆和田玉山料制成，深绿色，玉质细腻温润。这方宝玺形制硕大，有皇室威仪和风范。

此宝由满、汉两种文字分别各占印面一半，称为合并或合璧宝。合并宝始于元代。此宝满文使用的是满文本字，非篆书，故此宝应是乾隆十三年（1748年）之前所制，因乾隆十三年修改清帝御宝，将"皇帝之宝"以后的二十一方宝玺一律从新改镌，将其中满文本字全部改用满文篆体篆刻。此玉宝为清初入关前所制。现藏于北京故宫博物院交泰殿的二十五方宝玺就是乾隆十三年后改镌的满、汉篆书合并御宝。"皇帝之宝"为清帝"二十五宝"之一，是皇帝权力的象征，是皇帝发布命令的凭证，非国家大事不用。所以每当改朝换代，新统治者都要将前朝宝玺销毁，故清朝以前的皇帝宝玺没有遗存。（张润平）

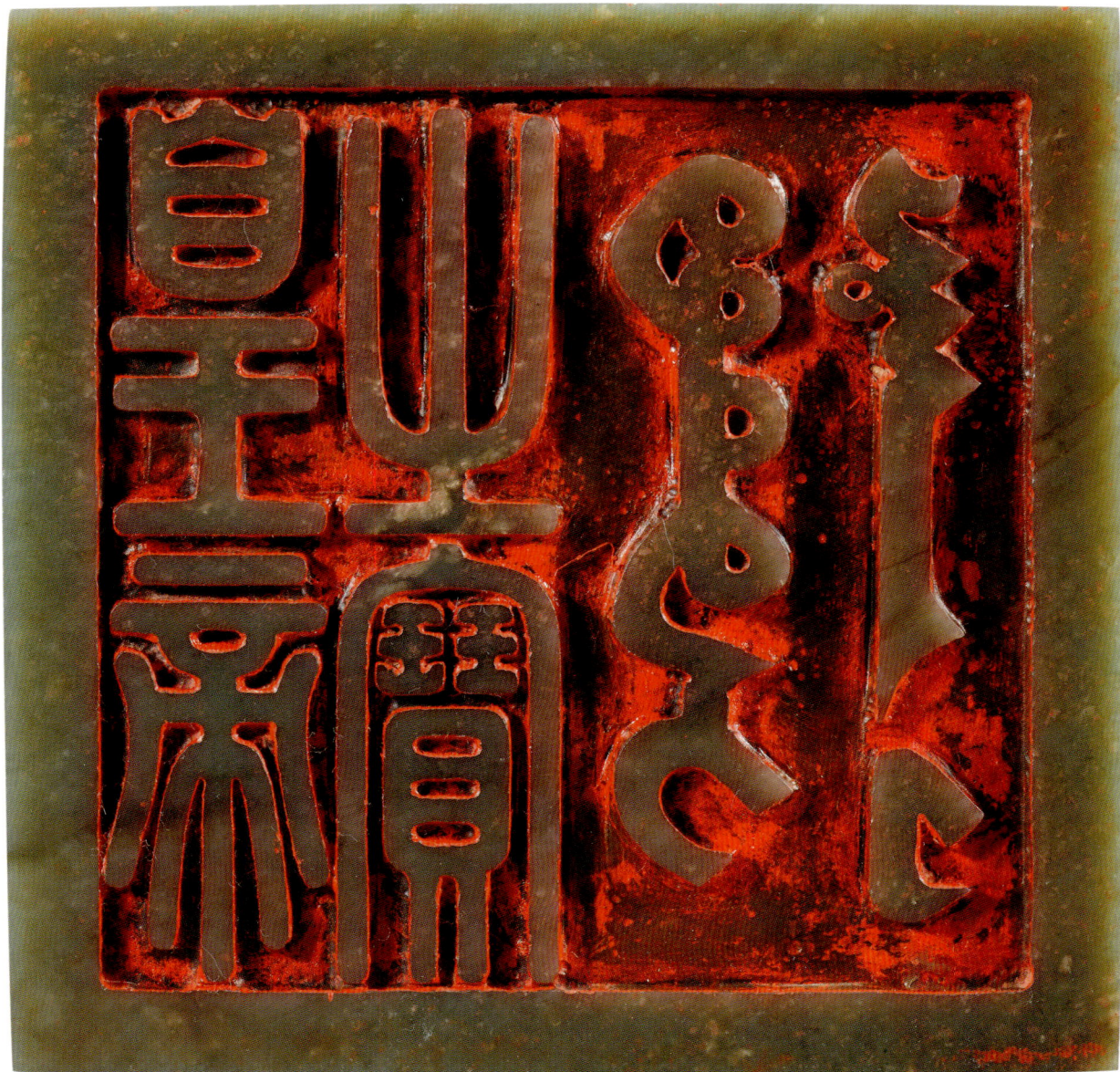

291. "皇后之宝"蜡宝

清

高10.5厘米 长13.8厘米 宽13.8厘米

皇后御宝蜡模。印面方形，粗边框内满、汉阳文篆书"皇后之宝"四字，边栏宽。交龙钮。汉文为玉箸篆，满文为满文篆书，故应为乾隆十三年之后蜡样，字形瘦俊。

清代除皇帝的宝玺外，皇后的级别最高，故此宝之钮为两龙交卧。清朝对"皇后之宝"的制作有严格的程序，首先由礼部奏报皇帝，由造办处先拨造蜡样，呈皇帝御览，皇帝钦定后，再由礼部发印样于铸印局，铸印官员会同内务府官员于造办处共同祭炉监造，铸造完毕后交广储司银库以待镌字。镌字时，由钦天监选择吉期，礼部奏报批复，届时把宝印送至内阁，在内阁大堂行礼后，按内阁翰林院预先撰发的宝文镌刻，竣工后，收存内阁大库，待行礼时提用。最后再由工部办理制造宝盝、印池等一应物件。

拨蜡法是我国古代冶铸史上的一项重要发明。蜡制成模，外敷造型材料，成为整体铸型。加热将蜡化去，形成空腔铸范，浇入液态金属，冷却后得到成型铸件，此法属于"熔模铸造"。此蜡模与故宫博物院藏"皇后之宝"金印外形和印文一致，此宝应为"皇后之宝"金印先拨造之蜡样，非常宝贵。（张章）

292. **"宣宗效天符运立中体正至文圣武智勇仁慈俭勤孝敏宽定成皇帝之宝"玉宝**

清 道光

高10.6厘米 长12.8厘米 宽12.8厘米

道光皇帝谥宝。印面方形，阳文篆书"宣宗效天符运立中体正至文圣武智勇仁慈俭勤孝敏宽定成皇帝之宝"共计二十九字，边栏宽。交龙形钮，钮为两龙交卧，两首相背，张口露齿，神态威武，背部体躯盘绕，腹部有孔，内系明黄丝绳。谥宝满、汉文合璧，汉文、满文文字相同。碧玉质，玉色墨绿，质地细腻温润有光泽。

宣宗为道光帝爱新觉罗旻宁(1782-1850年)的庙号。清朝第六位皇帝，1820-1850年在位。清朝帝后谥宝，都是在皇帝、皇后离世尊上庙号、谥号之后，由新皇帝按制传旨，由工匠按照拟好的谥宝之名雕刻制作。（张章）

12.1374.

293. "表章经学之宝" 青金石宝

清

高7.5厘米 长10.3厘米 宽10.3厘米

皇帝御宝。印面方形，阳文篆书"表章经学之宝"三行六字，边栏宽。青金石质，交龙钮。钮为两龙交卧，双龙两首相背，张口露齿，神态威武，体躯盘绕。此印石体深蓝，间有白花星点，表面打磨平整光洁，色泽莹润。龙腹部有钮孔，内可系绳。

国子监，顺治元年（1644年）设立，掌国学政令的机关，一应事宜，由礼部掌行。国子监下有典籍厅，设汉典籍一人，掌保管书籍版片及"表章经学之宝"与乾隆御笔籍册。北京故宫博物院藏有一方乾隆"表章经史之宝"，为清朝二十五宝之第十九宝，碧玉质，交龙钮，作"以崇古训"之用。"二十五宝"代表了皇帝行使国家最高权力的各个方面。此印外形、篆法与"表章经史之宝"相类，这方印章虽不属二十五宝，但也是为表彰古书籍时钤用。（张章）

294. "和硕醇亲王宝"金宝

清

高12.2厘米 长11.6厘米 宽11.6厘米

1956年溥任捐赠

亲王宝。印面方形，铸阳文满、汉两体朱文篆书"和硕淳亲王宝"六字，边栏宽。龟钮，钮身是龟身，龙首龙尾。古代龟被认为是一种祥瑞的动物，其形象长期被用作印章的钮制。龙是皇帝的象征。印文为"芝英篆"，即笔画的起笔收笔处"开叉"。

和硕，爵位等级，此印为道光帝第七子奕譞于同治三年被赐以"加亲王衔"时所铸。其子载沣世袭亲王，载沣子溥仪即宣统皇帝。和硕醇亲王为宣宗成皇帝脉下宗支，清代铁帽子王之一。奕譞，道光二十年（1840年）生，生母庄顺皇贵妃乌雅氏。道光三十年（1850年），封醇郡王，咸丰九年（1859年），准分府后在内廷行走。同治三年（1864年），加亲王衔。十一年九月，晋亲王。以德宗承嗣大统故，恩封世袭罔替。光绪五年（1879年），赏亲王双俸。十一年，管理海军衙门，总理节制沿海水师。光绪十六年，增加护卫，十一月薨，年五十一岁，称号曰"皇帝本生考"，谥曰贤。（张章）

C13.927

295. "多罗钟郡王印"鎏金银印

清

高12.8厘米 长11厘米 宽11厘米

郡王印。印面方形，铸阳文满、汉两体朱文篆书"多罗钟郡王印"六字，边栏较宽。满、汉印文皆为芝英篆。麒麟钮。

《清史稿·舆服志三》载："和硕亲王金宝，龟纽，平台，方三寸六分，厚一寸。亲王世子金宝，龟纽，平台，方三寸五分，厚一寸。多

罗郡王镀金银印，麒麟钮，平台，方三寸四分，厚一寸。俱清、汉文芝英篆。"此印与《清史稿·舆服志三》描述吻合。多罗钟郡王为宣宗成皇帝脉下宗支，始祖为宣宗成皇帝第八子奕詥。奕詥，道光二十四（1844年）年正月生，生母为庄顺皇贵妃乌雅氏。道光三十年（1850年）正月，恩封多罗钟郡王。同治七年（1868年）十一月饮食薨，年二十五岁。谥曰端。十三日，穆宗亲临赐奠。（张章）

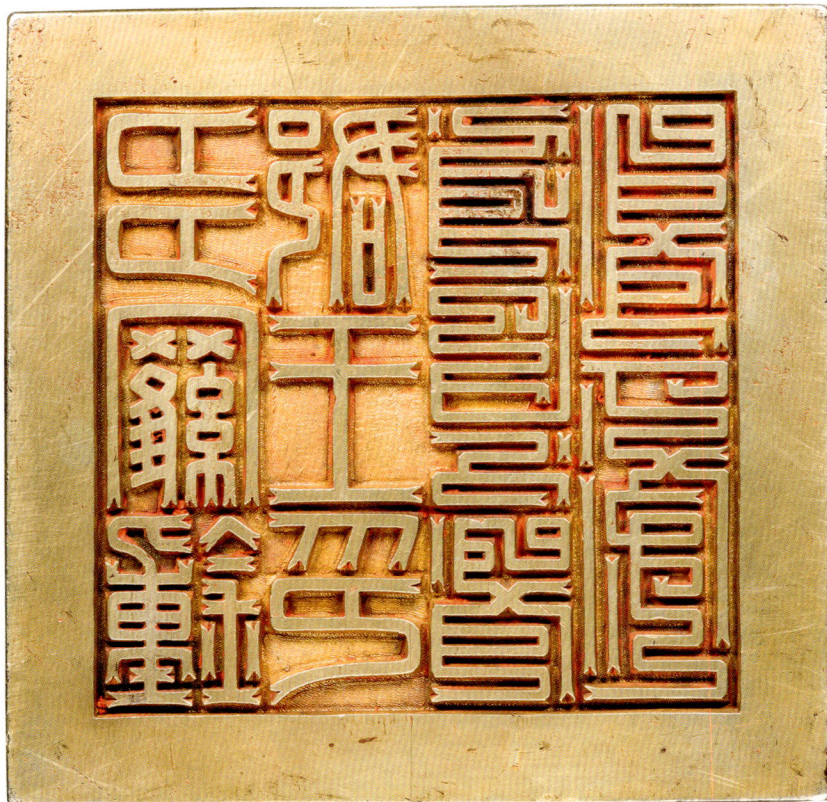

296. "多罗克勤郡王之印"铜印

清

高5.8厘米　长10.7厘米　宽10.7厘米

郡王印。印面方形，铸阳文满、汉两体篆书"多罗克勤郡王之印"八字，边栏较宽。满、汉印文皆为芝英篆。如意钮，钮为后配。

多罗克勤郡王，清朝世袭郡王，清代铁帽子王之一，始祖为太祖高皇帝次子礼亲王代善之长子岳托。岳托，万历二十七年（1599年）二月

生，生母嫡福晋李佳氏。随征喀尔喀、朝鲜，屡有功绩。崇德元年（1636年）封成亲王，掌兵部，后降贝子。三年帅右翼征明，四年正月毙于军，年四十一岁，追封克勤郡王。其子罗洛浑改为衍僖郡王，其孙罗科铎改为平郡王。乾隆时改回克勤郡王，得到世袭罔替郡王的许可，是清朝八大铁帽子王之一。一共传了十三代十七人，一位成亲王、一位衍僖郡王、六位平郡王、九位克勤郡王。（张章）

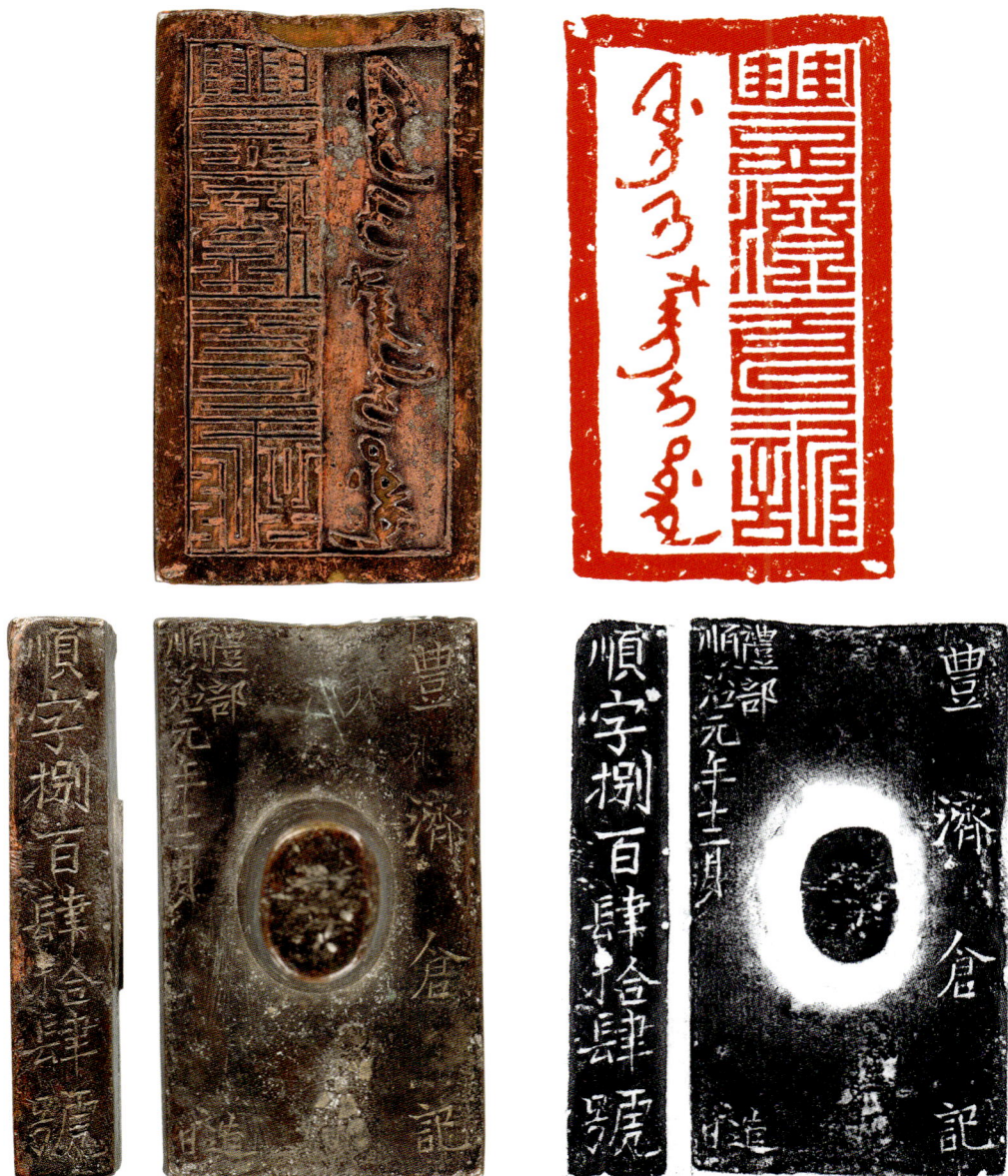

297. "丰济仓记"铜印

清 顺治

高10.4厘米 长8厘米 宽4.4厘米

官印。印呈长方形，印面满、汉阳文"丰济仓记"四字，满文为满文本字，汉文为九叠篆书，边栏较宽。印背右刻"丰济仓记"，左刻"礼部造""顺治元年（1644年）十二月日"，印台刻"顺字捌佰肆拾肆号"，皆阴刻楷书。椭圆形把钮。

丰济仓，时名常盈仓，作于贮存、转运粮食之用，位于淮安市区古运河南岸。清代初期，为了保证漕运，朝廷设置了一套完备而庞大的漕运官制。据《历代职官表·漕运官制·国朝管制》记载，漕运总督驻淮安，统领漕政，凡收粮起运，过淮抵通，"皆以时稽核催趱，综其政令"。朝廷对于漕运的重视，使得漕仓的重要作用更加凸显。道光二十三年（1843年），河库道（清代南河河道总督属官，掌河工款项之出纳）徐泽醇重建常盈仓，并改名为丰济仓。咸丰十年（1860年），捻军攻下清江浦，丰济仓被烧毁。

（张章）

298. "朔平府印"铜印

清 雍正

高10.3厘米 长7.7厘米 宽7.7厘米

官印。印面方形，阳线宽边框内满、汉阳文篆书"朔平府印"四字，边栏较宽。印背左刻满文，右刻"礼部造""朔平府印"，皆阴刻楷书。椭圆形把钮。

朔平府，清雍正三年（1725年）置，与宁武府同属山西省，是历史上设置最晚的府。领右玉县、宁远厅、左云县、马邑县、平鲁县、朔州，相当于今天的右玉、左云、平鲁、朔州及内蒙古自治区的卓资、凉城。治所在右玉县，民国元年（1912年）废府。清代将地方行政区划为省、府(直隶州、直隶厅)、县(厅、州、县)三级。府厅州县为省级以下行政区划。府长官为知府，秩四品。（张章）

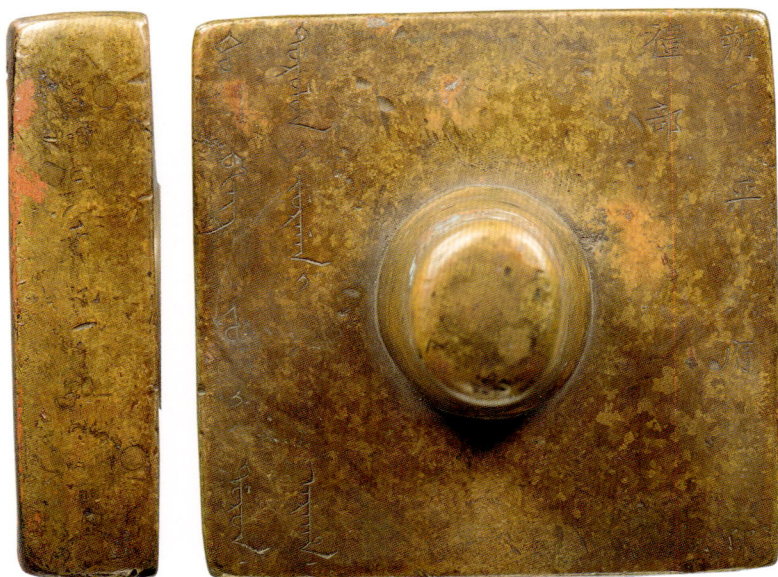

299. "镶黄旗满洲五甲喇十一佐领图记" 铜印

清 乾隆

高9.8厘米 长5.6厘米 宽5.6厘米

官印。方形印面，铸汉、满阳文篆书"镶
黄旗满洲五甲喇十一佐领图记"十四字，边栏较
宽。印背阴刻满文，印台刻汉字楷书"乾隆十四
年十月日""礼部造""乾字二千四百六十二
号"。椭圆形把钮。

乾隆十四年（1749年）改革印制时改铸。
明万历二十九年（1601年），努尔哈赤定三百人
为一牛录，作为基本的户口军事编制单位，牛录
额真一人管理，始正式成为官名。明崇祯七年、
后金天聪八年（1634年），改称牛录章京，入关
后，改为汉称佐领，正四品。镶黄旗是满清上三
旗之首，旗内无王，由皇帝亲统，兵为皇帝亲
兵。"图记"为清代对八旗佐领及宗室、觉罗族
长等的官印的称谓。私人印章亦称图记，质地、
形状各有不同。（张章）

300. **"泗水县印"铜印**

清 嘉庆

高11.2厘米 长6.9厘米 宽6.9厘米

官印。方形印面，铸汉、满阳文篆书"泗水县印"四字，边栏较宽。印背左刻满文，右刻"礼部""泗水县印"，印台阴刻"嘉庆二十三年（1818年）六月""嘉字一千四百四号"，皆阴刻汉字楷书。椭圆形把钮。

泗水县隶属兖州府，1913年裁府制改省、道、县三级制，泗水县为山东岱南道所辖。1914年为济宁道所辖。县，初级地方行政单位。清承明制，县一般隶属于府和直隶厅，或隶属于道和直隶厅。县的行政长官为知县，正七品。清朝末年，全国设县一千三百余个。（张章）

301. "学部国子丞印"铜印

清 光绪

高11.2厘米 长8.1厘米 宽8.1厘米

官印。方形印面,铸满、汉阳文篆书"学部国子丞印"六字,边栏较宽。椭圆形把钮。汉文采用钟鼎篆。印背左阴刻满文,右刻"学部国子丞印""礼部造",印台刻"光绪三十二年(1906年)八月日""光字二千一百十五号",皆阴刻汉字楷书。

学部,官署名,是清末为取消科举而建立的主持全国学政的机构。据《清史稿·选举志》记载:"顺治元年(1644年)置祭酒、司业及监丞、博士、助教、学正、学录、典簿等官。设六堂为讲习之所,曰:率性、修道、诚心、正义、崇志、广业。一仍明旧。"乾隆年间,国子监分经义、治事二斋教学,力主经世致用,曾使国子监出现"师徒济济,皆奋自镞砺,研求实学"的可嘉景象。清光绪三十一年(1905年)设学部,国子监归入学部。国子丞,官名。即国子监丞。清末学部成立后,以国子监归并学部,部内设国子丞一人,掌文庙及辟雍两处礼仪事务。所属有典簿四人,掌祀典庙户;典籍四人,掌祭器、乐器;奉祀官二人,正通赞官二人,副通赞官二人,二、三等书记官各三人。(张章)

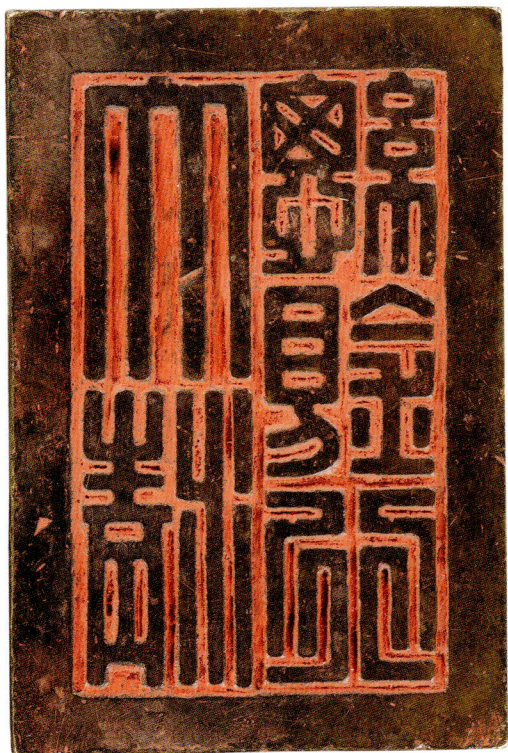

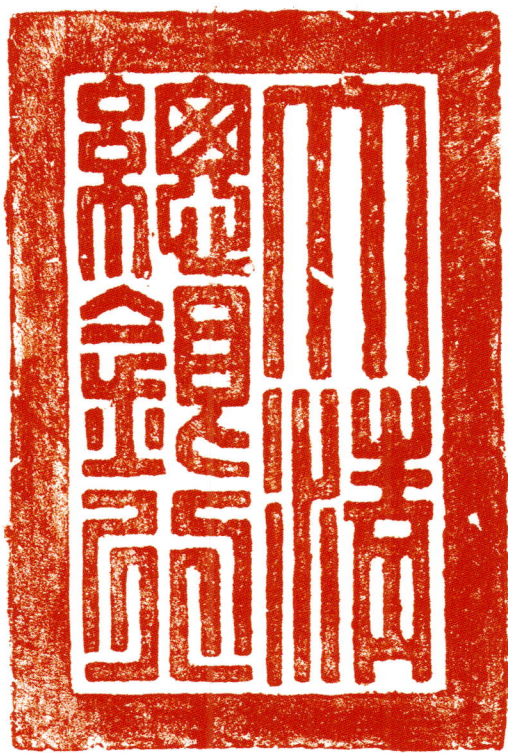

302. "大清总银行"铜印

清 光绪

高13.2厘米 长10.2厘米 宽6.5厘米

官印。印面长方形，铸汉阳文篆书"大清总银行"两行五字，椭圆形把钮，边栏较宽。

以载泽为首的清朝皇族势力推动户部银行改组，成立中国历史上第一家中央银行，即大清银行，首任行长为贾继英，前身为户部银行。关于改名的原因，根据时任清廷度支部尚书载泽的奏折，认为户部已改组为度支部，因此改户部银行为大清银行。1908年2月，经度支部（即官制改革前的户部）奏准，于同年7月1日起，大清户部银行总、分行各机构一律改名为大清银行，厘定《大清银行则例》二十四条，进一步确定该行的国家银行性质。总行设于北京，并在南昌、杭州、开封、太原、长春、福州、广州、芜湖、长沙、西安、云南（昆明）、江宁等地陆续增设了二十家分行，资本共计一千万两。除行使国家银行职权，发行纸币外，还经营国库事物及公家一切款项。1912年中华民国成立后，经参议院决议公布，大清银行改称"中国银行"。（张章）

303. **满文藏文鎏金铁钮银印**

清

高7.5厘米　长5.1厘米　宽5.1厘米

西藏地区喇嘛所用官印。印面方形，阳文叠篆满文和藏文本字，边栏较宽。浮雕如意头钮，有穿。印钮和印体上半部为铁质鎏金，饰卷草纹、覆莲纹等，并镶嵌蓝料器，多剥落，艺术风格华丽独特。印体下半部为银质。印文为满文和藏文，文字清晰，端庄大气，印边框宽。

游牧民族对铁器非常痴迷，特别是铁鎏金银，颇得上层僧俗喜爱。藏族多喜铁质、铜质印，铁雕鎏金银印更是藏印中佳作。鎏金银工艺源自中亚突厥，后由蒙古贵族带入西藏。该印为清代西藏土司所用官印。（张章）

304. 满文铁钮木印

清

高13.2厘米 长8.8厘米 宽8.8厘米

西藏地区土司所用官印。印面方形，为阳文叠篆满文，印面边栏很宽。浮雕如意头铁钮，钮上浮雕宝焰和海水纹。此印钮与底座为木制，印台和印背包铁。印台浮雕如意卷云纹，印背四周浮雕莲瓣纹，风格独具特色。

土司是古代中国边疆的官职，元朝始置。据同治《来凤县志》载："宋室既微，诸司擅治其土，遍设官吏，……威福自恣。"宋代末年，地方为强宗大姓所占据，各路豪强趁宋朝衰弱而纷纷崛起，各据一方。元王朝为笼络这些豪强，遂广置土司，进行绥抚，用于封授给西北、西南地区的少数民族部族首领。土司的职位可以世袭。元朝的土司制度已经基本确立。明清时期也推行土司制度，该印是清代政权颁给西藏土司或流官使用的官印。（张章）

305. "敕封水部尚书灵冯麻行宫铝圭祠镇城隍司之印"铜印

清

高5.6厘米　长10.1厘米　宽10.1厘米

官印。印面方形，印文为阳文九叠篆书"勒封水部尚书灵冯麻行宫铝圭祠镇城隍司之印"二十字，边栏较宽。兽钮。瑞兽呈俯卧跳跃状，前爪抬起，后腿卧于身下，五官刻画细致，圆眼，嘴微张，双耳贴于头两侧，尾部搭于臀上。

九叠篆是从宋代开始流行的印章字体。水部尚书，官职极为少见，在宋之后，水部尚书成为了名誉头衔，作为天子对有功之臣的褒奖。通常获此奖励之人，被封为镇海王、城隍庙神等。此印应为清朝皇帝敕封水部尚书镇城隍司之印。

（张章）

306. **"道光御笔"玉印**

清 道光

高4.3厘米 长3.7厘米 宽3.7厘米

1950年北京市中南海濬海出土

道光皇帝私印。印面方形，阳文篆书"道光御笔"两行四字，带边栏。白玉质，印钮为弧拱形覆瓦，宽与印台等齐。

为御书钤用印。清朝皇帝的御览、御笔等宝玺，钤盖在书画上分贮在大内各个宫殿，供皇帝们随时观察学习与把玩，除留给人们以精美的篆刻艺术享受外，还能使其珍贵的书画作品和大量民族传统文化艺术精髓得以保护和传承下来。

（张章）

307. "丽景轩御览"寿山石印

清 光绪

高4.8厘米 长5厘米 宽2.5厘米

1950年北京市中南海瀛海出土

慈禧太后私印。印面长方形，阳文篆书"丽景轩御览"两行五字。带边栏。寿山石质，交龙钮。

同治十一年（1872年）皇帝大婚后，嘉顺皇后阿鲁特氏居住储秀宫，直到光绪元年（1875年）二月去世。光绪十年，慈禧太后50大寿，大修储秀宫，以圣母皇太后的身份再次居住储秀宫，时将后殿思顺斋改名为丽景轩。光绪七年慈安太后崩逝后由慈禧太后一宫独裁，直至光绪帝十八岁亲政，此后虽名义上归政于光绪帝，实际上大权仍掌握在慈禧太后手中。光绪帝一生受到慈禧太后的挟制，未曾掌握实权。此印应是慈禧太后观览书籍、书画所用的鉴藏印。（张章）

308. "御书之宝"玉印

清 光绪

高5.7厘米 长5.9厘米 宽5.9厘米

1950年北京市中南海瀛海出土

皇帝私印。印面方形，阳文篆书"御书之宝"两行四字，带边栏。青墨玉，蹲龙钮。玉龙呈蹲卧状，眉、眼由面部中央勾出，双耳呈弯卷状，披束发，突睛张嘴，胡须飘于颔下，拱身处有孔，可系丝绳。

"御书之宝"是皇帝鉴赏用印，一般是臣子所作的书画，皇帝鉴赏后盖上"御书之宝"，以示对臣子作品的赏识。此印与"丽景轩御览"石印均为中南海瀛海出土。（张章）

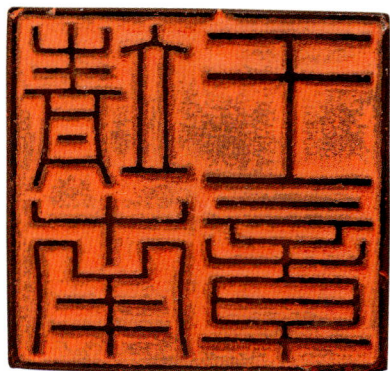

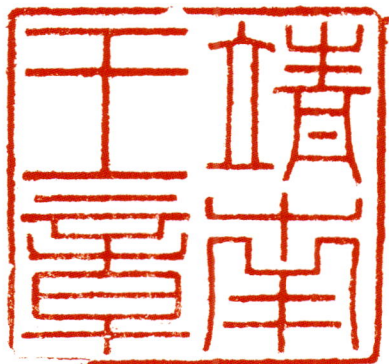

309. "靖南王章" 水晶印

清

高10.5厘米　长5.1厘米　宽5.1厘米

私印。印面方形，阳文篆书"靖南王章"两行四字，带边栏。水晶质，狮兽钮。瑞兽四肢着地作回首张望状，劲健鲜活。

清朝初年，由于清朝统治者力量尚不足以直接控制南方各省，因此将汉人降将有功者分封管理在一些南方省份：吴三桂封平西王；尚可喜封平南王；耿仲明封靖南王，死后，其子耿继茂袭封，镇守福建。耿继茂在稳固自己的势力后建起了耿王府，耿继茂死后就由耿精忠继承了爵位。康熙十三年在福建起兵响应吴三桂的叛乱，这也成了历史上的三藩之乱，两年后降清被召入京，于三藩叛乱平定后处死。（张章）

310. "铁保私印"铜印

清

高4.8厘米　长3.1厘米　宽3.1厘米

私印。印面方形，铸制阴文篆书"铁保私印"两行四字，带边栏。提梁钮。

铁保（1752-1824年），旧谱姓觉罗氏，后改栋鄂氏，字冶亭，号梅庵，满洲正黄旗人。乾隆三十七年（1772年）中进士，嘉庆十年（1805年）升任两江总督，赏头品顶戴，成为管辖江苏、安徽和江西三省的最高军政长官。嘉庆十四年（1809年）铁保被免职，流放新疆。道光初年，铁保告病退休，道光四年（1824年）去世。文学上他主编了《白山诗介》和经嘉庆皇帝赐名的《熙朝雅颂集》，著有《惟清斋全集》；书法上先后辑有《惟清斋字帖》《人帖》《惟清斋法帖》等。他与翁方纲、成亲王永瑆、刘墉并称为"翁刘成铁四大书家"。（张章）

311. "炎兴丞相忠献公之家"铜印

清

高3.3厘米　长4.1厘米　宽4.1厘米

私印。印面方形，阳文篆书"炎兴丞相忠献公之家"三行九字，带边栏。柄钮。字体应是铜条焊接而成。

"炎兴丞相"，应指董厥。炎兴（263年8—11月）是三国时期蜀汉的君主汉后主刘禅的第四个年号，共计四个月，这也是蜀汉政权最后一个年号。董厥降魏后，曾担任相国参军、散骑常侍等职。印文"忠献公"应指董文炳，字彦明，元初大臣，藁城人。《元史·文炳传》记载："文炳卒帝闻，悼痛良久，命文忠护丧葬藁城，令所过有司以礼吊祭，赠金紫光禄大夫、平章政事，谥忠献。"此印应为董氏后裔所用。（张章）

312. "佟雅氏伊龄阿之印"德化窑白釉瓷印

清

高8厘米　长4.6厘米　宽4.6厘米

私印。印面方形，阴刻篆书"佟雅氏伊龄阿之印"三行八字。子母狮钮，母狮四肢着地作回首张望状，母狮身前还有一小狮，神态可爱。此印瓷质，胎釉浑然一体，如同白玉，为福建德化窑烧制白釉印章代表作。

伊龄阿，姓佟雅氏，字精一，满洲人，官侍郎，两淮巡盐御史。曾奉旨在扬州设局，甄查古今戏曲。工书善画，梅兰称一品，山水法吴镇，书宗孙过庭，工诗，著录《扬州画舫录》等。瓷印流行始于元代，明代晚期到清代一直有所制作，虽然未曾成为主流，也一直备受瞩目。（张章）

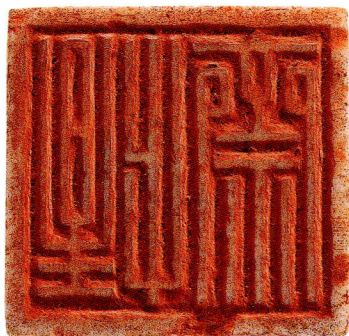

313. "惺斋"德化窑白釉瓷印

清

高8厘米 长4.6厘米 宽4.6厘米

私印。印面方形，阴刻阳文篆书"惺斋"二字，阴刻方形边栏。狮钮，狮子造型生动，五官刻画细致，圆眼，嘴微张，神态张扬，毛发披于脑后，肌肉线条雕琢有力，背部脊骨凸起，前足挺立，后腿呈蹲卧状，尾部盘于腿

前。白釉瓷质，唐宋时期随着制瓷业的兴起，零星出现瓷质印章，到明清时期瓷质印章开始被广泛使用，此印为福建德化窑烧制。

王元启，号惺斋，浙江嘉兴人。生于清圣祖康熙五十三年（1714年），卒于高宗乾隆五十一年（1786年），年七十三岁。乾隆十六年（1751年）进士，官福建将乐知县。著有《祇平居士文集》《惺斋论文》《惺斋杂著》及《读韩记疑》等。（张章）

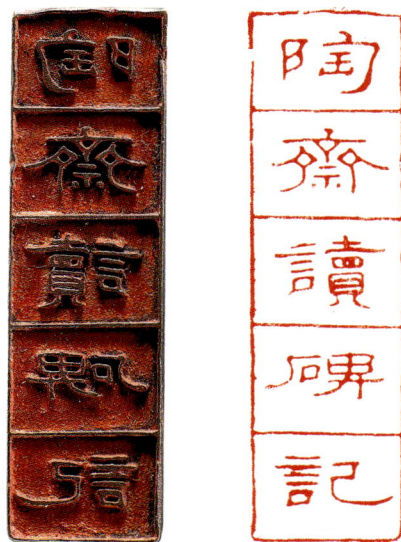

314. "陶斋读碑记"铜印

清

高2.4厘米 长7.3厘米 宽2厘米

私印。印面长方形,竖铸阳文隶书"陶斋读碑记"五字,有边栏,方环钮。每字中间有间隔,印文为隶书,字体优美。

托忒克·端方(1861—1911),字午桥,号陶斋,清末大臣,金石学家,满洲正白旗人,官至直隶总督、北洋大臣。戊戌变法中,朝廷下诏筹办农工商总局,端方被任命为督办。之后戊戌变法很快被慈禧太后推翻,除京师大学堂予以保留之外,其他新政措施包括农工商总局一律撤销,端方本人也被革职。宣统三年起为川汉、粤汉铁路督办,入川镇压保路运动,为起义新军所杀。谥忠敏。著有《陶斋吉金录》《陶斋藏印》和《陶斋藏石记》等。(张章)

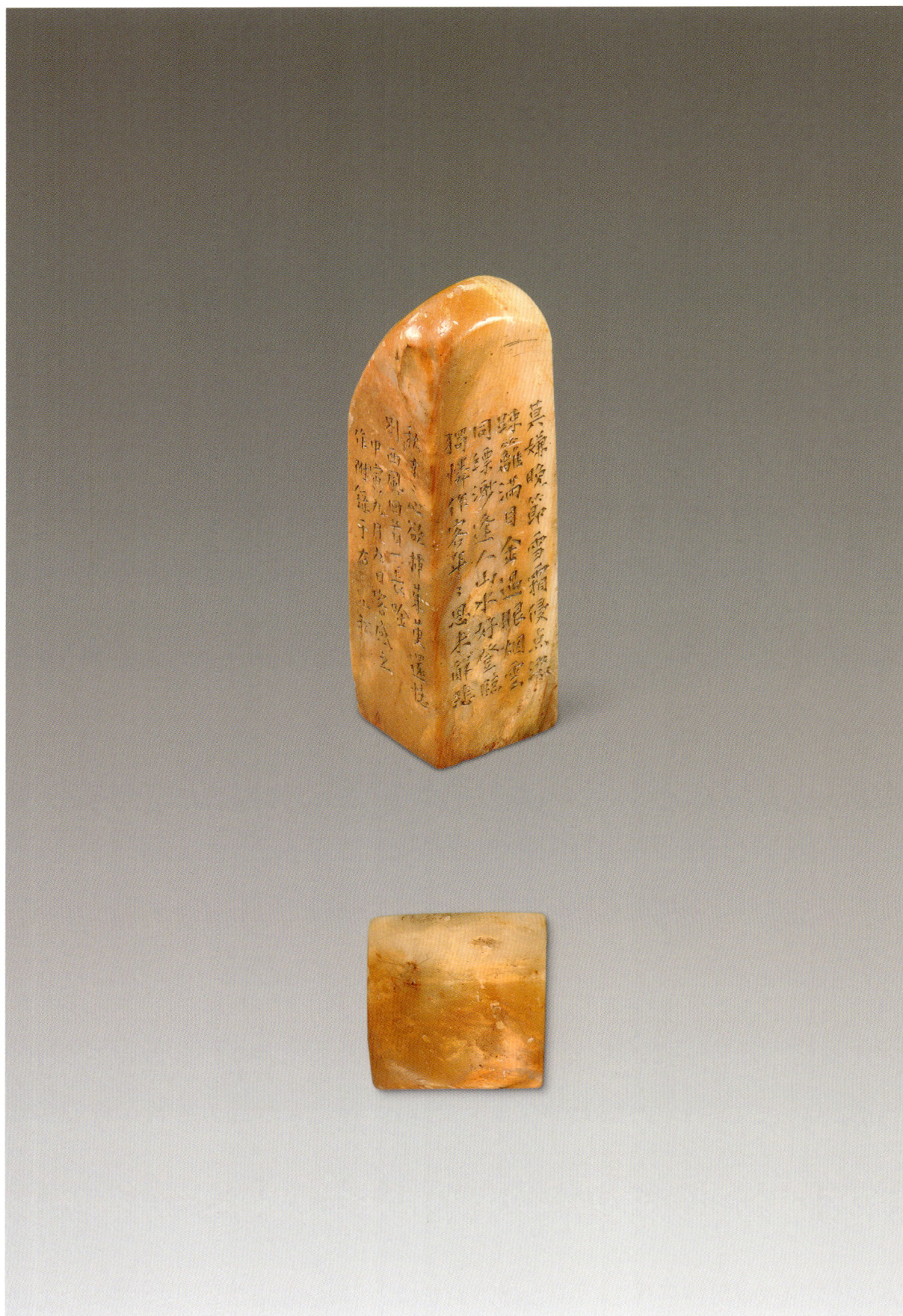

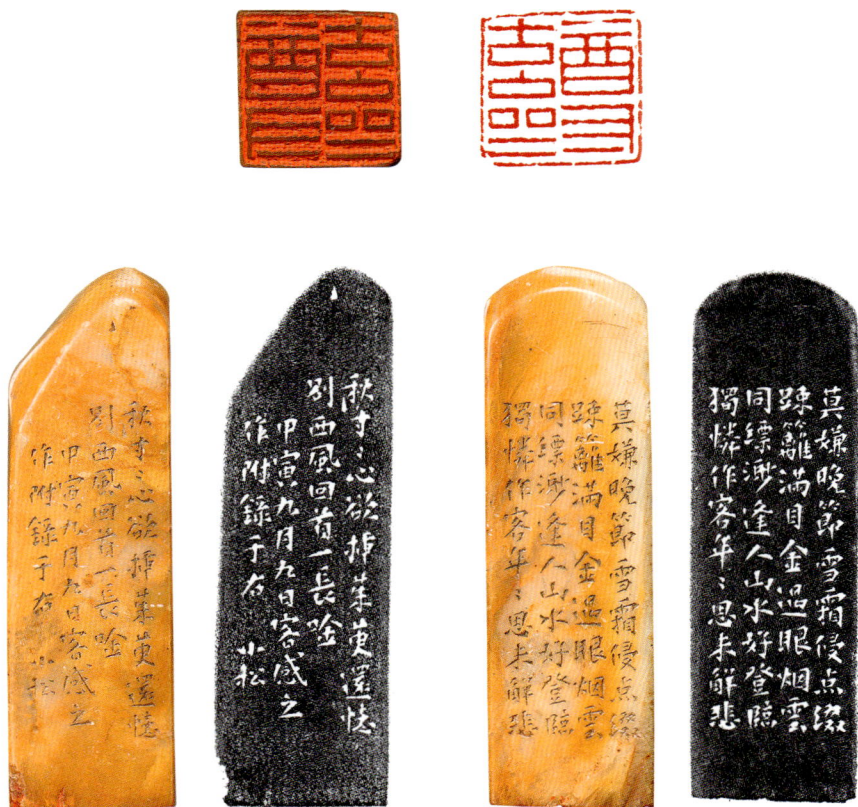

315. 黄易刻"尊古斋"寿山石印

清中期

高7.5厘米 长2.2厘米 宽2.2厘米

私印。印面方形,阳文篆书"尊古斋"两行三字,带边栏。边款:"莫嫌晚节雪霜侵,点缀疏篱满目金。过眼烟云同飘渺,逢人山水好登临。独怜作客年年思,未解悲秋寸寸心。欲插茱萸还忆别,西风回首一长唫。甲寅(1794年)九月九日客感之作,附录于右。小松。"

印呈长方柱体,随形雕刻,山形钮。仿汉篆,采用减地阳文法,印面布局严谨,阳文线条方折细致,章法精细,印风古朴。边款技法娴熟,充分展现出汉字线条之美。由边款得知此印是乾隆五十九年(1794年),黄易五十岁时所作朱文印。

黄易(1744-1802年),为浙派"西泠八家"之一。字大易,号小松、秋庵,别署秋影庵主、散花滩人等。浙江杭州人,是丁敬的学生,诗书画印,无一不精,又长于金石考证,使他的作品有深刻的内涵。曾官山东济宁运河同知,精于书画,篆刻醇厚渊雅,其印款亦秀雅俊逸,与其师丁敬并称。一生致力于金石碑刻的搜求考证,治印态度严谨,有"小心落墨,大胆奏刀"之语。主要作品有"小松所得金石""一笑百虑忘""石墨楼""乔木世臣"等。(张润平)

316. 赵之琛刻"滇人戴九"寿山石印

清中期

高4.3厘米　长1.6厘米　宽1.6厘米

私印。印面方形，阳文篆书"滇人戴九"两行四字，有边栏。边款："次闲作于退庵。"印呈长方柱体，随形雕刻，山形钮。印边侧雕刻树木山石花果纹。印文仿方朱文，为减地阳文法，使线条凸起，阳文线条细腻，"九"字有叠篆韵味，章法精巧。

赵之琛（1781-1852年），为浙派"西泠八家"之一。字次闲，号献父。别号宝月山人。由于经常摹写佛像，故书室名为补罗迦室，浙江杭州钱塘人。潜心研习书画篆刻艺术，工书善竹兰，邃于金石之学，篆刻初学陈鸿寿，后师陈豫钟，兼各家之长。赵之琛一生创作甚丰，印式变化多样，他的作品，表现出他师法秦汉，善用切刀的技能，张扬而不失传统，巧中求趣，以峻峭的用刀风格将浙派推向极致。主要作品有"补罗迦室""妙陀罗室""蔷薇一研雨催诗""臣书刷字""泰顺潘鼎彝长书画记""萍寄室"白文和朱文"文字饮金石癖翰墨缘"等。（张润平）

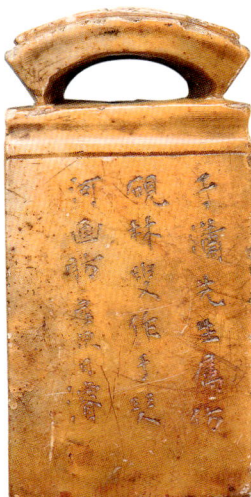

317. 高日濬刻"孙原湘印"寿山石印

清中期

高6.5厘米　长3.2厘米　宽3.3厘米

私印。印面方形，阴刻篆书"孙原湘印"两行四字。边款："子潇先生属，仿砚林叟，作于琴河画舫，犀泉日濬。"印呈长方柱体，随形雕刻，覆瓦钮，钮上部浮雕螭龙纹。印面布局严谨饱满，仿汉篆，阴刻技法，线条端正宽肥，书风大气，有汉印满白文篆法风格。由边款得知，此印是高日濬给孙原湘篆刻的赠属印。

高日濬，生卒年不详，生活在乾隆、嘉庆时期，字犀泉，浙江杭州人，寓居江苏苏州，是陈鸿寿（1768-1822年）妻弟，得陈鸿寿亲传，工篆刻，善书法，行书、隶书皆精，篆书宗汉《天发神谶碑》，在篆刻上颇有造诣，风格清劲高雅。著有《广印人传》等。

孙原湘（1760-1829年）清代诗人，字子潇、长真，晚号心青，自署姑射仙人侍者，江苏常熟人。清嘉庆十年（1805年）进士，翰林院庶吉士，充武英殿协修。不久得疾返里不出，先后主持玉山、娄东等书院讲习，学生多有成就。他善诗词、散文，主张性情为诗之主宰，兼善书法绘画，精梅兰、山水等，著有《天真阁集》等。

（张润平）

318. 高日濬刻"太史氏"寿山石印

清中期

高6.8厘米 长3.2厘米 宽3.2厘米

私印。印面方形，阴刻篆书"太史氏"两行三字。边款："仿汉官印法，嘉庆庚午（1810年）三月下休，高日濬刻。"印呈长方柱体，随形雕刻，覆瓦钮，钮上部浮雕螭龙纹。印文仿汉篆，阴刻技法，采用方折的笔致，篆法质朴，印风疏朗端正。

此印是高日濬于清嘉庆十五年（1810年）所刻。印文书体与"孙原湘印"一样，仿汉篆书体，且章料、印形、钮式相同，故"孙原湘印"

刻治时间与"太史氏"印一致，是高日濬于清嘉庆十五年（1810年），为五十岁的孙原湘所刻。

寿山石产于福建省福州市北郊寿山村，石材色泽丰富，质地差异较大。其中田坑所出的半透明或微透明的田黄冻石最为名贵。寿山石中名品如白芙蓉、杜陵均是山坑所出。水坑石类的佳作有水晶冻、鱼脑冻等，质地晶莹，有如凝脂。清代，寿山石以其色彩丰富，逐渐成为最主要的印材之一。除寿山石外，其他印材还有昌化石、巴林石、莱阳石和楚石等。其中昌化石中最为名贵品种为鸡血石，其次有牛角冻、藕粉冻和黄冻等名品。（张润平）

319. 俞庭槐刻"流水今日　明月前身"寿山石印

清中期

高5厘米　长5.3厘米　宽2.8厘米

　　私印。印面椭圆形，阳文篆书"流水今日明月前身"两行八字。边款："丙午（1786年）新夏，法秦相篆，为赐书堂主人清鉴。俞庭槐。"印呈椭圆形柱体，云龙纹钮，龙口衔灵芝，云龙纹采用透雕、高浮雕技法。印面采用减地阳文技法，章法精巧，线条如行云流水，秀逸清丽，刻工精娴。由边款得知，此印是俞庭槐七十岁时于清乾隆五十一年（1786年）所刻。

　　俞庭槐（1716-？年），生于康熙五十五年，活动于乾隆年间。字拱三，号巩山，浙江嘉兴人。精六书，凡古文、钟鼎、石鼓文皆亲手临摹，功力甚深，工刻印。在乾隆年间从事篆刻艺术，受同时期流行的皖派（徽派）影响极大。浙派与皖派诸家表现手法虽异，但同样主张取法秦汉玺印，可谓殊途同归。代表作品有朱文篆书"深柳读书堂"和白文篆书"痛饮读离骚"。

（张润平）

320. 徐三庚刻"蛾子时术"寿山石印

清晚期

高6.9厘米 长2.1厘米 宽2.1厘米

私印。印面方形,阳文篆书"蛾子时术"两行四字,有边栏。边款:"辛谷拟秦人银印,咸丰八年(1858年)十月二十七日,时寓吴超黄氏之湘华馆。"印呈长方形柱体,随形雕刻,覆斗钮。钮顶部刻有兽纹。印文仿秦小篆,刀法为减地阳文,采用方折的笔致,阳文线条细致,篆法古朴,篆隶结合,章法精致。由边款得知此印为徐三庚三十二岁时于咸丰八年(1858年)所刻。

徐三庚(1826–1890年),浙江上虞人。字辛谷,号井罍、袖海、洗郭等,别号金罍山民。精篆刻,擅书法,善篆、隶书等。治印开始学习陈鸿寿、赵之琛,对邓石如、吴熙载印风有深入研究。其篆书在仿邓石如书体的基础上,以汉代《天发神谶碑》为摹本,篆刻技法似篆非篆,似隶非隶的笔势入印,形成自己治印风格。他和后来的吴昌硕对当时中国书法篆刻风格传向东瀛具有重要影响。徐三庚多才多艺,在竹雕、设计博古文玩有很高造诣。(张润平)

321. **徐鄂刻"戴泽印信"寿山石印**

清晚期

高6.2厘米 长2.7厘米 宽2.7厘米

私印。印面方形，阴刻篆书"戴泽印信"
两行三字。边款："荫坪上公鉴，会稽徐鄂仿
汉印。玉泸。"印呈长方柱体，狮钮。印文仿
汉篆书体，阴刻技法，印面布局饱满紧凑，线
条细匀，端部见锋，字体工整，篆法流畅，洒
脱自如。

徐鄂，生卒年不详，主要活动于清末民国初
年。字子声，浙江上虞人。能画善书。据《广印
人传》可知，为徐三庚族弟，受徐三庚影响，篆
刻亦有造诣，治印用刻刀方法，字体苍劲秀雅。
著有《徐鄂印谱》等。（张润平）

322. 徐鄂刻"荫坪"寿山石印

清晚期

高6.2厘米 长2.7厘米 宽2.7厘米

私印。印面方形，阳文篆书"荫坪"二字，边栏较粗。边款："李柏谷篆，宣统元年（1909年）九月异撰改作。"印呈长方柱体，狮钮。采用减地阳文刀法，印文仿晋、南北朝悬针篆书体，上密下疏，笔画竖道纤细伸长，布局疏密结合，章法活泼。边款秀逸，风格雅致。由边款得知此印作于宣统元年（1909年），徐鄂所刻"荫坪"和"戴泽印信"这两枚寿山石印，似为一对，章料相同，质地白润细腻，为寿山石中上品。（张润平）

323. 赵石刻"金城印信"寿山石印

晚清民国

高9.3厘米 长2.8厘米 宽2.8厘米

私印。印面方形，阴刻篆书"金城印信"
两行四字，有边栏。边款："汉封泥，近印
人多不仿，何也？丙寅（1926年）正月，古
泥。"印呈长方柱体，随形雕刻，山形钮。印
边侧刻山石、树木、水波、流云纹等，树下站
一高士，宛如一幅山水人物画卷。印文风格仿
汉阴文，采用阴刻技法，阴文线条硬朗劲挺，
刻工精细。边款刀工峻峭。笔画刚劲，似一气

呵成，独具峻峭古丽的风采。由边款得知此印
为赵石五十二岁时所刻。

赵石（1874—1933年），字石农，号古
泥，自号泥道人。江苏常熟人，自少酷喜书法
篆刻，曾摹镌碑帖和刻印、琢砚。著有《拜缶
庐印存》等。初学吴门派，后另辟新径，成为
"虞山派"开创人。

金城（1878—1926年），字巩伯，号北楼，
浙江吴兴人，近代书画篆刻家。工绘画、书法
和篆刻。自刻印辑有《藕庐古铜印存》《金拱
北印谱》，著有《藕湖诗草》等。（张润平）

324. 赵石刻"北楼书画"寿山石印

晚清民国

高9.4厘米 长2.8厘米 宽2.8厘米

私印。印面方形,阳文篆书"北楼书画"两行四字,有边栏。边款:"汉白文流动者绝少,古泥仿之。"

印呈长方柱体,随形雕刻,山形钮。印边侧除一面刻有边款外,其余三侧和上部刻山石、树木、流云纹等,树下坐一高士,似正在绘画,刻纹精细。印文字体亦仿汉篆,采用减地阳文的刀工,使阳文线条灵动流畅,篆法自然,字体秀丽。印文布局上,依字体笔画多寡来进行,笔画少占地少,反之,笔画多占地就多。边款笔势遒劲,治印奔放苍劲。因金城号北楼,著有《北楼论画》,故该印也为赵石为金城所治。两方石章边侧刻纹亦生动形象,功力高超,意境深远。(张润平)

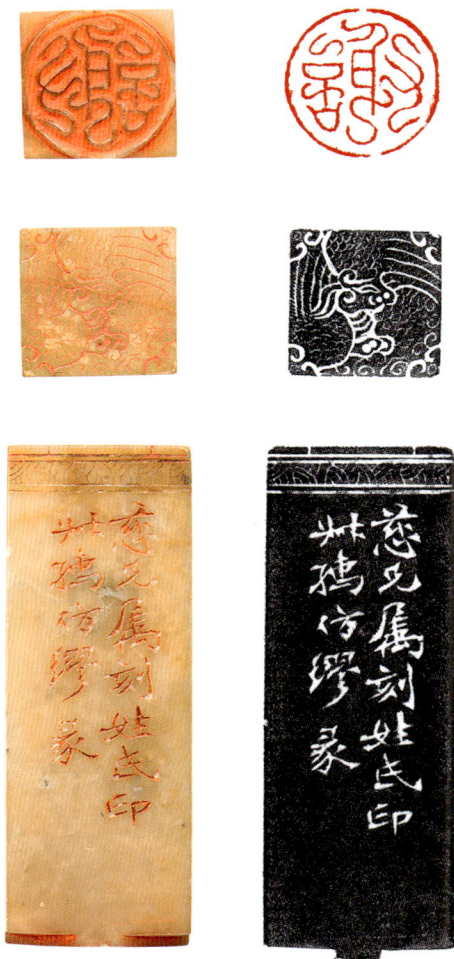

325. 赵石枞刻 "谢" 寿山石印

晚清民国

高6.9厘米　长2.1厘米　宽2.1厘米

私印。印面方形，圆形边栏内阳文篆书 "谢" 字。边款："慈兄属刻姓氏印，叔孺仿 缪篆。" 印呈长方形柱体，印侧上部四周阴刻锦 纹，钮顶部阴刻水波纹和兽纹，柱形钮。印文仿 汉代缪篆，减地阳文法，使线条盘曲缠绕，章法 严谨，秀劲典雅，篆法流畅，刀法精熟。

赵石枞（1874-1945年），字献忱、叔孺，

号纫长，晚自署二弩老人，斋馆名二弩精舍。浙 江鄞县人。曾官福州平潭同知、福州泉州二府 海防华洋同知等职。精金石、书画，尤以画马最 精。书法取法赵之谦、赵孟頫，治印具多种面 目，兼取浙皖两派之长，又学娄东派技艺，篆刻 遍学各家，被推崇为当代第一。治印源于秦汉而 不泥古，而纵横波折，自合矩矱，尤精圆朱文 印，对宋元圆朱文的研究发展有重要贡献。主 要作品有 "鲁盦" "锡山秦文锦印" "四明周氏宝 藏三代器" "五百图书之室" "序文铭心之品" "古 董周氏雪盦收藏旧拓善本" 等。（张润平）

326. 杨天骥刻"自惭七十犹强健"寿山石印

晚清近现代

高4.5厘米　长2.8厘米　宽2.8厘米

私印。印面方形，阳文篆书"自惭七十犹强健"三行七字，有边栏。边款："甲寅（1914年）春正，登焦山观周南钟鼎，拓其铭，遂集字为印。"

印呈长方柱体，随形雕刻，蟠螭钮。边款自云仿"周钟鼎字"，印文为减地阳文，采用方折的笔意，折中带圆，阳文线条劲健细腻，布局紧凑匀整，字体排列整齐，篆法精细。为石章篆刻之佳作。由边款得知此印为杨天骥在三十四岁时刻制，跋文还记载了制印经过，始知印文为"周南钟鼎"上的铭文。

杨天骥（1882-1958年），字骧公、千里，号茧庐，江苏吴江人。幼承父教，学诗词书法，家学渊源，秦篆、汉篆、章草、魏晋诸家无不研习，治印师从吴昌硕。政治上提倡新学，民国时期官至江苏无锡县县长、吴江县县长。一生沉涵于书画金石。（张润平）

327. 杨天骥刻"杨千里"寿山石印

晚清近现代

高4.6厘米　长2.8厘米　宽2.8厘米

私印，印面方形，阴刻篆书"杨千里"两行三字。边款："既集周鼎字为朱文，复抚汉镂金章作白文名印。"

印呈长方柱体，随形雕刻，蟠螭钮。印文为杨天骥的字印，采用阴刻白文技法，仿汉满白文篆书，线条粗阔沉稳，笔画工整，印风洗练端整，为仿汉篆之佳作。由边款得知此印与其"自惭七十犹强健"为同一时间所刻，二印造型一致，章料相同，石质白润光亮。（张润平）

328. 杨天骥刻"把平生涕泪都飘尽"寿山石印

晚清近现代

高6.7厘米 长3.3厘米 宽3.3厘米

私印。印面方形,阳文篆书"把平生涕泪都
飘尽"三行八字,有边栏。边款:"茧庐。"
印呈长方柱体,随形雕刻,山形钮。印边侧

及印钮顶部浮雕云龙纹,一龙在云中遨游,雕工
精湛,纹饰雕刻立体感强。印面有竖界格,印文
书体与其"自惭七十犹强健"风格相近,减地阳
文法,线条细劲古朴,略带金文风格,篆法儒雅
清新,刀法锋利自如。为石章中集书法、篆刻、
边侧纹饰雕刻于一体之佳作。"茧庐"为杨天骥
的号。(张润平)

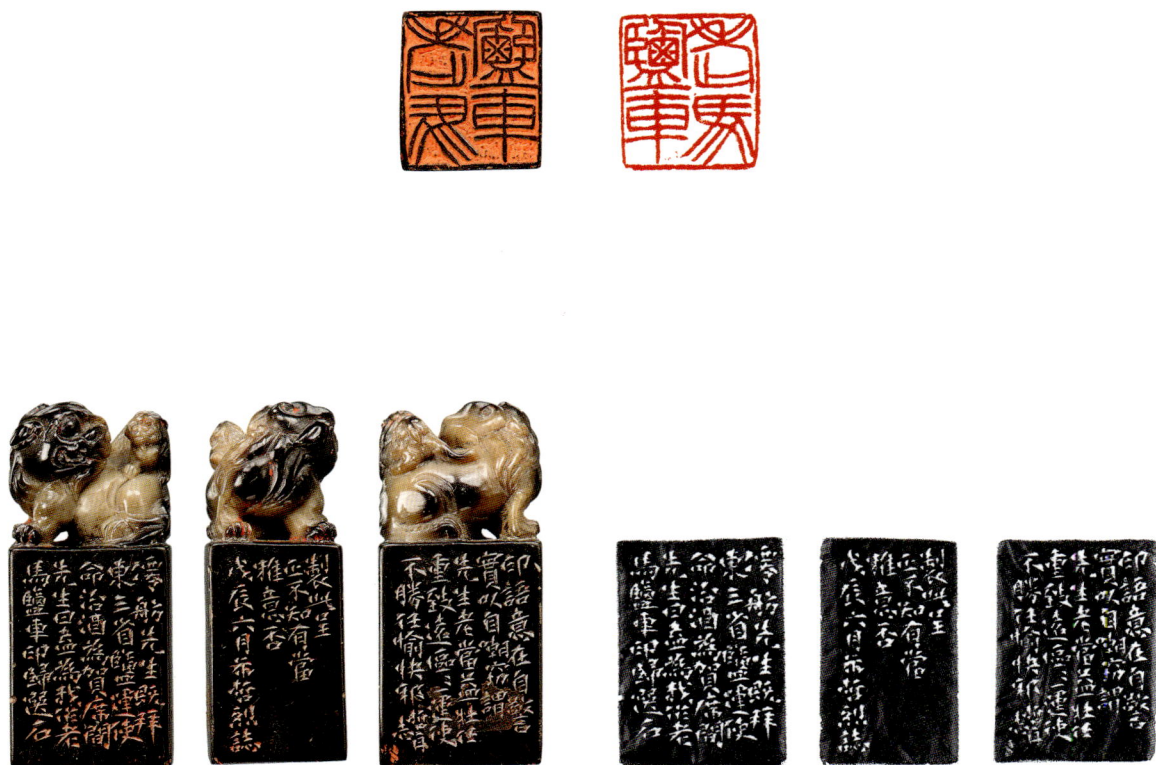

329. 王光烈刻"老马盐车"黑寿山石印

晚清民国

高5.2厘米 长2.2厘米 宽1.9厘米

私印。印面呈长方形，阳文篆书"老马盐
车"两行四字，有边栏。边款："仙舫先生既拜
东三省盐运使，命治酒为贺，席间先生曰，盍为
我作老马盐车印？归选石制此呈正，不知有当雅
意否？戊辰（1928年）六月希哲烈志。印语意在
自警，实以自嘲，窃谓先生老当益壮，任重致
远，区区一运使不胜任愉快邪，哲再志。"由边
款得知此印为王光烈四十七岁时为时年六十二岁
张之汉所刻。

印呈长方柱体，子母狮钮。印面采用减地
阳文的刀法，印文线条细致，折中带圆，布局紧
凑匀整，书风劲健。印跋内容丰富，字体疏密有
致，刻法稳健工整，字数较多，共计89字。此印为
赠属印。王光烈（1881-1944年），字希哲，辽宁
沈阳人。篆刻家、古玺印收藏家，辑印谱甚多，
著有《昔则庐古玺印存》《昔则庐印存》等。

边款中"仙舫"，为张之汉（1866-1931
年），字仙舫，辽宁沈阳人，工诗文、书法和绘
画，著有《石琴庐诗》。清乙酉（1885年）科优
贡，历任奉天实业厅长，东三省盐运使、银行督
办等职。1931年卒于营口盐运使任。（张润平）

330. 邓尔雅刻"玉双"寿山石印

晚清近现代

高5.5厘米　长1.7厘米　宽1.7厘米

私印。印面方形，阴线方形边框内阴刻篆书"玉双"二字，有边栏。边款："尔疋（雅）仿白文玺，自以为可，丁丑（1937年）二月。"印呈长方柱体，随形雕刻，柱形钮。印文仿汉篆白文，采用阴刻技法，字迹清新俊秀，刻工精细整齐，线条平直整齐，书卷气息浓厚。由边款得知此印为邓尔雅五十四岁时所刻。

邓尔雅（1884-1954年），字季雨，号尔雅，别署宠思。广东东莞人，广东名儒邓莲裳之子，幼承家学，习篆书、研小学、篆刻、金石。篆刻初学皖派邓石如，又受浙派黄士陵影响。自言"书从印入，印从书出"。著《印雅》《篆刻卮言》《艺觚草稿》《文字源流》《邓斋印谱》等，一生著述颇丰。（张润平）

331. 唐源邺刻"杨葆益印"寿山石印

晚清近现代

高4.2厘米 长1.4厘米 宽1.4厘米

私印。印面方形,阴刻篆书"杨葆益印"两行四字。边款:"冠如先生正篆,醉石手治。"印呈长方柱体,山形钮。印文仿汉篆,采用阴刻刀法,使线条匀整自然,布局严整,章法平稳。

唐源邺(1886-1969年),字李侯,号醉石、醉龙,小字蒲僩,号韭园,别号醉石山农。湖南善化人。博古多识,秦汉碑碣一入其目,真赝立制。工汉隶,精篆刻,篆刻宗浙派,为西泠印社成员。喜欢印材,每得佳石则喜不自胜。1962年任东胡印社社长。著有《醉石山农印稿》等。

杨葆益,生卒年不详,字冠如,号观如居士,民国时期著名画家,居天津。精于鉴赏,收藏丰富,善绘花卉、羽毛、走兽等。晚年移居北京,曾与金城创办"中国书画研究会"等。此印是唐源邺为杨葆益所治。(张润平)

332. 钟刚中刻"怀瑾握瑜"青田石印

晚清近现代

高4.2厘米　长2.6厘米　宽2.6厘米

私印。印面方形，阴刻篆书"怀瑾握瑜"
两行四字。边款："桐渊先生正篆，刚中丁卯
（1927年）大雪。"印呈长方柱体，随形雕刻，
山形钮。印文为阴文篆书，采用阴刻技法，篆法
古朴，线条繁缛，刀法娴熟。由边款得知此印和
"万玉楼"印章同为钟刚中于1927年在四十二岁
时为桐渊先生所刻。

钟刚中（1885-1968年），字子年，号柠
堂。广西南宁人。清光绪三十年甲辰（1904年）
进士。擅书法，精篆刻。

青田石产于浙江青田县山口、方山和周村
一带。青田石色泽以淡青色居多，又有浅黄、灰
白和紫褐等，有的间杂红、蓝的色块点。名品有
"灯光冻""封门青"等。冻石晶莹通灵，是印
石中的逸品，在明代已为印人所赏。除冻石以
外，一般的青田石石质亦细结，为明清时期篆刻
创作的主要印材。（张润平）

333. 钟刚中刻"万玉楼"青田石印

晚清近现代

高4.2厘米　长2.6厘米　宽2.6厘米

私印。印面方形，阳文篆书"万玉楼"两行三字，有边栏。边款："桐渊先生鉴藏古玉至富，因以'万玉'名楼，嘱刻此印，孚尹旁达，光烛霄汉，知为君子之居矣，丁卯（1927年）中冬，弟刚中篆记，时同客珠泉。"

印呈长方形柱体，随形雕刻，山形钮。阳文篆书，减地使阳文凸起，印面布局紧凑，章法工整，刀法娴熟。（张润平）

中国国家博物馆馆藏秦汉封泥考释

张润平

研究中国古代玺印和用途，有以下几个方面，一是考历朝官私玺印制度，二是证古代官爵等级之制，三是补古代官职记载之缺，四是考舆地沿革及行政制度，五是考古代历史之人物，六是考古代姓氏之源流，七是考玺印文字之演变，八是证玺印刻铸之工艺，九是考古代用印之方式等。秦汉时期之官封泥，考其职官制度，包括诸侯国，郡县，侯国，县乡里，舆地沿革和用印方式，是其重点。

玺印钤于封泥是古代最基本的用印方式，自商代古玺产生以后，春秋、战国、秦、汉代一直到南北朝时期，玺印最主要、最常见的用途是作封检用，考证玺印最真实的途径应该是封泥。封泥又叫"泥封"，是古代用印的遗迹，是用玺印抑于湿泥团上，干燥后保留下来的遗物，反映出玺印原来面貌。中国国家博物馆藏秦汉官印和私印封泥共有六十余枚，且大部分未曾发表过。本文以馆藏秦汉封泥为例，考证这一时期官私封泥文字及其相关问题。

一、古代玺印应用方式

春秋时期，社会上层交往文书用玺封检的方法，史书中有记载。《左传·襄公二十九年》记载："公还，及方城。季武子取卞，使公冶问，玺书追而与之。"《国语·鲁语下》记载："……玺书，印封书也。"说明"玺书"就是用钤玺封检需要传递

的文书，以示缜密和信用。春秋时期官玺，传世只有一件，即秦国的"王戎兵器"铜玺。秦以后，玺书专指皇帝的诏书。

战国时期，文书、物品已经使用玺封检。《周礼·地官·司市》记载，在商品流通转运过程中，玺作为通行的封检凭证："凡通货贿，以玺节出入之。"从湖北荆门包山楚墓出土陶器的封存情况来看，有玺抑封泥、有楬。"楬"，《周礼·秋官·职金》记载："辨其物之媺恶与其数量，楬而玺之。"郑玄注："玺者，印也。既楬书揃其数量，又以印封之……有所表识谓之楬橥。""楬橥"，是一种用木做的标记牌，即木牌。职金的职责是把物品等级数量用木做标记牌写清楚，并用封泥封存抑上玺。小官吏或私人简牍也用玺封检，传世战国封泥见罗福颐《古玺印考略》著录"女□信鉨"[1]和"宋□信鉨"[2]。

秦汉时期，文书简牍都是写在竹木简或丝帛上，称为竹简木牍和帛书。对简书、帛书公文封缄以保文书机密性，方法是将文书简牍放在一个木槽内，盖上一块被称为"检"的木牌，在木牌上书写文书简牍的收发地址和邮件人，用绳子捆扎，于绳结处填放湿泥丸压平，再在泥上盖负责官吏的玺，最后在检上封泥处置封泥匣，写上该公文收发地址、邮件人和邮传方式等，邮人传递至要交付的人手里，方为结束。或者将简牍包入囊内，

将囊用绳捆扎,在绳结处置一湿泥团,在湿泥上盖玺,谓之封检。故这些封泥遗迹特点是封泥背面有绳结痕迹,有的封泥背有板痕,两侧有对称的细孔洞,是穿绳痕迹。

邓散木《篆刻学》记载:"封泥之面为印文,背有板痕或绳迹,其形或为正方,或为不规则之圆形。正方者,封检之泥也,其低平而有纵行之木理,盖检端印齿作方形,故所填之泥亦正方,而厚薄如一。其施于竹简囊札之外者,则多为圆形,其泥底也凹入而无木理,也有上下两端之泥坟起,而其上有指纹者,是盖钤印时阑之以指也。缄检之绳宽而扁,故缄检之封泥背有绳纹三匝,各不相紊。缄囊之封泥背上绳纹不一,而无定例。"

秦汉时期皇帝诏令和官方文书以玺印封检,成为制度。封泥使用情况在秦汉典籍中有记载。如《汉书·赵皇后传》记载皇帝下达诏书是由"中黄门田客持诏记,盛绿绨方底,封御史中丞印"。蔡邕《独断》记载:"凡章表皆启封,其言密事得皂囊盛装,亦用绿囊。"说明汉代诏书以及密奏都以皂囊盛装,后在囊口钤印章。

《后汉书》记载,在少府所属的官吏中,有专管封泥制作的守宫令。汉代封泥的颜色有"训好以青泥封书";皇帝祭天封禅用帝玺钤封玉牒,用"水银和金"的金泥封之。《后汉书·祭祀志》记载皇帝封禅,其"检用金缕五周,以水银和金以为泥"。

皇帝御玺用"武都紫泥封";《汉官仪》云:"天子诏书,以武都紫泥封"。《西京杂记》记载:"中书以武都紫泥为玺室,加绿绨其上。""玺室"即封泥匣,为纳泥封印之器。湖南里耶出土有最早的"玺室"。武都,即汉代武都郡,位于今甘肃省武都市,其地产泥并适于钤印,因其质细、性温和不易燥裂而著称,因产自武都,又其紫色,故曰"武都紫泥"。秦代都城咸阳、汉代都城长安,距武都较近,采撷运输都很方便。封泥未经炉火烧制能保持长久,因此泥料的选择非常重要。

传世"封泥"是古代用印遗迹保留下来的珍贵实物,封泥背留有绳索痕,加之年代久远,自然剥蚀脱落致使封泥的边缘残缺破损,有古拙之感。封泥毕竟是泥,遇水会化,遇硬则碎。古代制作封泥时,泥团过干难以钤印成型,泥团过稀钤抑后不易干燥,故传世封泥经两千多年还能保存至今的,实属不易,或完整或残缺,都十分珍贵。

著录秦代、汉代传世和出土封泥的著作较多,如吴式芬和陈介祺《封泥考略》;罗振玉《齐鲁封泥集存》;周明泰《续封泥考略》《再续封泥考略》《建德周氏藏封泥拓影》;王献唐《临淄封泥文字》;陈宝琛《澂秋馆藏古封泥》;国立北京大学研究院文史部《封泥存真》;中国历代珍稀古籍文献丛刊《中国古代封泥(考略)》;佚名《封泥拓本》《古匋封泥选集》《齐鲁封泥考存》;傅嘉仪《新出土秦代封泥印集》和《秦封泥汇考》等。

二、秦代官印封泥

1. 国内出土秦代官印封泥

秦代官印封泥多为职官名封泥。1995年陕西省北郊相家巷秦遗址出土了8000多枚秦官印封泥,有不同官职、官署印多达数百种,印制规范,文字为秦小篆,田字形界格。"这批封泥基本涵盖了已知秦封泥的品种,且品相较好。其内容之丰富,涉及之广泛,都是十分罕见的。所涉官职上至中央政府,下至所属官吏和为皇帝直接服务的内廷官员以及县令、丞,颇有秦代百官表和地理志的意味。"[3]

这批封泥的出土,弥补了秦官印和封泥传世较少之缺憾,官职中三公有"左丞相印""右丞相印""御史之印"。九卿有"奉常丞印""内史之印""郎中丞印""廷尉之印""宗正""少府"等。这些封泥中的官职与史籍记载秦三公九卿中的官职是一致的。官署印文有"底柱丞印""丽山飤官""大官丞印""南郡府丞""宫司空印""谒者之印""平阿禁印""庐山禁丞""乐府""武库""橘监""橘官""麋园""尚浴"等,部分官署以前史籍未记载,可补史籍之缺。秦封泥大量出土,体现出秦代官印体制的完善,对研究秦代

507

官职提供了重要的实物资料。

秦统一后,废除分封制,在全国推行郡县制,地方行政机构分郡、县两级,郡设守、丞、尉、监御史;郡守掌治其郡,郡丞、尉辅佐郡守,典兵事,监御史监察地方百官。郡、县官吏由中央直接任免,中央集权制度由此确立。出土封泥中有秦代所置郡县,如"河间太守""清河太守"和"即墨太守"等。有秦始皇"分天下以为三十六郡",后陆续增设至四十余郡之说,根据《史记·秦始皇本纪》《续汉书·郡国志》和《汉书·地理志》记载,秦在秦地设:巴郡、蜀郡、陇西郡、北地郡;在齐地设:齐郡、琅琊郡、济北郡、胶东郡、东海郡;在楚越之地设:汉中郡、南郡、南阳郡、淮阳郡、黔中郡、陈郡、薛郡、泗水郡、九江郡、会稽郡、长沙郡、庐江郡、衡山郡;在燕地设:广阳郡、渔阳郡、右北平郡、上谷郡、辽西郡、辽东郡;在韩地设:三川郡、上党郡、颍川郡;在赵地设:太原郡、邯郸郡、云中郡、巨鹿郡、雁门郡、代郡、常山郡;在魏地设:上郡、河东郡、东郡、砀郡、河内郡等共四十余郡。

郡下设若干县,万户以上者设县令,万户以下称县长;颁有县丞、县尉和其他属官。县令、县长管理全县;县丞协助县令处理政务,县尉掌握治安。县以下设若干乡,乡设游徼掌禁盗贼,啬夫掌诉讼和赋税,三老掌教化。其主要职能:摊派徭役,征收田赋,查证案情;对国家粮仓的保管工作。乡下设里、亭,基层官职,里设里正,掌户口和纳税。里设置严密的什五户籍组织,利于支派差役,收纳赋税。

2002年湖南省龙山县里耶镇出土了38 000多枚秦简牍,全面展现了秦代郡县社会政治生活风貌。里耶在秦代属洞庭郡迁陵县。古籍文献中都没有"洞庭郡"的记载,里耶秦简的出土填补了史料记载之缺佚,还原了秦朝县政真实的情况。里耶秦简反映出洞庭郡迁陵县署日常行政管理文书,包括户籍、赋税、劳役、钱粮、物资、军赋、邮驿、教育、祭祀、医药等政令文书,是秦朝实行郡县制度的一个缩影。

根据里耶秦简各类行政公文、邮传记录可窥当时秦代借助高效的邮传系统,保证中央到地方各级官署政令的上传下达。秦代的邮人是专门的职业,由郡县负责人直接任免。秦代公文封缄方法,机密文书简牍用上、下两片木牍做成,下牍称函,用以书信,上牍盖上一块称"检"的木牌,再用绳子将检和文书简牍捆扎在一起,在检上放上封泥,再在封泥上盖官吏的印章,最后再在检上书写文书简牍的收发地址和邮件人。

封泥匣是在检上安放封泥使之固定的木匣,使用封泥匣之封泥呈长方形,四周可看出明显的受压痕迹,表明是用了封泥匣,反之则没有使用。封泥匣上同样书写邮件的始发地和发往地点或物品名称数量。里耶出土多件封泥匣,其中"迁陵以邮行洞庭"封泥匣[4](图1),上面书写了始发地和发往地,还出土了"迁陵以邮行洞庭"邮书封检木牌[5](图2),这种书写邮递方式和收发地址的封检,可作为当时邮传文书最早的信封。秦代洞

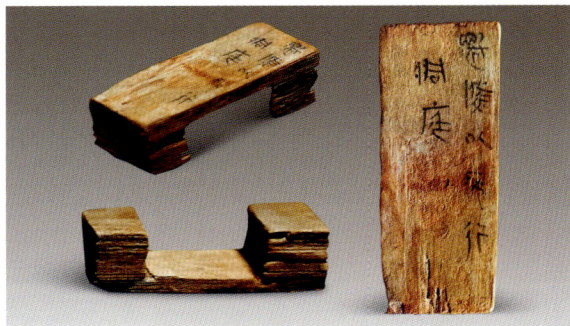

图1 "迁陵以邮行洞庭" 封泥匣
秦代 里耶秦简博物馆藏

图2 "迁陵以邮行洞庭" 邮书封
检木牌 秦代 里耶秦简博物馆藏

庭郡下辖迁陵、西阳、沅陵、临沅、无阳、零阳、辰阳、门浅等县。里耶镇还出土了"酉阳丞印"(图3)和"洞庭司马"(图4)封泥,均非常珍贵。秦代职官官印封泥和郡县封泥的出土,反映出秦代中央和郡县县政制度。

图3 "酉阳丞印"封泥 秦代 里耶秦简博物馆藏

图4 "洞庭司马"封泥 秦代 里耶秦简博物馆藏

2. 传世秦代皇帝御玺封泥

传世秦始皇"皇帝信玺"封泥[6](图5),现藏日本东京国立博物馆,为秦始皇帝六玺之一,是目前仅见秦代唯一传世皇帝御玺封泥,著录于吴式芬和陈介祺《封泥考略》。封泥紫红色,为武都产紫泥,长方形,长2.8厘米,宽2.3厘米,田字形界格内阳文秦篆"皇帝信玺"四字,印文细劲秀整。《封泥考略》记载:"'皇帝信玺'封泥紫色,背版

图5 "皇帝信玺"封泥 秦代 日本东京国立博物馆藏

痕、绳痕,当是以版入中,上以绳缄其口,以泥入绳至版,后加封泥,外加青囊囊之,两端无缝,以护封泥,如藏玉牒于石检,金绳绳之,石泥封之,印之以玺也。"

"皇帝信玺"封泥,于2019年8月在日本东京国立博物馆展出,笔者见到了这枚封泥。同时展出十三枚秦汉官印封泥,全部为日本阿部房次郎寄赠于东京国立博物馆,有秦"公孙强印"(图6),西汉"御史大夫"(图7)、"菑川王玺"(图8)、"长陵丞印""蜀郡太守章""汉中太守章""涿郡太守章""江夏太守章""裨将军印章""魏郡太守章""琅玡太守章""黄神越章"和"天地之印"封泥。其中"御史大夫"封泥,与罗

图6 "公孙强印"封泥 秦代 日本东京国立博物馆藏

图7 "御史大夫"封泥 西汉 日本东京国立博物馆藏

图8 "菑川王玺"封泥 西汉 日本东京国立博物馆藏

福颐《古玺印考略》[7]相似。

3. 中国国家博物馆藏传世秦代官印封泥

（1）"□宫相丞"封泥（图版71），应为秦北宫或南宫丞相的属官用印遗迹。字迹有缺损，封泥面有阳线田字形界格，内阳文篆书，每字在田字形界格之内，秦篆，线条柔丽纤细，字迹整齐。

"□宫相丞"封泥整体风格与1995年陕西北郊相家巷出土的秦官印"北宫工丞"[8]封泥，在造型和字体篆法上都基本相同。陕西北郊相家巷出土与之类似的秦封泥还有"北宫弋丞"[9]，是管理北宫射猎的官吏；"北宫宦丞"[10]，是管理北宫宦官的官吏；"南宫郎丞"[11]，是南宫郎中令的属官，"北宫榦丞"[12]，是管理北宫宫室修缮的官吏。

（2）"平阴丞印"封泥（图版72），为秦代济北郡平阴县丞用印遗迹。封泥面有阳线田字形界格，内阳文篆书"平阴丞印"。秦小篆，笔画俊秀。

由于地理和历史等原因，秦篆文字早期较多继承了西周金文风格，后期慢慢演变为小篆风格。秦官印印文以四字为基本规格，诏令和官方文书以玺印封检，在秦代成为制度。

（3）"泰山守印"封泥（图版73），为秦济北郡泰山县守使用官印的凭证。封泥面钤阳线田字形界格内阳文篆书，封泥背有板痕绳痕。秦篆，字体工整，章法疏密得当。

《史记》记载："昔黄帝东至于海，登岱宗。"秦始皇于二十八年（前219年）亲登泰山封禅。《史记·秦始皇本纪》载："南登琅邪，大乐之，留三月。"东巡至琅邪郡（今山东青岛黄岛区）命人刻石纪功，这就是著名的琅邪刻石。此石现存我馆，上刻："古之帝者，地不过千里，诸侯各守其封域，或朝或否，相侵暴乱，残伐不止，犹刻金石，以自为记。古之五帝三王，知教不同，法度不明，假威鬼神，以欺远方，实不称名，故不久长。其身未殁，诸侯倍叛，法令不行。今皇帝并一海内，以为郡县，天下和平。昭明宗庙，体道行德，尊号大成。君臣相与诵皇帝功德，刻于金石，以为表经。"西汉武帝时复置泰山郡，见有"泰山太守章"封泥[13]。

（4）"武安丞印"封泥（图9、9-1、9-2），高1.2厘米，长3.2厘米，宽2.1厘米，印边长约2厘米。封泥面阳线田字形界格内阳文篆书"武安丞印"四字，字迹有缺损。秦小篆，布局匀整，字体秀丽，圆转整齐。封泥背有绳痕。

图9　秦代"武安丞印"封泥

图9-1　秦代"武安丞印"封泥拓片

图9-2　秦代"武安丞印"封泥面、泥背

武安，秦汉时期郡县名，治所在今河北省武安县西南，汉时属魏郡。此封泥为秦武安县丞使用官印缄检公文的遗物。

《史记·廉颇蔺相如传》记载："秦军军武安西，秦军鼓噪勒兵，武安屋瓦尽振。"秦置武安郡，铸有"武安"圆孔圜钱。《汉书·地理志》载：魏郡，西汉高帝十二年（前195年）置，在今河北省临漳县西南邺镇。

作为姓氏，相传黄帝之孙颛顼之后有武安氏。《路史》记载："颛帝后有武安氏。"《万姓统谱》记载："秦将白起封武安公,因氏焉。"白起(?-前257年),出自姬姓,战国时期军事家,秦国名将,《战国策》作公孙起,被封为武安君。郑樵《通志·氏族略·以邑为氏》云:"武安氏,芈姓,秦将白起封武安君,因氏焉。"

(5)"库印"封泥(图10、10-1、10-2),高1厘米,长3.1厘米,宽2.6厘米。封泥面钤竖阳文篆书"库印"两字,封泥背部有绳痕。秦篆,字形健劲,"印"字篆法与秦官印同,有秦篆遗风。

库,古代储藏武器战车的地方,或称军械库,或泛指储物的仓库。《说文》云:"库,兵车藏也。"《礼记·檀弓》记载:"管库之士。"秦代有"商库""秦仓""库印"等仓廪半通官印。此封泥为秦代管理军械仓库或储物仓库官吏用印遗迹。

图10 秦代"库印"封泥

图10-1 秦代"库印"封泥拓片

图10-2 秦代"库印"封泥面、泥背

三、汉代官印和私印封泥

(一)国内出土汉代官印封泥

汉代封泥大批量集中出土有下列几处:1983年广州南越王墓出土了35枚封泥,其中以南越帝赵眜"帝印"[14](图11)和"眜"[15](图11-1)字封泥为代表;1982年徐州土山出土西汉封泥4 000多枚;1994年徐州狮子山楚王墓出土西汉封泥80余枚;2000年山东临淄刘家寨出土西汉诸侯国齐国封泥2 000多枚。如此规模数量汉代封泥的出土,说明汉代健全的官印制度体系,表明使用封泥钤印封检、传递文书简牍的制度,在汉代全国普遍实行。

全国各地出土汉代封泥较多,出土封泥种类有一部分为侯相家臣所用。1972年湖南长沙马王堆汉墓共出土27枚,有"轪侯家丞"[16]"右尉"[17]等。"轪侯家丞"之主人分别是第一代轪侯利苍和第二代轪侯利豨。《后汉书·百官志》记载:列侯"其家臣置家丞、庶子各一人。本注曰:主侍侯,使理家事"。

"家丞"是侯相家府中掌管家事的官吏,出土的家丞封泥都用在什物上,如竹笥、陶罐口部等处,实际上是起"封条"的作用,其形式与封检用封泥相同,是在封泥木匣内抑印封检。"轪侯家丞"出土时带封泥木匣[18]。墓内封泥用印是家臣的,原因是轪侯夫人的丧事,应由主掌家事的"轪侯家丞"来料理。因此汉代封泥的使用,不仅限于皇帝诏令、官府文书竹木简牍封检,还用于家丞封检随葬物品。

馆藏西汉"博望侯造"封泥[19](图11-2),1938年在陕西省城固县博望镇张骞墓出土,边长2.2厘米。"博望侯"是张骞(约前164-前114年)的爵号。张骞于公元前139年、前119年两次出使西域,共三十年,使西汉政权了解了西域各国的历史、地理、政教和风土人情,为日后开拓西域奠定了基础。因其"凿通西域"的伟大功绩,被汉武帝封为"太中大夫",并受封为"博望侯"。张骞的探险活动,开拓了举世闻名的"丝绸之路"。

图11 西汉"帝印"封泥 西汉南越王博物馆藏

图11-1 西汉"眛"封泥 西汉南越王博物馆藏

图11-2 西汉"博望侯造"封泥 中国国家博物馆藏

（二）中国国家博物馆藏传世汉代官印封泥

中国国家博物馆藏汉代官印封泥种类有：汉代职官，诸侯王玺，诸侯国职官，郡太守，郡县丞，侯国相、丞，县令、县长，少数民族道，乡里等职官封泥和私印封泥等。

西汉初期诸侯国、郡是西汉的一级行政区，诸侯国的最高长官为诸侯王，下设三公九卿；郡的最高行政长官称郡守，后改为太守。县、侯国是第二级行政区，万户以上大县长官称县令，万户以下县长官称县长，县下设乡、里。侯国最高行政长官称节侯。此外还有太后公主汤沐邑和在少数民族聚居区设立的道（县）。

1. 西汉诸侯国荆国国王玺封泥

"荆王之玺"封泥（图版106），封泥面钤阳文篆书，封泥背有板痕和绳迹。汉篆，布局紧凑，篆法严谨，笔画平正，线条圆转。汉代史书记载：诸侯王、王后，用金印，自名玺，四字印文，龟钮。此封泥是西汉初年诸侯国荆国国王刘贾用龟钮金玺封检公文的遗物。

刘贾在位六年，此封泥应早不过高祖六年（前201年），晚不过高祖十一年（前196年）。印面无田字形界格。能否以此推断汉初田字形界格官印的使用时间在高祖六年之前，或者高祖时期带田字形界格的官印，并不十分严格，有的有田字形界格，有的没有。其金质龟钮王玺目前未发现，故此封泥非常珍贵，为目前仅见。

2. 西汉诸侯国齐国职官封泥

（1）齐国"齐郎中丞"（图12、12-1、12-2），"齐□中丞"（图13、13-1、13-2），"齐内官丞"（图14、

图12 西汉"齐郎中丞"封泥

图12-1 西汉"齐郎中丞"封泥面

图12-2 西汉"齐郎中丞"封泥拓片

图13 西汉"齐□中丞"封泥

图14-2 西汉"齐内官丞"封泥拓片

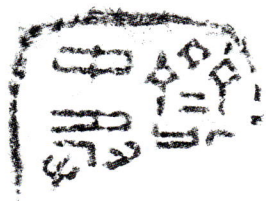

图13-1 西汉"齐□中丞"封泥面

图13-2 西汉"齐□中丞"封泥拓片

图15 西汉"齐郎宫丞"封泥

图14 西汉"齐内官丞"封泥

图15-1 西汉"齐郎宫丞"封泥面

图15-2 西汉"齐郎宫丞"封泥拓片

图14-1 西汉"齐内官丞"封泥面

厘米、长3厘米、宽2.5厘米左右。封泥面均钤阳文篆书四字,部分字迹有缺损,封泥背有绳纹和孔痕。汉篆,布局紧凑,篆法工整,是西汉诸侯国齐国职官封泥。因齐国共治七十余年,故封泥文字篆法有早有晚。其中"齐宫司丞"封泥,与罗福颐《古玺印考略》著录西汉"齐宫司丞"[20]封泥文字相似。

14-1、14-2),"齐郎宫丞"(图15、15-1、15-2),"齐宫司丞"(图16、16-1、16-2)封泥,尺寸均在高1.2

战国时齐国都城为临淄,秦灭齐为郡,治临淄。楚汉之际,秦子婴元年(前206年),刘邦灭

图16　西汉"齐官司丞"封泥

图16-1　西汉"齐官司丞"封泥面

图16-2　西汉"齐官司丞"封泥拓片

秦，项羽分封诸王，以田都为齐王，都临淄；以田市为胶东王，都即墨；以田安为济北王，都博阳。田荣起兵杀田都、田市，自立为齐王，项羽出兵伐齐，刘邦起兵出汉中，楚汉战争开始。汉二年（前205年），田荣兵败，项羽立田假为齐王。汉四年（前203年），韩信大破齐军，定齐地，刘邦封韩信为齐王，都临淄，汉五年（前202年），徙韩信为楚王。齐地属"汉为四郡"，为临淄、济北、胶东、琅邪四郡。

西汉初期，实行郡县与封国并存制度。高祖六年，田肯向高祖进言：齐国广大，"非亲子弟，莫可使王齐者"。高祖开始去除异姓王，大封同姓宗室，复置齐国，并下诏："齐，古之建国也。今为郡县，其复以为诸侯。"立皇长子刘肥为齐王（前201-前189年在位），都临淄（今山东省淄博市临淄区齐都镇），领临淄郡、博阳郡、济北郡、胶东郡、胶西郡、琅邪郡、城阳郡共七郡七十三县，相

当于今山东省北部、中部、胶东半岛和东南沿海地区，成为西汉初年最大的诸侯国。

吕后执政后，开始削弱刘姓诸王势力，惠帝二年（前193年），刘肥将城阳郡赠吕后女儿鲁元公主为汤沐邑；吕后二年（前186年），割博阳郡为吕国；七年（前181年），又割琅邪郡为琅邪国。惠帝六年（前189年），刘肥去世，在位十三年，谥号悼惠王，其子刘襄即位，为齐哀王。至武帝元朔四年（前125年），历王次昌薨，无后国除。齐国传六王，共七十六年。司马迁《史记》云："诸侯大国无过齐悼惠王。以海内初定，子弟少，激秦之无尺土封，故大封同姓，以填万民之心。及后分裂，故其里也。"

汉初齐国时间跨度从汉高祖一直到武帝时期，故上述齐国封泥，字体篆法稍有不同，均为西汉齐国职官使用的封泥遗迹。

（2）西汉齐国琅邪郡丞封泥

"琅邪丞印"封泥（图17、17-1、17-2），高1.6厘米，长3.8厘米，宽3厘米，印迹边长为2厘米左右。封泥呈长方形，封泥面钤阳文篆书"琅邪丞印"四字，封泥背有板痕和绳孔痕。汉篆，布局严整，笔画平正，圆中带折，篆法整齐。

琅邪亦作琅琊，古时写作琅邪，在今山东临

图17　西汉"琅邪丞印"封泥

图17-1　西汉"琅邪丞印"封泥拓片

图17-2 西汉"琅邪丞印"封泥面、泥背

沂地区以及青岛、诸城、日照一带。历史上曾置琅邪邑、琅邪郡、琅邪国和琅邪道。

春秋时期置琅邪邑,在今青岛市琅琊台西北,周元王三年(前473年),越王勾践迁都琅邪。秦代置琅邪郡,辖琅邪、不其、即墨、黔陬县等地,郡治琅邪,郡境为今山东省东南部。

西汉初年,琅邪郡郡治在东武,并曾将琅邪国、柜县和祝兹侯国治于境内,辖五十一县,涵盖今山东海阳、崂山、即墨、胶州、黄岛、临沂、莒县及江苏赣榆等地。吕后七年(前181年),改琅邪郡为琅琊国,封高祖从祖昆弟莒陵侯刘泽为琅琊国国王,都琅琊。吕雉死后,刘泽与齐王刘襄等合谋诛杀诸吕,至长安与诸将相拥立刘恒为帝。汉文帝元年(前179年),徙封刘泽为燕王,琅琊国除,其地归齐。王莽新朝时改曰填夷,属徐州刺史部。此封泥为西汉齐国琅邪郡太守署官郡丞使用封泥匣封检公文的凭证。

东汉光武帝建武十七年(41年),复置琅邪国,封刘京为琅琊国国王。琅琊王传六世,直到汉灵帝光和五年(182年),顺王刘容逝世。汉献帝初平年间(190-193年)琅琊国废,立国共一百五十余年。北京故宫博物院藏有东汉琅琊国"琅邪相印章"[21]。

3. 汉代职官封泥

"大官令印"封泥(图18、18-1、18-2),高1厘米,长2.6厘米,宽2.3厘米。印边长2.1厘米。封泥面钤阳文篆书"大官令印"四字,字迹有缺损。封泥背有沟槽痕。印面无田字形界格,汉篆,印文风格宽放,字体笔画圆转,线条平正,有西汉中期风格。

图18 西汉"大官令印"封泥

图18-1 西汉"大官令印"封泥拓片

图18-2 西汉"大官令印"封泥面、泥背

大官令,又作太官令,官名,秦置,为三公九卿中少府属官,掌宫廷膳食、酒果等。汉袭秦制,东汉时置一员,六百石,桓帝延熹元年(158年),使太官令得补二千石,下设左丞、甘丞、汤官丞、果丞各二员。三国魏沿置,六百石,七品,吴亦置。此封泥应为汉代掌宫廷膳食的大官令封检公文的凭证。

4. 汉代郡太守封泥

西汉时期不断增立新郡,据平帝元始元年(1年)记载,全国共有一百零三郡国。郡县制有效地加强了中央集权,有利于政治安定和经济发展。郡之长官为太守,其职责是掌管一郡的民政和军事,经常要巡县,监管各县令、长的治状。边郡太守兼领武职,随时迎战来犯之敌,故当时人们将边郡太守称为"郡将"。

图19 西汉"南郡太守"封泥

图19-1 西汉"南郡太守"封泥拓片

图19-2 西汉"南郡太守"封泥面、泥背

（1）"南郡太守"封泥（图19、19-1、19-2），高1.9厘米，长3.7厘米，宽3.5厘米。封泥面钤阳文篆书"南郡太守"四字，封泥背有绳痕。汉篆，布局匀整，采用圆转的笔致，篆法严谨工整。

"南郡"，秦置。《史记·秦始皇本纪》记载："年十三岁，庄襄王死，政代立为秦王。当是之时，秦地已并巴、蜀、汉中，越宛有郢，置南郡矣；北收上郡以东，有河东、太原、上党郡；东至荥阳。灭二周，置三川郡。"治所江陵（今湖北荆州市）。

《汉书·地理志》记载：南郡，秦置，汉高帝元年（前206年）更名为临江郡，五年（前202年）复故。汉景帝二年（前155年）复为临江，中二年（前148年）复故。《史记·孝武本纪》记载了汉武帝曾东巡至南郡："其明年冬，上巡南郡，至江陵而东。登礼潜之天柱山，号曰南岳。浮江，自寻

阳出枞阳，过彭蠡，祀其名山川。北至琅邪，并海上。四月中，至奉高修封焉。"莽曰南顺，属荆州。有发弩官，领县十八。

三国时期，东吴在赤壁之战后攻占了江陵，在孙刘联合抗曹的背景下，为了让刘备正面对抗曹操，孙权把南郡交给刘备。后曹操占领南郡北部襄阳，之后智取南郡的故事也发生在此。

此封泥字体宽放，秀逸整齐，应为西汉时期南郡太守用印遗迹。《中国古代封泥考略》著录有西汉"南郡守印"封泥。

（2）"右北太守章"封泥（图版109），封泥面钤阳文篆书，封泥侧有绳孔痕，封泥底部有板痕和绳痕。汉篆，五字印文，布局严谨，阳文线条细腻，篆法整齐。

右北平郡是汉代在北方重要的边郡，以防御匈奴侵扰。"右北太守章"为"右北平太守章"的省称，此封泥为五字，省略"平"字。汉代官名五字印章始于武帝时期，《史记·封禅书》载："官名更印章以五字，为太初元年（前104）。"《汉书·武帝纪》载：太初元年"夏五月，正历，以正月为岁首，色上黄，数用五。"张晏注："汉据土德，土数五，故用五，谓印文也。若丞相曰'丞相之印章'，诸卿及守相印文不足五字者以'之'足之。"这一时期用五字官印仅限于少数高官，如军队"中部将军章"；官职"御史大夫章"；郡"泰山都尉章"和"右北太守章"等；王国"赵相之印章"等。这些官的秩级都在秩二千石以上，品位较低的官印还用四字。武帝至汉末，五字入印没有形成普遍制度。新莽时期，废除四字印，官印全部改用五字或五字以上。此封泥为西汉武帝时期右北平边郡太守封检公文的凭证。

东汉时期，由于乌桓、鲜卑等族侵扰，右北平郡的辖地缩减至四县。东汉末年乌桓势力渐大，控制了幽州辽东属国、辽西、右北平、上谷等边郡，号称三郡乌丸。建安十一年（206年），曹操发兵平三郡乌桓。西晋时改右北平郡为北平郡。

（3）"玄菟太守章"封泥（图20、20-1），高0.6厘米，长2厘米，宽1.9厘米。封泥面钤阳文篆

书"玄菟太守章"五字，字迹有残损。封泥背有绳痕。汉篆，五字印文，布局紧凑，采用圆转的笔致，线条端正秀美，字形瘦长劲健。

"玄菟"，古地名，为朝鲜沃沮城。《汉书·武帝纪》记载，西汉武帝元封三年（前108年），"朝鲜斩其王右渠降。以其地为乐浪、临屯、玄菟、真番郡"，属于幽州。《三国志·魏书·东夷传》记载："汉武帝元封二年（前109年），伐朝鲜，杀满孙右渠，分其地为四郡，以沃沮城为玄菟郡。"玄菟郡后来"徙郡句丽西北，今所谓玄菟故府是也，沃沮还属乐浪"。上述记载说明玄菟郡初设时，辖区内主要有两个民族，沃沮和句丽。"昭帝始元五年（前82年），罢临屯、真番，以并乐浪、玄菟"。

玄菟郡所辖句丽见于史书记载。《汉书·地理志》玄菟郡应劭注引：认为玄菟郡是"故真番、朝鲜胡国"。《汉书·地理志》高句骊县应劭注引：认为高句丽县是"故句骊胡"。由此可知，玄菟郡的"朝鲜胡国"就是"句骊胡"，因其隶属于卫氏朝鲜，才被称为"朝鲜胡国"。《后汉书·东夷传》记载："武帝灭朝鲜，以高句骊为县。"说明玄菟郡高句丽县是因为设于此族的居住地而得，说明在武帝入侵朝鲜之前，此族有高句骊、句骊胡、朝鲜胡国、句丽蛮夷等多种称呼。

《史记索隐·朝鲜列传》注真番、临屯为东夷

图20　西汉"玄菟太守章"封泥

图20-1　西汉"玄菟太守章"封泥拓片

小国，后以为郡，则真番、临屯二郡辖区分别是原真番国、临屯国的领地。《后汉书·东夷列传》载："昭帝始元五年（前82年），罢临屯、真番，以并乐浪、玄菟。玄菟复徙居句骊……沃沮、秽貊悉属乐浪。后以境土广远，复分领东七县，置乐浪东部督尉。"说明乐浪东部辖区有沃沮、秽貊两族。武帝灭卫士朝鲜时，以沃沮地为玄菟郡，秽貊隶属临屯郡。《后汉书·东夷传》云昔武王封箕子于朝鲜之前，沃沮、秽貊、句骊，本皆朝鲜之地，说明沃沮、秽貊、句骊原是箕子朝鲜的领地。《史记·朝鲜列传》载："自始全燕时，尝略属真番、朝鲜，为置吏，筑鄣塞。"说明真番、朝鲜不是箕子朝鲜的属地，真番应是卫氏朝鲜领地。

综上，汉武帝所设四郡，实际上是以古朝鲜本土乐浪为一郡，卫氏朝鲜征服的真番为一郡，臣属于箕氏朝鲜与卫氏朝鲜的属地分为临屯与玄菟二郡。临屯郡统辖秽貊县，玄菟郡统辖句丽蛮夷、沃沮两县，到汉昭帝始元五年（前82年），玄菟郡统辖句丽、沃沮和真番三县。故此封泥为西汉武帝至昭帝时期玄菟郡太守封检公文的凭证。

5. 西汉侯国封泥

西汉时期诸侯国、侯国都有封地，可以直接管理自己的封地，任命官员。诸侯国有权征收赋税，建立军队，形成国中之国。侯国则分为县侯、乡侯。县侯封地是一个县，乡侯封地是一个乡，侯国最大只能是一个县。西汉时期侯国的官印较多，较著名的有"石洛侯印"龟钮金印等。

（1）"棘阳侯相"封泥（图21、21-1、21-2），高1.1厘米，长3.3厘米，宽3.1厘米。封泥面钤阳文

图21　西汉"棘阳侯相"封泥

图21-1 西汉"棘阳侯相"封泥拓片

图21-2 西汉"棘阳侯相"封泥面、泥背

篆书"棘阳侯相"四字,封泥背有板痕和绳孔痕。汉篆,布局严谨,线条流畅,篆法圆中带折,字体秀丽。笔画有疏密对比的变化。此封泥为西汉棘阳侯国最高行政长官丞相使用封泥匣封检公文简牍的遗迹。

汉高祖七年(前200年),封异姓功臣杜德臣(?-前175),为棘阳侯。杜德臣曾跟随刘邦起兵反秦,征战多年,屡立战功,曾任中郎将。棘阳侯国,位于今河南省南阳市新野县境内,国都在今新野县城东部高庙乡张楼村,境内有一条南北流向的溧河,古称棘水。

战国时期,棘水是秦国和楚国的界河,河东属楚,河西属秦。棘水东侧,近黄棘,有城,因位于棘水之阳,故名棘阳。战国时属楚国,秦灭楚后,在楚地设南阳等共十一郡,棘阳归南阳郡,属荆州。

汉文帝五年(前175年)杜德臣去世,棘阳侯国传三世,共七十六年:庄侯杜德臣、质侯杜但、怀侯杜武。武帝元朔五年(前124年),怀侯杜武死,无后,棘阳侯国除。此封泥应为西汉早期棘阳侯国丞相使用封泥匣封检公文的凭证。

(2)"松兹国丞"封泥(图版110),封泥面钤阳文篆书,封泥背有绳痕。汉篆,布局疏阔,字体秀整,线条宽放。

高祖六年(前201年)开始去除异姓王,封异姓功臣为侯。高祖死后,吕后四年(前184年)封徐厉为松兹侯。武帝建元六年(前135年)国除,共治四十九年。此封泥文字篆法有武帝时期风格,可能是徐厉之孙徐偃时期松兹侯国国丞使用封泥匣封检公文的凭证。

松兹侯国在被废除的五十三年后,汉昭帝封同姓王刘霸复置松兹侯国。昭帝始元五年(前82年)六月,封大安共王刘庆子刘霸为松兹侯,国都在今安徽省宿松县西北,共传三世。公元8年,王莽篡位,松兹侯国废除为县。

6. 西汉时期郡县丞、乡、里官印封泥

郡县太守属官有丞、五官掾、主簿、督邮、诸曹掾史等。丞为太守之助手。县之长官为令、长。令、长之下设丞一名。以主文书、仓库和监狱。又设尉一名,专管武事。大县则设左尉、右尉各一人,又设廷掾以监乡。县也设置十几个曹的掾、史,以分掌县内的许多具体事物。乡设三老以掌教化,三老为秩、啬夫和游徼。亭有亭长。里有里典或里魁、里正。

(1)"临淄丞印"封泥(图22、图23、图24),"东安平丞"封泥(图25、25-1、25-2),"西安丞印"封泥(图26、26-1、26-2),封泥高1.2厘米,直径在2-2.9厘米之间。封泥面钤阳文篆书四字,封泥背有绳孔痕。汉篆,布局紧凑,笔画劲健,线条细致圆转。三枚"临淄丞印"封泥,为西汉齐国临淄郡临淄县丞的遗物。"东安平丞"和"西安丞印"封泥为齐国临淄郡东安平县和西安县丞封检公文的遗物。

临淄,秦朝时曾置临淄县,属齐郡。郡、县皆

图22 西汉"临淄丞印"封泥

图22-1 西汉"临淄丞印"封泥拓片

图22-2 西汉"临淄丞印"封泥面、泥背

图23 西汉"临淄丞印"封泥

图24 西汉"临淄丞印"封泥拓片

图25 西汉"东安平丞"封泥

图25-1 西汉"东安平丞"封泥拓片

图25-2 西汉"东安平丞"封泥面、泥背

图26 西汉"西安丞印"封泥

图26-1 西汉"西安丞印"封泥拓片

图26-2 西汉"西安丞印"封泥面、泥背

以临淄（今山东省淄博市临淄镇）故城为治所，领临淄县、东安平县等四县。

西汉初期，临淄曾为齐郡郡治、齐国王都、临淄郡、临淄县县治所在地，区境东部属齐郡东安平县。西汉初期实行郡县与封国并存，至武帝元朔四年（前125年），历王次昌无后国除。上述三枚"临淄丞印"封泥，字体篆法稍有不同，均为西汉临淄县丞使用过的封泥遗迹。

西汉时期，临淄郡辖临淄县、东安平县（先属齐郡，后属菑川国）、西安县（县治在今南高阳）等。

新朝时期（9—23年），王莽改临淄县为齐陵县，属青州济南郡，临淄又为济南郡郡治、齐陵县治所在地。区境分属齐陵县、东安平县（属菑川国）、东宁县（西安县）。

东汉时期，临淄还是青州州治、临淄县治所在地，区境分属临淄县、东安平县和西安县。据此，"临淄丞印""东安平丞""西安丞印"封泥，应为西汉初期齐国临淄郡临淄县丞、东安平丞、西安县丞封检公文的遗迹。

（2）"驺之右尉"封泥（图27），高1.5厘米，长2.3厘米，宽2.1厘米。封泥面钤阳纹篆书"驺之右尉"四字，字体有缺损。封泥背有绳痕。汉篆，

图27　西汉"驺之右尉"封泥

图27-1　西汉"驺之右尉"封泥拓片

布局紧凑，字体圆中带折，笔画宽放，依据字体笔画的繁简排列。

"驺"，古县名。西周时期分封诸侯国，周公长子伯禽封为鲁公，建立鲁国，都曲阜（今山东曲阜）。春秋邾国地，鲁穆公时改邾为驺。秦置县，治所今山东邹城市东南，因境有驺山，故名，秦属薛郡。《史记·封禅书》记载："东巡郡县，祠驺峄山，颂秦功业。"《索引》记载："驺县之峄山。驺县本邾国，鲁穆公改作邹"。驺峄山，《史记·秦始皇本纪》作"邹峄山"："二十八年，始皇东行郡县，上邹峄山，立石，与鲁诸生议，刻石颂秦德。"

1963年山东省驺县出土始皇诏陶量，圆桶状，近口沿处有一"驺"字。底部有两"驺"字。外壁戳刻十个四字阴文方印，内刻秦始皇廿六年（前221年）诏书："廿六年，皇帝尽并兼天下诸侯，黔首大安，立号为皇帝，乃诏丞相状、绾，法度量则不壹、歉疑者，皆明壹之。"记载了秦始皇统一六国后，统一度量衡。

驺县，西汉时属鲁国。汉高后元年（前187年）改薛郡置鲁国，治所在鲁县，今山东曲阜市古城村。辖境相当于今山东曲阜、滕州、泗水等。东汉时属豫州，三国时复改驺县，属鲁郡。《续汉书·郡国志》记载鲁国驺县下刘昭注："有驺山，高五里，秦始皇刻石焉。"

西汉时期，大县下设左尉、右尉各一人。此封泥为西汉薛郡或鲁国驺县县令属官右尉封检公文的凭证。

（3）"牛鞞长印"封泥（图28、28-1、28-2），高1厘米，长2.7厘米，宽2.7厘米。封泥面钤阳文篆书"牛鞞长印"四字，封泥背有板痕和孔痕，封泥

图28　西汉"牛鞞长印"封泥

图28-1 西汉"牛鞞长印"封泥拓片

图28-2 西汉"牛鞞长印"封泥面、泥背

侧有绳孔痕。汉篆,布局紧凑严整,采用圆转的笔意,线条劲健美观,篆法工整。

"牛鞞县",西汉置,治所在今四川省简阳市简城镇,位于四川盆地西部,简阳古为蜀国,秦代属蜀郡。武帝建元六年(前135年),置牛鞞县。《汉书·地理志》载,牛鞞县属犍为郡。字体宽肥平齐,圆中带折,布局匀整,为汉代中期武帝官印标准器。县,万户以下者设长,长的职责掌管一县的治安、刑讼及赋敛徭役等事。此封泥为方形,应带封泥匣,为西汉牛鞞县县长使用封泥匣封检公文的凭证。

(4)"莱里祭酒"封泥(图29、29-1、29-2),高1厘米,长3.2厘米,宽2.6厘米。封泥面钤

图29 西汉"莱里祭酒"封泥

图29-1 西汉"莱里祭酒"封泥拓片

图29-2 西汉"莱里祭酒"封泥面、泥背

阳文篆书"莱里祭酒"四字,封泥背有绳纹痕。汉篆,字体宽放遒劲。

"莱里",疑为古地名,今不可考。"祭酒",长或位尊者。《宋书·百官志》记载:"汉吴王濞为刘氏祭酒。夫祭祀以酒为本,长者主之,故以祭酒为称。"本意是大飨宴时以年老宾客一人举酒祭祀地神,需长者立主位,面南酹酒祭神开席。《两湖麈谈录》记载:"按古礼宾客得主人馔,则老者一人举酒以祭于地,示有先也,故谓祭酒,盖尊重之称也。"祭酒应为主持祭祀之长者。西汉时期县下设乡,乡下设亭,亭下设里,里有里典或里魁、里正。故此封泥为西汉莱里官吏封检公文的凭证。

晋武帝咸宁四年(278年)设国子监祭酒,以后历代多沿用,成为主管国子学或国子监教育机构的官吏。传世有"莱里祭酒"铜印[22],著录于罗福颐《秦汉南北朝官印征存》。

(5)"骈阳"封泥(图30、30-1、30-2),高1厘米,长2.7厘米,宽2.3厘米。封泥面竖钤阳文篆书"骈阳"两字,封泥背部有板痕绳痕。汉篆,印文上下排列,布局紧凑,线条匀整,字体工整,篆法有疏密和长短的变化,笔画劲健。

"骈阳",疑为古地名,今不可考。东汉班固

图30 西汉"骈阳"封泥

图30-1 西汉"骈阳"封泥拓片

图30-2 西汉"骈阳"封泥面、泥背

《东都赋》中有"骈部曲"。"骈"字，从马，并声。《说文》云："骈，驾二马也。""骈"，是中国稀有的姓氏，至今源流不清。有学者认为，可能是北方游牧民族移居到"并"，今山西并州，其后代以骈为姓。另一种观点认为，可能是以地名为姓，《左传》记载："（管仲）夺伯氏骈邑三百，饭疏食，没齿无怨言。"据考"伯氏骈邑"在今山东临朐县，为纪国辖境。今天山西、山东境内都有骈姓后裔。封泥上的印迹，应为西汉半通官印，为汉代骈阳县吏使用封泥匣封检公文的凭证。此封泥弥补了史料记载之阙佚。

（6）"高乡"封泥（图31、31-1），高0.9厘米，长2.5厘米，宽2.3厘米。封泥面竖钤阳文篆书"高乡"两字，封泥背有绳纹痕。汉篆，字体工整，线

图31 西汉"高乡"封泥

图31-1 西汉"高乡"封泥拓片

条紧凑饱满，笔画圆转。除此外，本馆还藏有"东乡"和"西乡"封泥。

《汉书·地理志》记载："高乡侯国属琅邪郡。"高乡，古地名，武帝前属城阳郡。城阳郡西汉置，治所在今山东莒县城阳镇，屡改为城阳国，为汉初刘肥齐国支郡。文帝二年（前178年），分城阳郡置城阳国，封刘肥之子朱虚侯刘章为城阳王。文帝十六年（前164年），又徙淮南王刘喜为城阳王。此时城阳国辖境相当于今山东省莒县、五莲县、莒南县、费县、枣庄市等县市，国都莒县。

武帝以后从城阳郡分封出高乡、东平等共五十多个侯国，分属琅邪郡、东海郡和泰山郡，是西汉分封侯国最多的一郡。此封泥应为高乡侯国高乡县吏封检公文的凭证。著录于《中国古代封泥考略（汇编）》。

（7）"骈西乡"封泥（图32、32-1、32-2），高1.1厘米，长3厘米，宽2.6厘米。封泥面竖刻阳文篆

图32 西汉"骈西乡"封泥

图32-1 西汉"驺西乡"封泥拓片

图32-2 西汉"驺西乡"封泥面、泥背

书"驺西乡"三字，封泥背有板痕和绳纹痕。汉篆，布局匀满，字体宽扁，印风粗放自然，笔画平整。

"驺"，古国名，春秋时期称"邾国"，战国时期称"驺国"，汉置"驺县"，属鲁国。此封泥应为鲁国驺县驺西乡吏使用封泥匣封检公文的凭证。

郡县制自秦汉实行以来，为后来两千多年的地方行政体制奠定了坚固的基础。隋开皇三年（583年），罢天下诸郡，以州统县。隋大业三年（607年），又改州为郡。经反复后，到唐玄宗天宝元年（742年），改州为郡，后又改回以州统县，州置刺史。从此郡极少设置，至元代，郡名完全废止，郡县制彻底废除。

7. 西汉在少数民族地区设立的道官印封泥

"道"，即县，为西汉政权在少数民族地区设立的行政区。

（1）"严道丞印"封泥（图版111）、严道橘园"封泥（图33、33-1、33-2）、"严道橘丞"封泥（图34、34-1、34-2），高1.1厘米，直径在2.1-2.9厘米之间。封泥面钤阳文篆书四字，封泥背有板

图33 西汉"严道橘园"封泥

图33-1 西汉"严道橘园"封泥拓片

图33-2 西汉"严道橘园"封泥面、泥背

图34 西汉"严道橘丞"封泥

图34-1 西汉"严道橘丞"封泥拓片

图34-2 西汉"严道橘丞"封泥面、泥背

523

痕沟槽痕，封泥侧有绳索痕。汉篆，布局紧凑，线条细致，笔画圆转秀丽，篆法严谨。

《汉书·地理志》记载，西汉蜀郡治成都（今四川省成都市），下辖成都、严道等十二县。并记载，西汉时期曾在交趾郡（今越南河内）、蜀郡严道、巴郡忍县、鱼腹县设有橘官。蜀郡严道出橘，设有橘官。橘官，官署及职官名。主岁贡橘。

秦代封泥有"橘监"和"橘官"等。《杨升庵外集》卷十载："秦官名有工官、盐官、橘官、苑官、洭浦官，皆秦官名。"汉袭秦制，故上述封泥为蜀郡严道县丞、严道县橘园、橘丞使用封泥匣封检公文的遗迹。著录于《中国古代封泥考略（汇编）》。

（2）"灵关道丞"封泥（图35、35-1、35-2），高1厘米，长2.5厘米，宽1.8厘米。封泥面阳文篆书"灵关道丞"四字，封泥背有板痕绳孔痕。汉篆，

图35　西汉"灵关道丞"封泥

图35-1　西汉"灵关道丞"封泥拓片

图35-2　西汉"灵关道丞"封泥面、泥背

布局紧凑，字体严谨平整，阳文线条挺拔。

"灵关"，山名，在成都西南汉寿界，包括灵关镇和大溪乡。"灵"，一作"零"，汉武帝西征时开辟，自今四川大渡河南岸通向西昌平原。《史记·司马相如列传》记载："通零关道，桥孙水（今安宁河）以通邛都（今西昌东南）。"《汉书》作灵山道。"灵关道"，古县名。一作灵道，西汉置，灵关道属蜀郡，治所在今四川省峨边南境。《汉书·地理志》载，灵关道属越嶲郡。此封泥为西汉时期蜀郡灵关道丞使用封泥匣封检公文的遗迹。

8. 西汉半通官印封泥

西汉官印主要为汉代一寸见方的方印，其次为方印一半之小印，又称"半印"或"半章"。《汉书》将方印称通官印，小印为通官印之半，所以又称"半通印"。这类印均为秩二百石以下的小官所用。

"司空"封泥（图36、36-1、36-2），高1.4厘米，长3.5厘米，宽3厘米。封泥面钤竖阳文篆书"司空"两字，封泥背有板痕绳纹。汉篆，篆法整

图36　西汉"司空"封泥

图36-1　西汉"司空"封泥拓片

图36-2　西汉"司空"封泥面、背

齐,字体工整,采用方折的笔致。

《汉书·百官公卿表》记载,少府下有左、右司空。汉代司空主管水利、工程、牢狱及刑徒。从朝廷、郡县到军队都设司空。有几种专名,除左、右司空外,还有大司空、都司空、司空之印、营军司空、军中司空、军司空令、军司空丞等。《汉书·杜延年传》如淳注:"律,营军司空、军中司空各二人。"《汉书·冯奉世传》记载:"前将军韩增奏以为军司空令。"上述诸司空,地位官职较高。《后汉书·百官志》司空公下刘昭注引《汉官仪》谓汉县、道有狱司空。此封泥应为汉代某县或道狱司空封检公文的遗迹。

综上,西汉早期实行的郡国制,形成了中央管理诸侯国、诸侯国管理郡、郡管理县的体制。郡设监御史、郡守、郡尉、郡丞、长史等属官。县设县令、县长、县丞、县尉等属官,各级都设丞,有设一丞的,也有设两个丞的,最多的如少府卿设八个丞以上。较大诸侯国,辖好几个郡,数十个县,使诸侯国形成了国、郡、县、乡、里一套比较系统的行政管理机构。从出土和传世齐国封泥来看,诸侯国官制非常健全,三公、九卿、郡县官及其属官十分全面完备。与西汉朝廷官职相对应,诸侯国形同国中之国,权力强大,后引发吴楚等七国之乱。汉武帝发布"推恩令"后,诸侯国逐步被拆散,诸侯国和诸王势力被削弱。西汉中后期,较大的王国最多也只能辖四、五个县。武帝时期开始设立州一级政府,在全国设十三个州刺史,形成中央管州、州管郡、郡管县的行政体系。这一行政体系后世多有效仿。

(三)中国国家博物馆藏传世汉代私印封泥

"贾政私印"封泥(图37、37-1、37-2),高1厘米,长2.8厘米,宽2.7厘米。封泥面钤阳文"贾政私印"四字,封泥背有板痕和绳纹。封泥上的印迹为方形,采用汉篆,文字布局紧凑,线条细腻匀整,章法精严。该封泥显示出汉代私印篆法水平之高,表现出汉代私印制作亦受汉代官印影响之深。

贾姓是我国古老的姓氏之一,出自姬姓,属

于以国为氏。据南宋郑樵《通志·氏族略·以国为氏》记载:"贾氏,伯爵,康王封唐叔虞少子公明于此。同州有贾城,即其地,或言河东临汾

图37 西汉"贾政私印"封泥

图37-1 西汉"贾政私印"封泥拓片

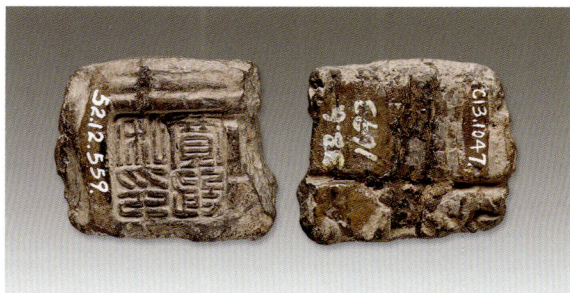

图37-2 西汉"贾政私印"封泥面、泥背

有贾乡是也。为晋所灭,子孙以国为氏。"贾氏从此出现。

另说源自狐偃之后,属于以邑为氏。据《新唐书·宰相世系表》记载:"唐叔虞少子公明,康王封之于贾,为贾伯,河东临汾有贾乡,即其地也,为晋所灭,以国为氏。晋公族狐偃之子射姑为晋太师,食邑于贾,字季他,亦号贾季。"故贾季后世子孙以邑为姓氏,称贾氏。上述贾姓均出自贾地,今山西省襄汾县。此封泥应为贾政封检私文的遗迹。

馆藏传世汉代私印较多,但传世汉代私印封泥较少。私印封泥是西汉私人用印封检私人信物的凭证,反映出汉代私人用印的真实面貌,非常

宝贵。汉代私印封泥见于著录的有"桓安之"[23]和"妾喻"[24]等。

四、结语

馆藏秦汉官印封泥,种类和内容非常丰富,有职官名、地名、官署名和爵号名等,真实反映出秦汉时期官府用印的历史面貌,以及秦汉玺印制度、职官制度、郡县制度、政治军事、舆地沿革、诸侯国、郡县、侯国、县、少数民族道和乡里等健全的职官制度体系。秦汉封泥中的官印文字,保存了当时中央集权官制体系中最真实的历史内容,有很高的史料价值,非常宝贵。这些封泥文字可印证史料记载之实,并补充、纠正文献记载之缺佚和讹误,十分珍贵。具有重要的历史、艺术和科学价值。

馆藏秦汉封泥均阳文镌刻,说明秦汉官印文字多为阴文,字口较深,其目的是为在封泥上抑印更为清晰。秦汉玺印用于封泥和隋唐以后用于印色情况是不同的,印为阴文,抑于封泥则为阳文,印为阳文,抑于封泥则为阴文。钤于纸上阴就是白,阳就是朱,对于玺印所称的朱与白应是指隋唐以后钤在纸上的红色印拓,才是名副其实的朱(印色)和白(纸色)。

封泥上抑印的秦汉官私文字,反映出秦汉时期文字篆法艺术成就,代表了秦汉时期文字书法篆刻艺术水平。汉篆在秦篆的基础上,更加典重规范,布局饱满紧凑,镌刻工整严谨,篆法秀丽美观,是中国书法艺术中的瑰宝,秦汉印制成为秦汉之后各代玺印及书法篆刻家所师法的典范。

[1] 罗福颐:《古玺印考略》,北京,紫禁城出版社,2010年10月,第303页。

[2] 同上。

[3] 傅嘉仪:《新出土秦代封泥印集》,杭州,西泠印社,2002年10月,第1页。

[4] 中国国家博物馆历史文化系列丛书:《小城故事——湖南龙山里耶秦简文化展》,合肥,安徽美术出版社,2019年9月,第200—201页。

[5] 同上,第197页。

[6] 缩微复制中心编:《中国历代珍稀古籍文献丛刊·中国古代封泥考略(汇编)》第一册,全国图书馆文献缩微复制中心,2005年11月,第19页。

[7] 罗福颐:《古玺印考略》,北京,紫禁城出版社,2010年10月,第304页。

[8] 傅嘉仪:《新出土秦代封泥印集》,杭州,西泠印社,2002年10月,第63页。

[9] 同上,第64页。

[10] 同上,第65页。

[11] 同上,第62页。

[12] 同上,第64页。

[13] 罗福颐:《古玺印考略》,北京,紫禁城出版社,2010年10月,第305页。

[14] 林冠南:《西汉南越王博物馆》,广州,广东人民出版社,2017年6月,第26页。

[15] 同上,第27页。

[16] 陈松长:《湖南古代玺印》,上海,上海辞书出版社,2004年12月,第57页。

[17] 同上。

[18] 罗福颐:《古玺印考略》,北京,紫禁城出版社,2010年10月,第303页。

[19] 中国国家博物馆国际交流系列丛书:《殊方共享——丝绸之路国家博物馆文物精品》,合肥,安徽美术出版社,2020年8月,第86页。

[20] 罗福颐:《古玺印考略》,北京,紫禁城出版社,2010年10月,第307页。

[21] 故宫博物院编:《故宫收藏——你应该知道的200件官印》,北京,紫禁城出版社,2008年6月,第105页。

[22] 叶其峰:《古玺印与古玺印鉴定》,北京,文物出版社,1997年10月,第79页。

[23] 罗福颐:《古玺印考略》,北京,紫禁城出版社,2010年10月,第308页。

[24] 同上,第309页。

中国国家博物馆馆藏玺印价值概说

晁岱双

玺印之用，古已有之，由于文献缺失，关于其印制和上古时期发展的历史我们难以详知，虽然在已知文献中反复提到"玺"字，但并没有详细介绍"玺"的使用方式。元代盛熙明《法书考》载有："《周礼》：玺节。郑氏注云：'玺节者，今之印章也。'"明人赵宧光在《篆学指南》中云："印者何？信也。信从爪何？手持信也。从节何？节表信也。"可以看出，玺印是国家、官吏与私人在政治领域与社会生活中的重要凭证之一，而且有明确的相关制度，等级严格。卫宏《汉旧仪》有"秦以前，民皆以金、银、铜、犀、象为方寸玺，各服所好。自秦以来，天子独称玺，又以玉，群臣莫敢用也"之说[1]。通过观察出土的战国封泥，我们可以探得早期的用印制度和使用方式。王献唐《五镫精舍印话》云："封泥之制，始见于汉，今出土封泥，周秦皆有，是自古已然。"[2] 不难推断出，玺印大约萌发于三代，至春秋战国以后在社会中广泛流行，代代相承，未曾间断。

中国国家博物馆藏有战国至明清玺印，种类繁多，变化丰富，保存状况良好，基本贯穿了整个中国玺印与篆刻发展史，并体现出不同的时代特征。其中很多玺印、篆刻散见于历代印学著录，弥足珍贵，是研究中国历史和中华文明重要实物资料，具有多方面的研究价值。从形制上看，馆藏玺印、篆刻或有钮或无钮，印面或两面或多面，或施以界格，或无界格。从材质来看，有玉、金、银、铜、玛瑙、水晶、石、象牙、犀角诸类。从性质上看，有官印、私印、押字印、烙马印、鉴藏印、书画印、吉语印等。从形状上看有方形、圆形、长方形、葫芦形、椭圆形、龟形、长条形、不规则形等。从内容上看，有职官名称、姓名、字号、吉语、肖形、纹饰、印跋等。从字体书体看，有小篆、缪篆、鸟虫书、隶书、楷书等。从实用层面上讲，史树青先生在《中国历史博物馆藏法书概述》一文中说："自来论玺印之为用，约有四端，一曰寻文字之同异，二曰考氏族之源流，三曰证舆地之沿革，四曰补史官之缺佚。"古代玺印较之钟鼎彝器形体虽小，但与当时的政治、经济、文化、艺术等方面都有密切关系。印文内容涉及历代官制、军制及辖域等各项典章制度、风俗习惯，以及金石研究、篆刻流派等等。它不仅可补史书之阙佚，正文献之讹误，而且对考证古代的地理沿革，职官姓氏的起源，制度的兴废，社会生活状况等均有着重要作用。历代玺印篆刻，或铸或凿，印面的文字逐渐变化，宋元以后，书画家制印、用印愈加普遍，明清时渐成流派，制印者名家辈出，由此得以窥探历代玺印篆刻的文字特征和演变规律和不同风格流派的艺术风貌。

通过梳理馆藏玺印篆刻基本情况，包括不同时代的制印规制、材质特点、保存情况、字体书体、品相特征、风格流派，以及不同时代的地理沿革、典章制度、印学史等诸方面，可以看出馆藏玺印篆刻琳琅缤纷、变化丰富、蔚然大观，具有重要的文物价值、历史价值、文字与艺术价值等多个方面的研究价值。

一、文物价值

明人徐官在《古今印史》中说："印章之制，始于秦而盛于汉，然只记姓名及官阶耳，至宋、元始有斋名及别号。三代之印，制度不传，后世印章，以秦、汉为昉，秦、汉至明，代有体式。"秦统一中国，定玺印之制，我们所见古玺印中，有先秦官玺、私玺之别，秦代以后，又有官印、私印之分。随着时代的变迁，印的形态、体量、钮制及印文字体等均有变化，不同时期玺印具有各自不同特点。古代玺印，不仅是研究地理、官制等方面的重要实物资料，而且也是研究古代姓氏、人名、称谓等方面的重要物证。

春秋战国时期，随着社会经济的不断发展，作为身份象征以及凭信的官、私玺印得以普遍使用。尤其是官印，从制作到使用，逐渐形成了严格的制度。秦以前，并无统一的印制之规定，相对比较自由，据唐杜佑《通典》载："人臣皆以玺玉为印，龙虎为钮。"当时的"官印"，除印面上刻有官职外，印体上并无体现等级的标志。秦灭六国后，曾设"符节令丞"，专门掌管玺印，并严格规定，天子之印称为"玺"，其材用玉，其他称"印"，其材用铜。至此，才以不同称谓、印式、印材成为区分官职等级的标志。

从玺印材料看，先秦的玺印用材多样，且不以材质别尊卑。汉卫宏《汉旧仪》云："秦以前，民皆配绶，以金、玉、银、铜、犀、象为方寸玺，各服所好。汉以来，天子独称玺，又以玉，群臣莫敢用也。"由此可知，秦汉官印多用玉、金、银、铜，且以此区别尊卑。馆藏官印中，最多是铜印，其次金、银、玉印。而且大小也有区别。明人朱简《印章要论》云："上古印有佩服者，故极小，汉晋官印大不过寸许，私印半之。今所见铜印极小而文

圆劲者，先秦以上印也；稍大而文方简者，汉晋印也；渐大而文渐柔弱者，六朝以下印也；大过寸余，而文或盘屈、或奇诡者，定是唐宋元印也。"就存世实物来看，战国官玺多为铜质，体型较小，鼻钮最为常见，另有亭钮、兽钮等，形式多样，馆藏较早的战国官印"君之信鉨"（图版11）、"匕堤渠"（图版17）、"匕阳"（图版16）等，战国玺印印文多为錾刻。秦印中有"田"字格和"日"字格印，如"公孙穀印"（图版70）等。

从实用层面分析，古代玺印首先在政治生活中，官印是行使职权的凭证，汉许慎《说文解字》云："印，执政所以持信。"道出了官印的实质作用，是作为政治权力存在和行使的标志。秦以后，历代王朝任命官吏必授玺印，以此作为行使权利的重要凭证。中国古代的官印，大体可分为两种类型，一种是官名印，印文为官爵名称，战国、秦、汉、魏、晋时期，官印以官名印为主。如战国"邑重之马"（图版15）、汉代"石洛侯印"（图版91）、三国魏"都亭侯印"（图版177）、晋"扫寇将军章"（图版195）。另一种是官署印，或称官司印，印文为官署名称，是国家机关的权力凭证，如唐代"中官府印"（图版229）、清"大清总银行"（图版302）铜印等皆属此类。

官印在古代商业贸易领域，又是通商的凭证。《周礼·地官·司市》载："凡通货贿，以玺节出入之。"注释："玺节，印章，如今斗检封矣，使人执之以通商。"检封货物保证安全转运，又可作为提取货物的凭证。汉代刘熙在《释名·释契书第十九》中说："玺，徙也，封物使可转徙，而不可发也。"又说："印，信也，所以封物为信验也，亦言因也，封物相因讨也。"可见玺印起到封物以保证安全转运之功用。战国"子坒子鉨"（图版3），应名为玺节，是古代符节的一种。《周礼·地官·司节》："门关用符节，货贿用玺节，道路用旌节，皆有期以反节。凡通达于天下者，必有节以传辅之，无节者有几则不达。"古代关卡，凡货贿之出入，必须缴纳赋税，经受检查，皆有严密制度管辖。战国玺文另有"行人关""维丘关""勿征关玺"等。

这些都是有关当时关卡征免赋税的物证。

与此同时，由于私人在社会生活中交流频繁，能够代表个人物证的私人用印也越来越多，在国博所藏玺印、篆刻实物中，私印亦较多，且形制、大小、材质、使用文字等富于变化。如馆藏战国时期"阳戏"（图版43）、"番力"（图版58）等，均为私玺。

古代制印方法有多种，拨蜡是我国古代冶铸史上的一项重要发明。明人甘旸《集章集说》言铸印有二："曰翻砂，曰拨蜡。翻砂以木为印，覆于砂中，如铸钱之法；拨蜡以蜡为印，刻文制钮于上，以焦泥涂之，外加熟泥，留一孔令干，去其蜡，以铜熔化入之，其文法钮形制俱精妙，辟邪、狮兽等钮多用拨蜡。"刻印以刀刻成文，拨蜡以铸成形、凿印以锤凿成文。馆藏秦代私印多为凿刻，如秦代私印"成交"，白文篆书，印面为日字界格，线条凿刻深刻，时有倾斜。

馆藏玺印实物中，除了玉、金、银、铜、等常用材质外，亦有少量特殊材质的印章。如蜡质、木质、瓷质、水晶等。馆藏清"皇后之宝"为蜡印（图版291），明"锦衣卫印"为木印（图版277），瓷质有清代"惺斋"（图版313）、水晶质有"靖南王章"（图版309）。

二、历史价值

明人甘旸《印章集说》载："《周书》曰：汤放桀，大会诸侯，取玺置天子之座，则其有玺印明矣。虞卿之弃，苏秦之佩，岂非质之遗制乎？"虽然关于上古时代玺印发展的历史文献不足，但通过所发现早期的历史物证遗存和使用形式的记载，可以发现一些玺印产生、使用以及相关的历史信息。随着考古事业的发展，我们有幸可以看到一部分上古文物和研究成果，对那个时代社会历史发展状况的认识也逐渐清晰。

就年代而言，玺印的早期使用形式就是封泥。对需要密封保护的物品或简牍文书，用黏土封在结绳处，并在上面用公私印章抑压，以起到"以检奸萌"的作用。《吕氏春秋》："故民之于上也，若玺之于涂也，抑之以方则方，抑之以圆则圆。"[3]其中的"涂"就是指泥块。我们今天能看到春秋战国时期的封泥，便知道先秦时期的用印制度应该与秦汉类似。王献唐《五镫精舍印话》云："封泥之制，始见于汉，今出土封泥，周秦皆有，是自古已然。"依文献记载，先秦时期，玺印的使用，不仅非常普遍，而且有严格的使用制度。凡国君任命官员，当佩玺者皆授玺，官员被罢官或主动辞归，所授之玺印也必须收回。战国时期就制定了法令保护机密不被泄露，官方所封之物不容擅自拆开，违者依法论处。《商君书·定分》："法令皆副置。一副天子之殿中，为法令为禁室，有铤钥为禁而以封之，内藏法令。一副禁室中，封以禁印。有擅发禁室印，及入禁室视禁法令，及禁剟一字以上，罪皆死不赦。"无论是史料记载还是出土文物，都显示了最晚到战国时期，玺印就被普遍应用到政治领域和社会生活之中。

综合考察馆藏玺印篆刻的形制与印文内容，许多涉及历代官制、军制及辖域等各项典章制度，是研究中国历史的重要的实物史料。馆藏"管军万户府"铜印，系元末红巾军领袖徐寿辉农民政权所铸之印。1965年6月河南省光山县一位社员将该印捐献给中国历史博物馆。印面外圆内方，四围为对称云纹装饰图案。印文为篆书"管军万户府印"六字。印背两侧分别刻有"管军万户府印""中书礼部造，太平年月日"字样。

在历史文献中，有关农民起义的记载大多比较简略，我们可以通过发现和研究有关农民起义的相关文物，结合历史文献进行分析，进而推断出当时的历史事实。徐寿辉是元末农民起义的领袖之一，又名真逸，湖北罗田人，于元至正十一年（1351年）十月在湖北蕲水（今稀水）建立了农民政权，国号"天完"，建元治平。其"天完"政权延续至1359年结束。根据有关文献和历史年表记载，徐寿辉的天完政权，其间共有治平、天启、天定三个年号，故此前有谓天完政权无"太平"纪年之说。清乾隆年间史学家汪中在《述学·补遗·释印》中云："黄山民治地获铜印二，外圆内方，围某寸，径某寸，文曰'管军万户府印'，其背曰'中书礼部监造'，二印同，一治平三年月，一太平三年月。"可以看出，清人汪中所见到的徐寿辉农民政权两方铜印，其中一件也有"太平"年号。根据史树青先生考证，河南光山出土的这枚"管军万户府印"与黄山出土的两件"管军万户府印"，结合传世的治平四年"统军元帅府印"进行考察，其字体、形制、款式完全相同，证明徐寿辉所建立的天完农民政权曾经使用过"太平"年号，即1356年迁都汉阳后曾改元"太平"。也充分证明徐寿辉所建立的农民政权不但有强大的军事力量和正规的政治制度，而且可以铸印，甚至铸币，一度成为当时长江流域的主要农民革命力量。

存世的魏、晋时期颁发给少数民族的官印以晋所颁者数量为最多，内容几乎涉及当时此类官印的各部族与称号。

"晋率善叟仟长"铜印（图版199），是西晋朝廷颁发给叟部落的仟长之印。"叟"是中国西南部的古代民族，据《华阳国志·南中志》载："夷人大种曰昆，小种曰叟。"昆当即昆明，昆和叟是夷人内部的种落区分单位。出自氐羌族系，汉晋时期主要分布于今滇中、滇东北及川西南等地，北达天水，南至南中，都有叟人分布，叟部落在西晋时发展得较为强盛。"率善"，应为"率众""帅善"，有率众归善、归附之意，是对汉魏以来归附汉中央王朝的周边部族首领的称谓。

"晋乌丸率善邑长"铜印（图版206），为两晋时颁给乌丸的官印。乌丸属东胡一支。汉初东胡被匈奴冒顿单于所败，部分部众退居乌桓山（今内蒙古大兴安岭山脉南端），因以为名。北邻鲜卑，以游牧狩猎为业。印文中的"邑长"一职，相当于官秩五百石至三百石的县级官吏。《汉书》载："诸令、长皆秦官，掌治其县，万户已上为令，秩一千石至六百石；万户已下为长，秩五百石至三百石。"

"晋高句骊率善佰长"铜印（图版207），据《汉书·武帝纪》记载，汉武帝元封三年（前108年）灭朝鲜，置四郡，"乐浪、临屯、玄菟、真番"。

其中"玄菟郡"下设"高句丽县"，说明西汉时期，高句丽族已经接受汉王朝管辖。王莽新朝时期，将原本臣服于汉朝的匈奴、高句丽、西域诸国和西南夷等属国统治者由原本的"王"降格为"侯"，将高句丽改名"下句丽"。直到东汉光武帝建武八年（32年），高句丽王遣使朝贡之时，才得以"帝复其王号"[4]。《三国志·魏书·乌丸鲜卑东夷传》记载："王莽初发高句丽兵以伐胡，不欲行，强迫遣之，皆亡出塞为寇盗。……尤诱期句丽侯驺至而斩之，传送其首诣长安。莽大悦，布告天下，更名高句丽为下句丽。当此时为侯国，汉光武帝八年，高句丽王遣使朝贡，始见称王。"[5]魏晋南北朝时期，随着中原统一政权的消失和各个王朝的分立割据，高句丽不断扩大其区域。此印文之首冠以"晋"字，说明当时高句骊隶属于晋，是东晋王朝所授予。此印说明高句丽和魏晋南北朝的关系虽然在不同的时期有变化，但名义上的隶属关系却一直没有改变。同时也说明，中原文化对周边民族地区有着广泛而深刻的影响。

三、文字与艺术价值

古代玺印在商代就已出现，沿用不废，直至今日。汉代遗存下来的玺印在以后的每个朝代都有所发现，但鲜有记载。直到宋代，金石学渐兴，对古玺印的著录和研究也开始出现。明清以来，金石学隆盛，古玺印的著录与研究呈一时之尚，其中很多内容是关于对玺印文字的考订。在清代，对古玺印著录与研究成就较大者首推陈介祺，主要著有《十钟山房印举》《簠斋古印集》《万印楼藏印》《万印楼印谱》《古朱文官私钵》《周秦印谱》《周秦玉印玺》等，其中《十钟山房印举》收录印章众多，陈继揆著《什钟山房印举事记》认为其中考释部分包括"考人、考姓、考篆、考官、考地、考奇字"[6]，为后世印谱著录之典范。

先秦称印章为"玺"，极少称"印"。秦汉时期"玺""印""章"三者并用，从先秦遗留下来的文字遗迹看，"玺"字有多种写法，盖有多种制印方式。罗福颐在《古玺印概论》中云："古文鉨字或从土，反映当时鉨印用铜制则从金，用土制则从土。"[7]馆藏"君之信玺"（图版13），"玺"字即从"金"。关于"印"字，从先秦出土的文字遗迹来看，甲骨文和金文都有"印"字，罗振玉、容庚、商承祚都将其解释为象形兼会意字，表示"以手按跪人"之状。可见，"印"本是"抑"的初文，意为"按压"。许慎《说文解字》亦解释为"按也"。最初"印"字并无印章之意，是后来形容按印，才假借来指印章。对此，王献唐说："古玺以手执而按印封泥之上，因名其所按印之物曰印，更以按印之印，假借为用，此印之一名，所由起也。"[8]以"印"字指印章战国时已有此现象，但不普遍。秦以后，一般官印才普遍称"印"，把印章称为"章"，其假借现象更加明显。章太炎《新方言》认为"章"乃是"彰"的初文，即"著也，显也，别也"。古代印章用于佩带，有"彰著"之意，不同的官职佩带不同的印章还可以区别身份。此说颇有道理。

在玺印字体与书体选择方面，明人甘旸《印章集说》云"古之印章，各有其体，故得称佳，毋安自作巧弄奇，以涉于俗而失规矩。如诗之宗唐，字之宗晋，谓得其正也。印如宗汉，则不失其正矣。而又何体制之不得哉？"秦始皇实行"书同文"政策，小篆成为秦代通行的正体字。汉承秦制，西汉早期篆书形体与秦篆形体就较为相近，虽然隶书已经动摇了篆书的地位，但"篆书"仍然广泛应用于一些特殊的文字载体中，如铜器、印章、封泥、陶文、瓦当等。

从馆藏玺印篆刻实物资料来看，所用字体几乎均为篆书的范畴。清人陈炼《印说》云："篆体之宜于印者，一曰大篆，周太史取苍颉之书加之刮利或同或异而名大篆，其法圆不致规，方不致矩，配合六义，成其自然。一曰小篆，李斯改省大篆之文，破圆作方，悉异古制，谓之小篆，其法文如铁石，势若飞动。"战国古玺印所采用的文字，应属大篆系统，其结构与青铜器铭文大致相同。但由于各国相对独立，文字互不统一，文字形体也各有差别，同一个字，不同小国又有不

同写法，表现在印章上更为自由，其结体与字形曲折多变。由于各国文字形体的不统一，在印章文字的安排处理上也显得变化多端，或非常严谨，或较为松散，或古朴苍茫，或奇逸多姿。馆藏齐国"右司徒遏昏遖质之鉨"（图版2），文字排列错落有致，富于节律，顿挫抑扬，跌宕瑰丽，与同时期的青铜器"齐侯镈"文字如出一辙。战国"阳都邑圣徒盐之鉨"（图版1），字形整齐，笔画宽厚，排列疏密得当，风格挺拔峻爽，浑厚古朴，堪为存世古玺之精品。

馆藏秦印，私印较多，皆为秦篆，且多凿刻，与秦诏版、权、量上的文字风格大致类似。玺印文字较多地保留了西周晚期的金文风貌，且日趋简便。馆藏"公孙縠印"（图版70）田字界格，藏妍精于朴茂，婉转流丽。另有"和众"（图版75）、"赵骄"（图版76）、"恒臣"（图版79）等私印。风格比较统一，字形稳定、整饬，线条平直，方折中见圆转流畅，变化较多，富有笔意。

汉代在中国玺印发展史上具有重要地位。汉承秦制，在继承古风的基础之上，两汉玺印的规制和文字风格都日臻成熟，在中国印史上达到了高峰，对后世影响极大，后人学印，无不涉猎。现在存世的两汉玺印数量很大，著录材料众多，研究成果显著。从馆藏汉代玺印特点来看，两汉时期的官印多为阴文、篆书，文字虽不多，但字体多方整严谨，取法平正中和。有严整端庄一类的如汉"石洛侯印"（图版91）、"滇王之印"（图版92）、"部曲督印"（图版192）等，字形方正，线条横平竖直，以直线为主，曲线和弧线为辅，严肃规整；有饱满敦厚一类的，如汉"河阳长印"（图版122）、"海陵长印"（图版121）等。有起止方折，硬如画铁一类的，如汉"都乡亭侯"（图版176）印、"汉丁零仟长"（图版127）印等。有方圆结合，粗细参差，顾盼多姿一类的，如"宜禾校尉"（图版93）、"战土里"（图版103）、新莽时"宁陈男家丞"（图版114）等。汉代私印传世亦极多，清夏一驹《古印考略》云："汉私印，铸者多，刻者少。有重边、方头、圆肩，有方头、折肩。其无边道一种，

有圆头、圆肩、圆头、折肩，有粗有细，有硬有软，种类甚多，不能尽述。"馆藏汉代私印较多，且变化丰富，在字形选择、布局、凿刻、阴阳文选择等方面追求变化，很多印文粗细相兼，排列错落纵横，更富于艺术性。整体来看，虽变化较多，妙在不离规矩。

三国两晋南北朝时期的玺印，印文、篆书、布白等大多传承汉制，整体规矩整齐，以阴文居多。从馆藏存世玺印来看，官印印面逐渐加大，但部分印章文字不如汉印整齐。馆藏"平东将军章"（图版175），笔画遒劲温润，典雅端庄，笔画粗细变化轻微，线条转折方中寓圆，刚劲富有弹性，章法疏密有致，属魏晋印中较为精美者。有的印章笔画粗细参差明显，转接生硬，排布不匀，如"魏率善胡佰长"（图版186）、"魏率善羌佰长"（图版188）等。部分玺印文字方折瘦硬、率意天真，如晋"宣威将军"（图版194）铜印、北魏"冠军将军印"（图版211）、"怀州刺史印"（图版212）等铜印。南北朝"薛寿"（图版224）之印，笔画纤细，坚实秀劲，布局疏密对比明显，笔画向上集中，下面留大面积空白，少量笔画延伸下垂，有"悬针"之意，得天然之趣。这一时段的印章风格，对后世影响很大。

馆藏隋唐时期玺印，唐"内园使印"（图版227）、"大毛村记"（图版228），均为篆书，朱文大字，布白均匀，疏密得当，笔画瘦硬，筋骨舒展，极富弹性。元人倡导的"元朱文"或"圆朱文"可从此印窥探某种消息。宋元时期，官印印面大大增加，印文大多采用朱文，且在印侧、印背出现"年月"等刻款现象。以朱文治印，效果较难把握，在章法布局中，朱文线条排列，粗则肥厚臃肿，细则疏空寒简，在这种情况下，为求印面饱满，便采取曲叠盘旋之法。叠文线条盘曲，安排均匀，使印面具有很强的装饰性。这种叠文的方式逐渐成为宋代官印普遍采用的文字排列形式，甚至成为固定形式，进而走向面目繁琐而呆板、形式单调而僵化的格局。馆藏宋金时期玺印不多，从宋"拱圣下七都虞侯朱记"（图版233）、金"武卫军都指挥使印"（图版255）等印可以看出，屈曲篆体布满印面，印文风格与唐代迥然不同。

值得注意的是楷书入印的情况，馆藏元"宁远务关防课税条印"，印面上部楷书"宁远务"，两侧分别为楷书"如无此印""便同匿税"，印面中部为"八思巴文字"，两种文字共刻于一面。元"梵文玉押"（图版263）、"八思巴文玉印"（图版265），朱文篆书。清代"满文藏文鎏金铁钮银印"（图版303），满文藏文合刻于同一印面。这类汉字与少数民族文字共用于同一印章的情况至清时更加普遍。

馆藏清时官印边阑加宽，印钮增高，一律阳文，其最大的特点是在一印之内并用满文与汉文字，《清朝通志·六书略》载："左为清篆，右为汉篆。"官印上所用"清篆"，是指改造成为篆书体式的满文，严格来说不能称为真正意义上的"篆书"。汉、满印文共存对照，乾隆以前满文为楷书字样，乾隆以后满文为篆书字样，且印文字体笔画比前时期愈加曲折盘旋，大多模棱两可、回环难识。如馆藏清"皇帝之宝""宣宗成皇帝之宝"等。

宋元以来，随着文人画的发展与鉴赏、收藏之风的兴盛，篆刻印章的使用，成为文人书画家日常活动和艺术创作中不可或缺的重要组成部分。尤其是隋唐以来私印的变化较为明显，文人治印不囿成法，大胆地汲取新的因素入印，内容广泛，形式多样，也为后来明清流派篆刻艺术的发展准备了条件。赵孟頫、吾丘衍等人大力倡导，文人印章开始兴起，开精致的"元朱文印"之先河。一方面，文人在书画活动中，往往在题款题跋中使用印章，就越来越追求款章的艺术性，并讲究印章形式内容与书画作品的统一协调，以表达情感、志趣，或者使用印章以补画意之不足，进一步促进了款印、闲章的应用与发展。另一方面，随着书画鉴赏之风兴盛，收藏、鉴赏印的应用也愈加普遍，印文内容也更加丰富。加之宋元以来，篆刻活动以较软的青田石等石材入印，极大地丰富了印章选材的范围。文人治印，不必再依靠工匠们来凿铜刻玉，可以自己动手在较为细软的石材上刻印，可以完全不受约束，按自己的构思来完成，大大丰富了印章的艺术性，并广泛应用于书画领域。

综合以上诸多因素，更兼清代碑学盛行，诸多碑学大家既工于法书，又兼擅篆刻，使清代篆刻与其碑学研究相辅相成，至清代中后期，清代文人篆刻艺术达到一个新的高峰，流派纷呈。早中期主要的篆刻大家大多为安徽与浙江一带，故有"浙派"与"徽派"之说。浙派指"西泠八家"，徽派又有歙派、皖派之说。浙派兴起于乾隆年间，至道光咸丰间，历百年之久，在中国印史上影响巨大。浙派大师丁敬，不囿于古法，不墨陈规，兼收并蓄，一扫前代靡弱习气，形成了自己清刚高古、奇崛劲健的治印风格，开创雄健、苍古的浙派风格。在继承古法方面，有诗曰："古人篆刻思离群，舒卷浑同岭上云。看到六朝唐宋妙，何曾墨守汉家文。"丁敬认为篆刻应敢于"离群"思考，像岭上白云，自由舒卷而无所羁绊，有所创造。正是由于他敢于突破时代的局限性，在继承前人的基础上，充分发挥自我个性，在入古中求发展，进而开创了雄健苍古的浙派篆刻之风。"尊古斋"（图版315）印，为浙派另一代表人物黄易所治。黄易治印，追踪两汉，旁及宋元，喜集金石文字，广搜碑刻，隶法中参以钟鼎，更加工稳生动。浙派代表人物篆刻另有赵之琛"滇人戴九"等。"流水今日明月前身"闲章（图版319），为清人俞庭槐所治，深受皖派影响，风格类秦篆，依椭圆外形对单个字形进行巧妙排布，疏密得当，妙趣横生。在浙派、皖派风靡印坛百年之后，清末篆刻家逐渐提出新的思考，追求"印外求印""印从书出"等多形式、复合型篆刻创作道路，进一步发展了篆刻艺术的形式与审美体系。

总览国家博物馆所藏玺印篆刻，第一，馆藏玺印篆刻，时间未有断层，对研究上古时期及历代典章制度、政治经济与社会生活等方面是重要的物证和史料补充。第二，馆藏玺印篆刻品类丰富，官印私印并存，名章闲章同在，材质名目繁多，治印方式完备，是研究历代玺印篆刻的重要资料宝库。第三，篆书、隶书、楷书、行书等书体以及花押、图案等纹饰均用于玺印篆刻，且铸造凿刻形式多样，文人治印，刀法变化万千，呈现出多姿多彩的风格流派，具有重要的文字研究与艺术价值。第四，少数民族文字入印，丰富了历代玺印的呈现形式，既有政治功用，又具研究价值，反映了民族融合、多民族和谐共处的史实。第五，宋元以来，文人治印，大多凿刻边款，款识内容日益丰富，借方寸之地，抒发情怀，内容涵盖时间、地点、文人交游、名字斋号、取法好恶、阐述观点，甚至诗词联文等，对研究印史、印论、文人生活等方面，是难得的资料补充，具有重要的史料文献价值和文学艺术价值。

时至今日，玺印篆刻在文学艺术创作与鉴赏收藏领域，仍然发挥着重要作用。文人治印，大多依治印而达意，借文辞以抒怀，篆刻艺术的独立，并与"文人画"相互影响，共同发展，彼此渗透，逐渐使诗、书、画、印四者完美结合起来，成独步世界的特有的艺术表现形式。

[1] （清）孙星衍等辑：《汉官六种》，周天游点校，北京，中华书局，1990年，第 187 页。

[2] 王献唐：《五镫精舍印话》，济南，齐鲁书社，1985，第 120 页。

[3] 《吕氏春秋》，北京，中华书局，2011，第 711 页。

[4] 《资治通鉴》卷四十二，北京，中华书局，2011年版，第1387页。

[5] 《三国志·魏书·乌丸鲜卑东夷传》，北京，中华书局，1982年版，第844页。

[6] 陈继揆、陈进整理：《什钟山房印举事记》，《万印楼印话》，天津，天津人民美术出版社，2014年8月。

[7] 罗福颐：《古玺印概论》，北京，文物出版社，1981，第 15 页。

[8] 王献唐：《五镫精舍印话》，济南，齐鲁书社，1985，第 125 页。

玺印卷历史年代表

新石器时代..........约1万年前—约公元前21世纪

夏朝..........约公元前21世纪—约公元前16世纪

商朝..........约公元前16世纪—约公元前11世纪

西周..........约公元前11世纪—公元前771年

东周..........公元前770—前221年

  春秋..........公元前770—前476年

  战国..........公元前475—前221年

秦朝..........公元前221—前206年

汉朝..........公元前202—公元220年

  西汉..........公元前202—公元8年

  新朝..........公元8—23年

  东汉..........公元25—220年

三国..........公元220—280年

  魏..........公元220—265年

  蜀..........公元221—263年

  吴..........公元222—280年

两晋..........公元265—420年

  西晋..........公元265—316年

  东晋..........公元317—420年

南北朝..........公元386—589年

  北朝..........公元386—581年

    北魏..........公元386—534年

    东魏..........公元534—550年

    西魏..........公元535—556年

    北齐..........公元550—577年

    北周..........公元557—581年

  南朝..........公元420—589年

    宋..........公元420—479年

    齐..........公元479—502年

    梁..........公元502—557年

    陈..........公元557—589年

隋朝..........公元581—618年

唐朝..........公元618—907年

  武周..........公元684—705年

五代十国..........公元907—979年

  五代..........公元907—960年

    后梁..........公元907—923年

    后唐..........公元923—936年

    后晋..........公元936—947年

    后汉..........公元947—950年

    后周..........公元951—960年

  十国..........公元907—979年

    蜀..........公元907—925年

    后蜀..........公元934—965年

    南平..........公元924—963年

    楚..........公元927—951年

    吴..........公元902—937年

    南唐..........公元937—975年

    吴越..........公元907—978年

    闽..........公元909—945年

    南汉..........公元917—971年

    北汉..........公元951—979年

辽..........公元916—1125年

宋朝..........公元960—1279年

  北宋..........公元960—1127年

  南宋..........公元1127—1279年

西夏..........公元1038—1227年

金..........公元1115—1234年

元朝..........公元1206—1368年

明朝..........公元1368—1644年

清朝..........公元1644—1911年

中华民国（近代）..........公元1912—1949年

中华人民共和国（现代）..........公元1949年—

参考文献

1. 史树青：《中国历史博物馆藏法书大观·玺印篆刻》，日本柳原书店，1999年。

2. 中国美术全集编辑委员会编：《中国美术全集·玺印篆刻》，上海人民美术出版社，1989年。

3. 郑珉中：《故宫博物院藏文物珍品大系·玺印》，上海科学技术出版社·香港商务印书馆，2008年。

4. 故宫博物院：《明清帝后宝玺》，紫禁城出版社，1996年。

5. 方斌：《故宫收藏官印》，紫禁城出版社，2008年。

6. 中国历史博物馆、香港历史博物馆：《天工开物——中国古代科技文物展》，1998年。

7. 中国国家博物馆、徐州博物馆：《大汉楚王——徐州西汉楚王陵墓文物辑萃》，中国社会科学出版社，2005年。

8. 吕章申：《中国古代书法》，安徽美术出版社，2014年。

9. 石志廉：《馆藏战国七玺考》，《中国历史博物馆馆刊》，1979年第1期。

10. 石志廉：《战国古玺考释十种》，《中国历史博物馆馆刊》，1980年第2期。

11. 石志廉：《战国古玺文字考释十一种》，《中国历史博物馆馆刊》，1989年总第13、14期。

12. 李学勤：《战国题铭概述》，《文物》，1959年第7期。

13. 李学勤：《中国玺印的起源》，《中国文物报》，1992年。

14. 陈介祺：《石钟山房印举》，商务印书馆，1922年。

15. 陈介祺：《簠斋古印集》，神州国光社，1930年。

16. 罗福颐：《古玺文编》，文物出版社，1981年。

17. 罗福颐：《古玺汇编》，文物出版社，1981年。

18. 罗福颐：《古玺印概论》，文物出版社，1981年。

19. 罗福颐：《故宫博物院藏古玺印选》，文物出版社，1982年。

20. 罗福颐：《西夏官印汇考》，宁夏人民出版社，1982年。

21. 罗福颐：《秦汉南北朝官印征存》，文物出版社，1987年。

22. 罗福颐：《古玺印考略》，紫禁城出版社，2010年。

23. 王人聪：《新出历代玺印集释》，香港中文大学出版社,1987年。

24. 王人聪、叶其峰:《秦汉魏晋南北朝官印研究》,香港中文大学文物馆,1990年。

25. 王人聪、游学华:《中国古玺印学国际研讨会论文集》,香港中文大学文物馆,2000年。

26. 叶其锋:《西汉官印丛考》,故宫博物院院刊,1986年第1期。

27. 叶其峰:《古玺印与古玺印鉴定》,文物出版社,1997年。

28. 叶其峰:《古玺印通论》,上海古籍出版社,2006年。

29. 叶其峰:《古代铭刻论丛》,文物出版社,2012年。

30. 孙尉祖:《古玉印集成》,上海书店出版社,2002年。

31. 孙尉祖:《中国印章——历史与艺术》,外文出版社,2010年。

32. 沙孟海:《印学史》,西泠印社,1987年。

33. 康殷、任兆凤:《印典》,国际文化出版公司,1993年。

34. 吕宗力:《中国历代官制大辞典》,北京出版社出版,1994年。

35. 钱君匋、叶潞渊:《鉨印源流》,北京出版社出版,1998年。

36. 吴振武:《古玺文编校订》,人民美术出版社,2011年。

37. 许慎:《说文解字》,中华书局出版社,2012年。

38. 王大鹏、邵莉:《甲骨文标准字集字字典》,上海大学出版社出版,2012年。

39. 北京大学研究院文史部:《封泥存真》,上海商务印书馆,1934年。

40. 山东省立图书馆:《临淄封泥文字》,山东省立图书馆,1936年。

41. 邓散木:《篆刻学》,人民美术出版社,1979年。

42. 李均明:《封检题署考略》,《文物》,1990年10期。

43. 傅嘉仪:《中国历代印风系列——历代印匋封泥印风》,重庆出版社,1999年。

44. 傅嘉仪:《新出土秦代封泥印集》,西泠印社,2002年。

45. 傅嘉仪:《秦封泥汇考》,上海书店出版社,2007年。

46. 文雅堂:《相家巷出土秦封泥百品(两册)》,文雅堂,2000年。

47. 中国历代珍稀古籍文献丛刊:《中国古代封泥考略(汇编)》全四册,2005年。

48. 中国印学博物馆:《青泥遗珍——战国秦汉封泥文字国际学术研讨会论文集》,2010年。

49. 王献唐:《五镫精舍印话》,齐鲁书社,1985年。

50. 何琳仪:《战国文字通论》,江苏教育出版社,2003年。

51. 王伟:《秦玺印封泥职官地理研究》,陕西师范大学博士论文,2008年。

52. 王辉:《秦印探述》,《文博》,1990年第5期。

53. 萧高洪:《秦印的特点及其形成的文化背景》,《江西文物》,1990年第3期。

54. 徐畅:《中国书法全集·篆刻·先秦玺印》,荣宝斋出版社,2003年。

55. 徐畅:《古玺印图典》,天津人民美术出版社,2016年。

56. 曹锦炎:《古玺通论》,上海书画出版社,1996年。

57. 张冬煜:《秦印与秦陶文》,《西北大学学报》,1999年第4期。

58. 许志雄:《秦印文字汇编》,河南美术出版社,2001年。

59. 孙刚:《齐文字编》,福建人民出版社,2010年。

60. 赵平安:《秦汉玺印研究》,中国社会科学院，1997年。

61. 牛济普：《汉代官印分期举例》，《中原文物》，1988年第1期。

62. 湖南省博物馆、中国科学院考古所：《马王堆一号汉墓》，文物出版社，1974年。

63. 上海古籍书店：《汉印分韵合编》，1979年。

64. 吴荣曾：《新莽郡县官印考略》，《中国历史博物馆馆刊》，1989年总第13、14期。

65. 冯汉骥：《前蜀王建墓发掘报告》，文物出版社，1964年。

66. 景爱：《金代官印集》，文物出版社，1991年。

67. 杨广泰：《宋元古印辑存》，文物出版社，1994年。

68. 照那斯图：《元八思巴字篆书官印辑存》，《文物资料丛刊》第1辑，文物出版社，1977年。

69. 照那斯图、薛磊：《元国书官印汇释》，辽宁民族出版社，2011年。

70. 郭福祥：《受命于天》，紫禁城出版社，2009年。

71. 吉林大学历史系文物陈列室编：《吉林大学藏古玺印选》，文物出版社，1987年。

72. 辽宁省博物馆：《辽宁省博物馆藏金石文字精萃》，辽宁省博物馆，1997年。

73. 《上海博物馆藏印选》，上海书画出版社，1979年。

74. 王翰章：《陕西出土历代玺印选编》，三秦出版社，1990年。

75. 辽宁省博物馆：《辽宁省博物馆藏金石文字精萃》，辽宁省博物馆，1997年。

76. 王绵厚、郭守信：《辽海印信图录》，辽海出版社，2000年。

77. 浙江省博物馆、香港中文大学文物馆：《中国历代玺印艺术》，2000年。

78. 陈松长：《湖南古代玺印》，上海辞书出版社，2004年。

79. 南京市博物馆：《南京市博物馆藏印选》，上海书店出版社，2005年。

80. 伏海翔：《陕西新出土古代玺印》，上海书店出版社，2005年。

81. 长沙市文物考古研究所：《长沙东牌楼东汉简牍》，文物出版社，2006年。

82. 台北故宫博物院：《印象深刻——院藏玺印展》，曦望美工设计社，2008年。

83. 苏州博物馆：《苏州博物馆藏玺印》，文物出版社，2010年。

84. 天津博物馆编：《天津博物馆藏玺印》，文物出版社，2013年。

85. 肖明华：《云南古代官印集释》，文物出版社，2015年。

86. 温延宽：《中国肖形印大全》，山西古籍出版社，1995年。

87. 吴泓清：《中国古代玺印大典》，中央广播电视大学出版社，2002年。

88. 周晓陆：《二十世纪出土玺印集成》，中华书局，2010年。

89. 黄惇：《中国古代印论史》，上海书画出版社，2018年。

90. 沈沉：《中国篆刻全集》，黑龙江美术出版社，2000年。

91. 韩天衡：《中国篆刻大辞典》，上海辞书出版社，2003年。

92. 《黄宾虹集古玺印集》，西泠印社，2009年。

93. 李卫：《古泉捃珍》，故宫出版社，2014年。

94. 方去疾：《明清篆刻流派印谱》，上海书画出版社，1980年。

95. 寿石工：《篆刻学》，天津市古籍书店，1990年。

96. 马国权：《近代印人传》，上海书画出版社，1994年。

97. 朱力：《近现代名家篆刻》，上海辞书出版社，2004年。

98. 叶林孟：《中国四大印石图典——青田石》，西泠印社，2007年。

99. 潘承文、姚滨谟：《中国四大印石图典——昌化石》，西泠印社，2008年。

100. 王佩智：《建国初期的篆刻创作》，西泠印社，2008年。

101. 日本东京国立博物馆：《东京国立博物馆图版目录——封泥篇》，天津人民美术出版社，1994年。

102. 日本篆刻美术馆：《封泥》，日本篆刻美术馆，1998年。

103. 日本小林斗盦：《中国玺印类编》，天津人民美术出版社，2004年。

104. 韩国国立中央博物馆：《乐浪古文明》，SOL出版公司，2001年。

后　记

　　《中国国家博物馆馆藏文物研究丛书·玺印卷》的编撰工作始于2017年初，项目组经过近两年的紧张工作，完成了全书的编撰任务。

　　本人与玺印结缘是在二十多年前，有幸参加了原中国历史博物馆与日本柳原书店合作出版的《中国历史博物馆藏法书大观·玺印篆刻》卷的编撰工作。该卷只出了日文版，主编是史树青先生。回想当年编写书稿的岁月，曾跟随史先生从入库挑选每一件玺印，到鉴别玺印年代、玺印和篆刻书法艺术性、如何撰写印章释文、查找资料、打拓印模款识等，得先生悉心指教，均历历在目，使我受益匪浅，学用终生。

　　《中国国家博物馆馆藏文物研究丛书·玺印卷》在编撰过程中，得到中国国家博物馆馆领导班子、藏品保管部领导、研究院和科研处领导、原藏品保管部摄影室和项目组同事大力支持和协助。本馆书画院书法所所长晁岱双先生对部分玺印进行了识文并赐文一篇；本馆制拓专家张宝红先生，不辞辛苦地指导项目组成员对印章进行制拓工作；上海古籍出版社余鸣鸿先生，对该书体例、文稿内容等均提出宝贵意见。在此对每一位帮助过的人士一并表示感谢！

　　本卷编者，碍于学识有限，书中会有一些错误和不足之处，真诚地恳请专家学者和广大读者批评指正。

张润平

2023年10月11日

图书在版编目（CIP）数据

中国国家博物馆馆藏文物研究丛书. 玺印卷 / 中国
国家博物馆编. -- 上海：上海古籍出版社，2024.4
　ISBN 978-7-5732-1020-3

　Ⅰ.①中… Ⅱ.①中… Ⅲ.①文物—研究—中国②古
印(考古)—研究—中国 Ⅳ.①K870.4 ②K877.64

　中国版本图书馆 CIP 数据核字（2024）第 008707 号

责任编辑　余鸣鸿

技术编辑　隗婷婷

中国国家博物馆馆藏文物研究丛书

　　玺印卷（全二册）

　　　中国国家博物馆编

上海古籍出版社出版发行

　（上海市闵行区号景路 159 弄 1-5 号 A 座 5F　邮政编码 201101）

　（1）网址：www.guji.com.cn

　（2）E-mail：guji1@ guji.com.cn

　（3）易文网网址：www.ewen.co

制版印刷　上海雅昌艺术印刷有限公司

开　　本　889×1194　1/16

印　　张　34.75

版　　次　2024 年 4 月第 1 版

　　　　　2024 年 4 月第 1 次印刷

ISBN 978-7-5732-1020-3/K. 3541

定　　价　1180.00 元

如有质量问题，请与承印公司联系